마을을 품은
학교공동체

마을을 품은 학교공동체

초판 1쇄 발행 2017년 9월 17일
초판 2쇄 발행 2019년 5월 10일

글쓴이 강영택 편집 김소아, 장희숙
펴낸이 현병호 펴낸곳 도서출판 민들레
출판등록 1998년 8월 28일 제10-1632호
주소 서울시 성북구 보문로 34가길 24
전화 02-322-1603 전송 02-6008-4399
이메일 mindle98@empas.com 홈페이지 www.mindle.org

ISBN 978-89-88613-68-9(03370) 잘못 만들어진 책은 바꿔 드립니다.

이 도서의 국립중앙도서관 출판예정도서목록(CIP)은 서지정보유통지원시스템
홈페이지(http://seoji.nl.go.kr)와 국가자료공동목록시스템(www.nl.go.kr/
kolisnet)에서 이용하실 수 있습니다.(CIP 제어번호: CIP2017023490)

학교와 마을, 두 바퀴로 움직이는 학교공동체 이야기

마을을 품은
학교공동체

강영택 씀

민들레

마을 속의 학교, 학교 속의 마을

'마을을 품은 학교공동체'라는 문구는 30년 가까운 세월 동안 교육을 연구하고 실천하면서 오래도록 마음속에 품고 있던 말이다. 1990년대 초, 한 교사 모임에서 공부를 하다가 '학교교육과 가정의 관계'에 관심을 갖게 되어 교사 재직 중에 병행한 석사과정에서 '학부모의 학교교육 참여'란 제목의 논문을 쓰기도 했다. 시간이 지나 미국에서 박사과정 공부를 하게 되었을 때, 이 주제에 대한 연구와 실천이 서구사회에서는 이미 광범위하게 이루어져왔음을 알았다. 학교와 가정의 협력 관계에 대한 논의를 넘어 공동체로서의 학교와 지역사회 그리고 이들의 유기적 연대에 대한 논의가 적극적으로 이루어지고 있었다.

이와 관련된 연구뿐 아니라 다양한 실천들이 미국 각지에서 진행되고 있다는 사실은 필자에게 작은 충격이었다. 교육은 당연히 학교에서 이루어져야 한다고 생각했고, 그래서 교육의 위기 또한 학교를 개혁하는 것으로 극복해야 한다고 생각했다. 기껏 조금 나아간다 해도 가정이 학교교육에 긍정적으로 참여할 수 있는 방안을 고민하는 수준이었다. 그런데 미국에서 공부하는 가운데 발견한 것은 학교가 지역사회의 다양한 기관이나 조직들의 협조를 받아 학교만으로는 감당하기 어려운 과제들을 해결하는 모습이었다. 위기에 처한 학생들이 지역사회의 도움을 받아 회복되는 사례들을 볼 수 있었다. 또한 학교가 지역사회의 발전을 위해 적절히 협력하여 지역사회가 활성화되는 모습도 눈에 들어왔다. 학교가 고립된 섬으로 존재하던 당시 우리 사회와는 달리 지역사회와 학교가 매우 긴밀하게 연결되어 있는 모습이 무척 인상적이었다. 무엇보다 개인주의적 사회라 생각했던 미국에서 공동체의 중요성을 인식하고 학교와 마을을 유기적으로 연계시켜 교육공동체를 만들려는 노력에 큰 도전을 받았다. 이런 상황을 한국에 빨리 소개해야겠다고 생각했다.

공부를 마치고 한국으로 돌아온 지 십 년도 넘었지만 이 주제를 체계적으로 다룬 책을 쓰지 못하고, 단지 관련 논문 몇 편을 썼을 따름이다. 마음에 늘 부담을 갖고 있던 중 3년 전 이 주제에 관한 저술 계획을 한국연구재단이 승인해주어 재정지원을 받으며 저술 작업을 할 수 있게 되었다(과제번호2013S1A6A4012963). 3년은 한 권의 책을 저술하기에 부족하지 않은 시간이지만 필자의 게으름과 분주한 대학교수 생활로 인해 쫓기듯이 원고를 쓰곤 했다. 막상 출판을 앞두고 보니 유용 자료들을 충분히 수집하지 못한 점이 아쉽기도 하다. 앞으로 책을 수정 보완할 기회가 있기를 기대할 따름이다.

2000년대 초기 필자가 공부할 당시와 오늘날의 교육은 많이 달라졌다. 지금부터 15년 전만 해도 학교는 소수의 예외 말고는 마을 혹은 지역사회에 별 관심을 갖지 않았다. 그러나 지금은 학교와 마을의 연계와 협력을 전제로 하는 다양한 정책들이 시행되고 있고 이에 대한 연구도 이루어지고 있다. 우리 교육의 발전을 위해서 무척이나 다행스러운 일이다. 그럼에도 학교의 교원들, 학부모와 지역주민들, 지역사회의 기관과 단체들 대다수는 여전히 교육은 학교의 몫이라 보고 있는 듯하다. 학교 밖 지역의 주민과 기관들은 미래세대의 교육이 중요하다고는 생각하지만 그것이 자신들의 일이라고는 여기지 않는다. 요즘 흔히 듣는 '아이를 키우는 데 온 마을이 필요하다'는 말은 시대에 뒤떨어진 전근대 사회에서나 통용되는 말이라고 생각하는 듯하다. 학교의 노력만으로는 해결할 수 없는 문제들이 나날이 표출되고 있지만 그래도 학교의 변화만을 요구한다.

그러므로 이 책의 내용은 여전히 중요하다. 이 책에서 다루는 주제들이 학교와 지역사회 현장에서 좀 더 숙고되고 논의될 필요가 있다. 우리 사회가 우리의 미래세대를 위해 무엇을 해야 할지 그리고 어떻게 바뀌어야 할지 고민해야 한다. 학교를 둘러싼 사회가 비교육적이거나 반교육적인 환경을 제공하면서 어찌 교육이 성공적이기를 기대할 수 있겠는가? 학교와 지역사회는 저마다 본래의 사명을 다하기 위해서 어떤 관계성을 가져야 하는지, 나아가 학교와 사회는 어떤 삶의 형태를 지향해야 하는지를 고민하는 이들에게 이 책이 작은 도움이 되기를 기대한다.

이 책에서는 학교가 공동체나 마을의 개념과 어떻게 연계되고 통합되는지를 살펴보고, 공동체성을 지닌 학교, 동시에 마을과 긴밀히 협조하는 관계의 학교란 어떤 모습인지 보여주고자 한다. 이런 학교를 필자는 '마을을 품은 학교공동체'라 명명했다. '마을학교'란 이름과 유사한 개념이지만, 마을학교라는 명칭의 용례가 통일되어 있지 않고 다양하게 사용되기에 이 책에서는 '마을을 품은 학교공동체'라는 비교적 긴 표현을 쓰거나 종종 '마을학교공동체'란 용어를 쓸 것이다.

학교공동체나 마을학교에 대한 강조는 오랫동안 꾸준하게 이어져 오고 있다. 그래서 이 책에서는 마을학교공동체의 필요성을 새삼 강조하느라 지면을 할애하지는 않았다. 지금 우리에게 필요한 것은 마을학교공동체의 활동 내용과 형태에 대한 깊이 있는 이론적 탐구와 실제 사례 학교들을 살펴보는 일이다.

이 책은 크게 2부로 구성되어 있다. 1부에서는 학교공동체에 대한 이론적 고찰을 다루었다. 먼저 1부의 1장에서는 마을을 품은 학교공동체라는 주제를 선택하게 된 배경을 이야기한다. 공동체와 마을에 대해 관심이 커지고 있음에도 불구하고 여전히 대다수 학교들은 전통적인 모습으로 남아 있는 현실에 대한 비판적 시각이 깔려 있다. 2장에서는 이 책에 등장하는 중요한 용어들의 개념을 정리했다. 공동체, 교육공동체, 학교공동체, 마을교육공동체, 그리고 마을학교공동체의 개념을 정리해보았다. 3장에서는 학교공동체의 사상적 토대가 될 수 있는 네 사람의 사상과 실천을 고찰했다.

먼저 덴마크의 그룬트비를 다룬 이유는 그가 학교교육을 통해 사회를 성공적으로 변화시킨 인물이란 점 외에도 일찍이 그가 우리나라의 마을학교공동체 운동에 끼친 영향을 고려했기 때문이다. 20세기 초 오산학교를 설립한 남강 이승훈은 실제로 학교를 중심으로 한 이상적인 마을공동체를 꿈꾸고 실천했던 인물이다. 이승훈은 오늘날 마을학교공동체를 추구하는 사람들이 알아야 하는 가까운 역사적 인물이라는 점에서 중요하게 다루었다. 홍순명은 우리나라에서 학교공동체와 마을을 통합시킨 대표적인 인물이다. 풀무학교의 성공적인 실천에는 마을학교공동체에 대한 그의 깊은 철학이 기반하고 있다. 홍순명의 사상과 실천은 마을을 품은 학교공동체를 만들어가는 데 유용한 시사점을 던져줄 것이다. 마지막으로 파커 파머를 다룬 것은 공동체에 대한 그의 깊은 생각이 많은 교육자들에게 영감을 주고 있기 때문이다. 영성과 공동체를 추구하는 교육에 대한 파머의 이해는 건강한 학교공동체를 만드는 데 필요한 토대가 무엇인지를 알려줄 것이다.

4장에서는 학교와 지역사회 간 연계와 협력의 배경, 목적, 내용, 형태에 대해 살펴보았다. 2부에서 소개하는 학교 사례들을 분석하는 틀이 여기서 제시되고 있다. 학교와 지역사회의 협력의 내용과 형태에 대한 다양한 학자들의 논의를 일곱 가지로 정리해서 제시한다. 그리고 기존 학자들의 연구를 토대로 협력의 내용을 네 가지로 유형화했다. '지역사회의 교육·문화 중심센터로서의 학교' '지역사회의 경제적 사회적 발전의 토대로서의 학교' '학교를 위한 인적·물적 자원 공급처로서의 지역사회' '학교 교육과정으로서의 지역사회' 네 가지 유형으로 나누어 2부에서 사례 학교들을 분석했다. 그리고 학교와 지역사회의 협력 관계에서 어느 쪽이 주도권을 갖는지는 양자 간 관계의 성격을 이해하는 데 필요하다. 학교 주도 협력 모형, 지역사회 주도 협력 모형, 상호융합 모형으로 그 모형을 나누어 제시했다.

2부에서는 학교와 지역사회가 긴밀하게 연계된 마을학교공동체 사례들을 소개한다. 사례 학교들은 단위 학교 여섯 개와 일본과 미국에서 커뮤니티 스쿨 제도에 입각한 두 학교이다. 이중에서 우리나라 학교 사례는 다섯 학교이고, 외국 학교 사례는 세 학교이다. 초등학교는 한 곳이지만 알바니 프리스쿨 경우는 초중 통합 학교이고, 커뮤니티 스쿨은 초등학교도 있고 중등학교도 있다. 그러므로 학교급은 다양하게 섞여 있다고 할 수 있다. 이들 중 일반 공교육 사례가 다섯 개, 대안학교 사례가 세 개이다. 가능한 다양한 형태의 학교 사례들을 제시하려고 했다. 아무쪼록 이 책이 자본숭배와 과도한 경쟁으로 인해 위험사회, 피로사회가 되어가는 우리나라에서 학교와 마을이 유기적 관계를 맺어 따뜻하고 지속가능한 마을학교공동체를 이루어가는 데 작은 도움이나마 되기를 기대한다.

이 책을 쓰는 과정에서 많은 분들의 도움을 받았다. 학교를 방문하여 자료를 수집하는 데 많은 선생님들의 도움이 없었으면 이 작업은 불가능했을 것이다. 특히 일본의 에니와시 학교 방문과 연구를 위해 도움을 준 홋카이도대학의 송미란 박사와 호쿠세이학원대학교의 코우노 교수께 감사를 드린다. 그리고 홍동중학교의 이정로, 박용주 선생님, 민들레학교의 김인수, 허진한 선생님, 풀무학교의 홍순명, 정승관 선생님은 자료 수집에 도움을 주었을 뿐 아니라 학교의 이상적 형태를 찾는 과정에서 영감을 불러일으키는 원천이 되었다.

같은 대학에서 함께 연구 모임을 한 홍성하, 김덕희, 이승미, 김정숙 교수, 같은 학과의 조영태 교수 역시 이 저술 작업에 관심을 갖고 좋은 조언을 주었음에 감사드린다. 십여 년 동안 같은 꿈을 품은 학문 공동체로서 함께해준 기독교학교교육연구소 박상진 교수와 식구들에게도 감사드린다. 마지막으로 매일 늦은 시간까지 연구실을 지키는 남편을 신뢰하고 응원해준 아내 조미성에게 깊은 사랑을 전하고 싶다. 작업이 마무리되어 홀가분하지만 최선을 다하지 못한 미안함이 불쑥 고개를 내민다.

2017년 7월
강영택

II부. 학교공동체의 다양한 모습들

1부

마을을 품은 학교공동체란

1장. 왜 마을을 품은 학교공동체인가

1. 공동체와 마을에 대한 높은 관심

'공동체' '교육공동체' '마을공동체' '마을 만들기' 같은 말들을 최근 자주 듣는다. 공동체에 대한 관심과 논의는 역사적으로 오래되었지만 마을공동체(만들기)에 대한 관심은 근래에 유행처럼 번지고 있다. 공동체와 마을에 관한 책들도 쉽게 접할 수 있게 되었다.

서울시장이 된 우리나라의 대표적인 시민운동가 박원순은 방방곡곡을 다니며 마을에서 희망을 만났다고 했고, 농민신문 김기홍 기자는 작은 정치, 경제, 복지로 더 나은 세상을 만드는 길은 마을을 재발견하는 것이라며 마을이 마지막 희망이라고 주장한다. 문화인류학자 조한혜정은 현대의 위험사회에서 살아남기 위해서는 다시 마을을 만들어야 함을 힘주어 말한다. 그는 가족에서 학교로, 학교에서 마을로 우리 삶의 관심과 지평을 확장해야 한다고 강조하며 이 사회가 돌봄과 배움의 공동체가 될 때 우리는 안전하고 따뜻한 삶을 살 수 있을 것이라고 전망한다(조한혜정 외, 2008).

또한 우리보다 먼저 시작하여 많은 성과를 거두고 있는 일본의 마을 만들기 사례를 소개한 책들도 눈에 띈다(엔도 야사히로, 1997; 다무라아키라, 2007). 마을주민 2,700명이 공동생활을 하는 마을공동체의 대표적인 사례인 스페인의 소도시 마리날레를 소개한 책이 '우리는 이상한 마을에 산다'는 제목으로 최근에 번역되어 소개되기도 했다(Hancox, 2014). 오마이뉴스 신문의 특별취재팀은 2013년 국내외 여러 도시에서 이루어지고 있는 마을공동체의 다양한 사례들을 소개한 책을 발간하기도 했다. 이 책들은 한결같이 마을(공동체)이 우리의 미래이고 희망임을 강조하고 있다. 간디(1945)는 이미 수십 년 전에 '마을이 세상을 구한다'며 사람들에게 마을 만들기에 나설 것을 촉구한 바 있다.

공동체나 마을이란 말이 비단 책에서만 등장하는 것은 아니다. 최근에는 중앙정부나 지방자치단체와 시도교육청에서도 마을 만들기와 관련한 사업을 활발하게 벌이고 있다. 서울시에서 시행하고 있는 '마을공동체 만들기' 사업과 '혁신교육지구' 사업이나 경기도교육청이 추진하고 있는 '마을교육공동체' 사업이 대표적인 사례들이다.

마을교육공동체 사업은 기존의 혁신학교 정책이 발전한 형태라 할 수 있다. 혁신학교는 학교교육에 공동체의 성격과 마을의 개념을 통합하고자 했다. 학교를 전문적 학습공동체와 민주적 자치공동체로 전환하고, 나아가 지역사회와 긴밀히 연결하고자 한 것이다. 마을교육공동체 정책은 혁신학교에서 한 걸음 더 나아가 학교와 지역사회의 긴밀한 협력으로 마을을 아예 교육공동체로 만들고자 하는 것이다. 다시 말해 교육을 마을과 공동체에 통합하고자 하는 시도이다.

이처럼 공동체와 마을에 대한 관심이 높아가고, 논의와 실천이 활발한 현상은 매우 고무적인 일이다. 그러나 최근의 이러한 관심이 우리 학교와 사회의 실질적인 변화를 담보하지는 않는다.

'마을이 세계를 구한다'라고 한 간디의 말이나 '한 아이를 키우기 위해서는 한 마을이 필요하다'라는 아프리카 속담이 최근 들어 자주 인용된다. 이런 말들은 우리에게 옛날에 대한 향수를 불러일으키거나 심적 위안을 주며 막연한 기대를 갖게 한다. 그러나 이러한 말들은 그럴듯한 수사학적 표현으로만 머무는 경우가 많다. 공동체와 마을에 대한 높은 관심이 사회에 긍정적인 변화를 가져오기 위해서는 이러한 관심이 한 시대의 유행으로만 머물지 않고 냉철한 성찰과 연구로 이어져야 한다. 그리고 이와 관련된 정책들이 정부기관이나 소수의 지도자에 의해 탑다운(top-down) 방식으로 시행되어서는 '공동체'나 '마을'이 내포하고 있는 우리 삶의 방식에 근본적 변화를 이루어내기 어렵다는 사실을 인식할 필요가 있다.

많은 이들이 말하는 것처럼 오늘날 마을이나 공동체가 소외와 외로움에 처해 있는 현대인에게 희망처럼 보일 수 있다. 그러나 마을과 공동체가 우리에게 현실적인 희망이 되기 위해서는 이들이 갖는 위험성 또한 충분히 인식할 필요가 있다. 전근대사회에서 사람들의 삶은 마을에서 공동체적으로 이루어졌지만, 그때의 마을공동체는 전체주의적 강압성이나 타인에 대한 배타성을 나타내기도 했다. 오늘날에도 마을공동체를 강조하는 지역에서는 명예살인이나 여성할례 같은 비윤리적

일들이 자행되고 있다. 이뿐 아니라 서구사회에서도 공동체성을 강조하는 종교계 학교에서는 획일성, 자유와 개성의 억압, 배타성 같은 특성들이 종종 나타남을 간과해서는 안 된다(Peshkin, 1988).

최근 공동체나 마을에 대한 이야기를 자주 듣게 되면서 마치 마을이 우리 가까이 있는 것처럼 느껴질 때가 많다. 그러나 냉철하게 살펴보면 마을이 지향하는 삶의 방식은 우리의 도시적 삶의 양식과는 여전히 멀리 떨어져 있다. 우리는 과연 언제 어디에서 진정한 공동체성을 경험해 보았던가? 우리가 사는 지역이 과연 마을공동체의 모습을 조금이라도 닮은 면이 있는가? 특히 우리 자녀들이 인생의 많은 부분을 보내는 학교는 어떠한가. 삶의 터전인 학교에서 그들은 과연 마음을 나누는 친밀한 관계성이나 따뜻한 연대의식을 경험하고 있는가? 혹 치열한 경쟁 속에서 외로운 성취만을 끊임없이 요구받는 것은 아닌가?

어쩌면 오늘날 우리가 공동체와 마을을 이토록 부르짖는 것은 그만큼 그 부재를 심각하게 느끼기 때문인지 모른다. 공동체와 마을을 잃어버리고 살아가는 불안한 삶을 물질적인 풍요로움을 추구하는 계약관계로 극복하려 하지만, 애정과 헌신이 결여되어 있는 계약적 관계로 이루어진 사회는 우리에게 피로사회, 위험사회로 다가올 따름이다.

2. 외로운 학교, 고립된 마을

공동체성이 결핍된 이 사회에서 피로감과 위험을 가장 심각하게 경험하는 곳이 어디인가? 대표적인 곳 가운데 하나가 학교일 것이다. 학교는 이중의 고통 속에 놓여 있다. 공동체성의 상실과 마을과의 단절이다. 학교에는 내적으로 학생과 교사, 학생과 학생, 교사와 교사 간에 견고하게 연결되어야 할 관계의 끈이 끊어져 있다. 밖으로는 학교와 지역사회가 단절된 채 마을과 무관하게 존재하고 있다. 학교는 학생들의 삶의 터전인 지역사회에 누가 살고 있고, 무슨 일들이 일어나는지 관심 가질 틈이 없다. 지역사회 역시 학교에서 무엇을 가르치고 배우는지 전혀 궁금하지 않다. 학교는 지역에서 고립된 섬으로 존재한다.

우리나라 아이들의 학업 능력은 세계가 부러워할 만큼 뛰어나고, 교직은 최고의 인기 직업이 되었고, 최고의 IT기술이 교육현장에 도입되고 있지만 여전히 학교는 외롭다. 삶의 터전인 세상과 동떨어진 학교에는 아이들의 생기 없는 얼굴, 탈진한 교사들의 한숨소리, 시험이 끝나면 잊어버릴 지식의 파편들로 가득하다.[1] 학교 울타리 안에 갇혀 12년 세월을 보낸 아이들이 시험문제 푸는 능력 외에 무엇을 할 수 있을 것인가? 다양한 사람들과 어울리고 자연과 더불어 살아가는 삶의 풍부한 지혜와 진리를 어디서 배울 것인가?

학교만 외로운 것이 아니다. 지역사회도 외롭고 주민들은 갈 곳이 없다. 도서관 하나, 변변한 극장 하나 없는 지역에서 좋은 시설과 유능한 인재들이 있는 학교가 문을 열어주기만 하면 학교는 그 지역의 훌륭한 문화적, 교육적 공간이 될 터인데 말이다. 그러나 문이 굳게 닫힌 학교에서 뉘 집 애들이 공부하는지, 대체 뭘 배우는지 알 수가 없다. 그저 학생들이 동네에서 사고치지 않기만을 바랄 뿐이다. 수업이 끝난 후 학교 컴퓨터실은 텅텅 비고, 학교 도서관의 책들은 잠자고 있지만

---

1) 우리나라 아동 청소년들의 행복도는 OECD 국가 가운데 최하위다. PISA 결과에서도 학업에 대한 흥미도, 효능감에서는 OECD 국가들 중 최하위권을 차지하고 있다.

주민들에게는 그림의 떡일 뿐이다.

오래전 학교와 마을의 경계가 분명치 않던 시절에는 학교가 마을이 요 마을이 학교였다. 마을에서 뛰놀던 아이들이 학교에 와서 마을의 어른들로부터 지혜와 지식을 배웠다. 학교란 아이들이 마을에서 타인과 자연과 어울려 살아가는 법을 배우는 곳이었다. 마을은 아이들이 배워야 할 교육과정이요, 실제 배움이 일어나는 배움터였다.

그러나 과거의 전통적인 학교로 돌아갈 수는 없다. 오늘날 우리의 학교와 마을은 미래를 향해 열려 있어야 한다. 학교는 학생들에게 미래사회에서 살아가는 데 필요한 역량을 길러주는 곳이어야 한다.

OECD는 학교의 역할이 미래 핵심 역량을 길러주는 것이며, 여기서 역량이란 지식이나 기술뿐 아니라 사회심리적 자원을 활용하여 복잡한 요구에 부응하는 능력이라 규정했다. 미래 핵심 역량으로는 과학 기술이나 언어 같은 도구를 상호교류적으로 사용하는 능력, 자율적으로 행동하는 능력, 다양화된 사회, 이질집단에서 타인과 상호작용하는 능력 등을 제시했다(OECD, 2003).

이러한 역량을 기르는 일은 학교 울타리 안에 갇혀 교사가 가르치는 내용을 수동적으로 듣기만 하는 학생들에게는 요원한 일이다. 미래를 대비하는 역량 교육을 위해서라도 학교는 마을을 향해 문을 활짝 열어야 한다. 그렇게 함으로써 학교에서 배운 것이 마을에서 활용되고, 이론적으로 학습한 능력이 삶의 현장에서 실천적으로 경험되고 심화되면서 진정한 미래 역량이 길러질 수 있다.

학교가 공동체성을 회복하고 마을을 품을 때, 학교가 마을이 되고 마을이 학교가 된다. '마을을 품은 학교' '학교를 품은 마을'이 우리의 미래여야 한다. 마을에 오랫동안 축적된 역사와 문화유산 그리고 자연환경과 풍부한 경험을 지닌 사람들이 학교교육을 풍요롭고 생기 있게 할 것이다. 학교가 지닌 다양한 시설들, 새로운 지식과 기술, 전문성을 갖춘 교직원들은 마을에 새로운 가능성을 심어주는 중심센터가 될 것이다. 협력만이 상생의 길이다.

3. 공동체와 마을을 강조하는 교육정책들

최근 학교공동체와 마을 혹은 지역사회의 협력 관계를 강조하는 정책들이 다양하게 시행되고 있다. 앞에서 잠깐 언급한 마을교육공동체 사업 외에도 자유학기제, 교육기부사업, 혁신교육지구, 어울림학교 등은 우리나라의 중앙과 지방정부와 시도교육청에서 중요하게 추진하고 있는 교육정책들이다. 지난 정부에서 가장 중요한 교육정책으로 추진했던 자유학기제는 중학생들이 자신의 진로와 적성을 찾을 수 있도록 한 학기 동안 기존의 교육과정 대신 진로체험 활동, 주제선택 활동, 동아리 활동 등을 핵심 활동으로 수행하는 제도이다. 이러한 활동들은 학교의 울타리를 넘어 지역사회에 있는 다양한 기관과 전문가들의 협조와 도움을 얻을 때 보다 효과적이고 내실 있게 운영될 수 있다.

교육기부사업이란 교육부에서 주관하여 예산을 지급하고 한국과학창의재단이 맡아 운영하는, 전국의 초중등학생들을 위해 사회의 다양한 기관들에게 교육기부를 하도록 장려하고 설득하는 사업이다. 이를 위해 과학창의재단은 전국의 대학들 가운데 교육기부 지역센터와 컨설팅단을 지정하여 운영하고 있다. 이 기관들은 지역사회의 개인, 기업, 공공기관, 사회단체들에게 교육기부 활동을 적극적으로 하도록 권면하고 지원하기도 한다. 이 사업 역시 학생들의 교육을 위해 학교만이 아니라 지역사회의 다양한 기관과 사람들의 협조가 필요하다는 인식 속에서 이루어지고 있다.

혁신교육지구 정책은 시도교육청 차원에서 시행한 정책으로, 경기도교육청에서 시작하여 전국적으로 확대되고 있다. 혁신학교가 그동안 이룬 교육적 성과를 지역사회로 확산하자는 취지다. 혁신교육지구 정책은 학생들의 교육을 위해 꼭 필요하지만 학교 혼자서는 할 수 없는 일을 마을과 지자체, 교육청이 함께 협력하여 해결하고자 하는 것이다. 이 정책 역시 교육이란 것이 학교와 지역사회 여러 기관들의 협업을 통해서 이루어짐을 전제하고 있다.

어울림학교정책은 전라북도교육청에서 시행하고 있는 정책으로 농어촌의 작은 학교들이 겪는 어려움을 마을과 함께 극복하도록 하려는 정책이다. 어울림학교로 지정된 99개교의 학교들(2016년 기준)은 "지역 특성에 맞는 특색 있는 교육과정 및 작은 학교 간 공동교육과정을 마을교육과정으로 재구성하여 삶과 연계된 수업을 통해 마을과 학교의 가치를 재발견하고 학생들의 자존감을 높임으로써 마을과 학생이 함께 성장"하고자 한다(배병대, 2016).

이처럼 여러 차원에서 시행되고 있는 다양한 교육정책들은 학교공동체에 대한 강조와 학교와 마을과의 긴밀한 관계성을 중시한다는 점에서 공통점을 지닌다. 그런데 이런 정책들이 광범위하게 시행되고 있긴 하지만 우리나라 학교들이 전통적으로 가지고 있는 특징인 지역과의 단절감을 깨트릴 만큼 영향력을 행사하지는 못하는 듯하다. 여전히 학교나 마을의 다수 구성원들은 둘의 관계를 상호의존적으로 보기보다는 독립적으로 보고 그래서 서로 무관한 관계로 보는 경향이 짙다. 그것은 이런 교육정책들이 학교와 마을 현장에서 교사와 학생, 주민들의 필요를 수렴하고 그들 사이에 충분한 논의를 거쳐 시작했다기보다는 정책입안자들에 의해 탑다운 방식으로 이루어졌기 때문이다. 그래서 현장에서는 이런 일들이 자신의 의지와는 관계없이 갑자기 주어진 성가신 잡무로 생각되는 경향이 있다.

4. 교육생태계의 복원

학교와 마을의 연계와 협력을 강조하는 이러한 시도들은 건강한 교육생태계의 형성에 대한 최근의 관심과 맥을 같이 한다(김진경 외, 2014; 박상진 외, 2016; Furman, 2002; Goodlad, 1994). '교육생태계'라는 용어는 학교와 마을의 유기적 관계를 이해하는 데 중요한 개념이 될 수 있다. 모든 생물이 특정한 생태계 내에서 살아가는 것처럼 학교도 교육생태계 속에서 존재하고 있다. 즉, 학교는 학교를 둘러싼 환경의 사회문화적 요소들에 영향을 받으며 또한 동시에 영향을 주며 존재하고 있는 것이다.

이 관점에 따르면 교육의 회복은 학교의 회복으로만 이루어지지 않는다. 학교를 둘러싼 건강한 교육생태계의 복원이 필수적이다. 교육생태계의 복원은 학교가 있는 지역사회의 다양한 기관들과 구성원들이 상호간에 그리고 학교와 유기적 관계를 형성할 때 가능할 것이다. 이광호(2014)는 이러한 유기적 관계가 형성된 상황을 "증여와 돌봄의 마을공동체"라고 불렀다. 상품적 거래가 아닌 증여와 돌봄이 학교를 포함한 마을에서 자연스럽게 일어날 때 아이들이 건강하게 자랄 수 있는 교육생태계가 형성된다는 것이다(이광호, 2014: 209).

학교, 공동체, 마을에 대한 언급이 잦고 이와 관련된 정책들이 유행처럼 시행되고 있는 데 비해 이 주제에 대한 깊은 논의를 담고 있는 연구물들은 의외로 적다. 혁신학교 혹은 혁신교육지구 정책이나 마을교육공동체 정책에 대한 연구물들이 일부 있긴 하지만 이 주제에 대해 좀 더 체계적이고 종합적으로 다룬 연구물은 부족하다.

앞서 말한 것처럼 공동체와 마을이 한때의 유행어로 입에 오르내리다가 어느덧 사라지는 운명에 처하지 않으려면 이에 대한 깊은 고민과 체계적인 연구가 필요하다. 학교와 마을의 연계와 협력이라는 주제에 대한 탐구는 학교교육의 효과를 높이는 방법론을 넘어 교육의 본질을 되돌아보게 하고 나아가 우리 삶의 방식에 대한 성찰로 이어진다. 이 책이 독자들에게 학교와 마을의 효과적인 결합의 방법들을 제시할 뿐 아니라 교육에 대한 새로운 아이디어를 제공하고, 학교와 마을의 재구성을 위한 교육적 상상력을 부여할 수 있게 되기를 기대한다.

2장. 교육, 학교, 마을, 공동체

1. 학교에 대한 두 가지 이해

오늘날 학교를 이해하는 대표적인 방식 가운데 하나가 학교를 조직
(organization)으로 보는 것이다. 조직은 목표 달성을 위해 합리적으로
구성된 사회적 결합의 한 형태로 정의될 수 있다. 조직은 기능주의적
관점, 해석적 관점, 비판적 관점 등 세 가지 관점으로 이해된다(왕기항
외, 2000; 33-43; Foster, 1986).[2] 이러한 세 관점 가운데 오늘날 학교조
직은 대개 기능주의적 관점으로 이해되는 경향이 강하다. 이는 학교를

---

2) 기능주의적 관점이란 조직이 객관적으로 존재하는 실체이므로 사람들이 관찰하고 분석
할 수 있으며 조직은 안정적이고, 성과에 대해 예측 가능하고 관리 가능한 것으로 본다.
해석적 관점이란 사회현상의 객관적 실재성을 부정하고 개인의 주관적 지각에 의해 형
성된 의미로서의 현상을 강조하는 것이다. 그러므로 이 관점에서 조직을 이해할 때는
자연과학의 대상으로서가 아니라 조직이 갖는 개별성과 특수성의 입장에서 이해하려고
한다. 비판적 관점이란 조직을 그 조직이 처해 있는 사회정치적인 이해관계의 틀 안에
서 작업 구조를 규명하는 일이다. 비판적 관점에서 조직을 이해할 때는 조직구성원들의
권력 이양과 변혁 지향성을 강조하고 합리성보다는 도덕과 가치의 측면을 중요시한다.

구성하는 요소들이 특정한 목적을 성취하기 위해 어떤 구조에 따라 조직된다는 것을 말한다.

학교조직은 합리적인 목적-수단 결합체제 성격을 띤다. 조직은 목적 달성을 최우선 과제로 삼고 이를 효과적으로 이룰 수 있도록 모든 구조와 과정을 만들어간다. 조직에서 구성요소들 간의 결합 관계는 계약적 성격을 갖는다. 구성원들 간의 계약에서 가장 핵심적인 동기는 자기 이익이다. 그러므로 학교를 조직으로 이해하는 관점에서는 교사와 학생들을 움직이게 하는 방법으로 보상과 징계를 이용하게 된다. 그럴 경우 교사나 학생은 기대하는 외적 보상이 사라지면 더 이상 노력을 기울이지 않게 된다.

학교를 이해하는 또 다른 방식은, 조직이 아닌 공동체(community)로 보는 것이다. 일군의 교육학자들은 학교개혁이 성공하기 위해서는 학교를 조직 대신 공동체로 이해해야 한다고 말한다. 학교를 공동체로 이해한다는 것은 학교가 관계성을 중심으로 조직되며, 구성원 사이의 상호의존의 경험을 핵심으로 한다는 것이다. 공동체는 '나'로부터 '우리'라는 의식을 형성하는 데 필요한 조건을 제공하는 가치, 정서, 신념을 중심으로 정의할 수 있다(Sergiovanni, 1994). 공동체에서는 사람들 간의 결합이 계약에 기초하지 않고 헌신에 기반하고 있다고 본다. 조직이 보상과 징계 등 외적 통제 수단에 의존한다면, 공동체는 규범, 가치, 목적, 동료성, 상호의존성 같은 내적 속성에 주로 의지한다.

오늘날 우리나라나 서구사회에서 학교는 공동체적 성격보다는 조직적 성격을 더 많이 내포하고 있다. 미국의 교육학자 게일 퍼만(Gail Furman)은 미국의 공립학교에 개인주의, 경쟁과 함께 관료적 조직의 특성이 강하게 자리 잡고 있다고 말한다. 현대 미국의 공교육체제가 학교교육과 학습에 대한 합리적/기술적/도구적 전제에 기반하고 있기 때문에 조직으로서의 학교가 사람들에게 매우 친숙하게 이해되고 있다고 본다(Furman, 2002). 이러한 전제 위에 있을 때 학교교육은 국가 경제 발전에 이바지하는 도구적 성격을 띠게 되고, 학생들의 학습동기도 학업성취도에서의 성공, 경쟁에서의 승리, 미래의 안정된 삶 같은 것이 된다. 그리고 이러한 도구적 목표를 성취하는 데 학교의 성공 여부는 측정 가능한 학생의 학업성취도에 의해 합리적으로 결정될 수 있다고 본다. 그래서 교수활동은 기술적인 문제이며 교사와 학교는 그 성취 결과에 대해 책임을 져야 한다고 생각한다. 이러한 접근은 오늘날 우리사회에서의 학교에 대한 이해와도 매우 흡사하다.

그러나 학교가 이와 같은 조직의 성격만을 강조하게 될 때 여러 부정적인 현상들이 나타나게 된다. 이러한 학교에서는 아이들의 소외감, 협동심 상실, 의미와 목적이 결여된 피상적 교육 같은 문제들이 야기된다. 현대 학교에서 광범위하게 나타나는 이러한 현상들은 학교에서 공동체성의 회복이 시급함을 알려주고 있다. 학교뿐 아니라 사회에서도 공동체성이 사라지고 있는 오늘날의 상황을 고려할 때 학교에서 공동체성을 경험하게 하는 것은 교육의 회복을 위해서만이 아니라 사회의 공동체성을 위해서도 반드시 필요한 과제라 할 수 있다.

학교를 조직이 아닌 공동체로 이해하는 방식은 다양하게 존재할 수 있다. 크게 나누어 두 가지로 설명할 수 있는데 첫째는 학교 자체를 공동체로 보는 것이요(School as Community), 둘째는 학교와 지역공동체의 연계(School-Community Connections)를 강조하는 것이다. 앞으로 설명할 교육공동체와 학교공동체는 첫째 분류와 관계되고, 마을학교공동체와 마을교육공동체는 둘째 분류와 관계된다. 즉, 학교를 공동체로 이해한다는 것은 학교를 교육공동체와 학교공동체로 보고 나아가 마을교육공동체와 마을학교공동체로 삼는다는 것이다.

2. 공동체

공동체에 대한 관심과 논의가 최근 들어 부쩍 활발한 양상을 보이는 것은 오늘날 극단적인 개인주의가 낳는 병리 현상과 관계있을 것이다. 하지만 많은 사회문제들의 원인을 공동체성의 결핍으로 보고 공동체를 무조건 동경하는 것은 문제의 본질을 호도할 우려가 있다. 특히 자유주의 원리가 온전히 뿌리내리지 못한 한국 사회에서는 공동체에 대한 강조가 구성원 개인의 자율성을 약화시킬 위험성이 있기에 이 논의는 조심스럽게 이루어져야 한다(김수중 외, 2002: 6).

일반적으로 사회학에서는 사람들이 사회적으로 관계 맺는 양상을 두고 공동체(Gemeinschaft)와 사회(Gesellschaft)로 나누어 말하곤 한다. 공동체는 가족이나 친구와 같이 정서나 혈연에 의해 결속된 일차집단이 지배적인 사회관계이다. 반면 사회는 기업, 조합, 정당처럼 형식적이고 합리적이며 이해관계를 바탕으로 조직된 이차집단이 지배적인 사회관계이다(한승완, 2002: 180). 그러므로 대개 공동체는 혈연과 지역과 생각의 유사성을 기반으로 사회적 관계를 형성했던 전통사회에서 보편적인 삶의 방식이었다. 그런데 전통사회 혹은 전근대사회에서 공동체적 삶은 구성원들의 강한 유대감과 소속감으로 정서적 안정감을 주는 반면 구성원 개인이 전통에 속박되는 경향이 있고, 공동체의 경계를 엄격하게 구분함으로써 외부에 대해서는 배타적 성향을 보이기도 했다. 이러한 전통적 공동체는 인종주의나 정치적 분파주의의 토대가 되는 사회적 전체성(wholeness)에 대한 일치된 열망을 갖기도 한다. 또한 총체성(totality)을 이루고자 하는 공동체의 노력은 안과 바깥을 구분함으로써 '배타성'을 낳고 '차이'를 부정적으로 보게 한다(Young, 1986: 2-3).

이러한 전통적 개념의 공동체는 사회가 근대화되면서 붕괴되어갔다. 근대화는 개인을 혈연적, 문화적 전통 공동체의 속박으로부터 벗어나게 하고 합리적 인간관계를 맺게 했다. 그러나 근대사회가 심화될수록 개인주의의 폐해가 커지면서 이를 극복하기 위해 다시 공동체가 강조되기 시작했다. 그러나 새롭게 대두되는 공동체는 전통사회의 공동체 개념과는 분명 구별된다. 전통적 공동체가 가진 문제와 한계를 극복한 개념으로, 탈근대적 공동체 혹은 대안적 공동체라 할 수 있다. 이 대안적 공동체는 다양하게 설명되고 명명된다. 미국의 대표적인 조직학자인 에치오니(Etzioni)는 이를 열린 공동체(Open Community)라 했고(1987), 셀즈닉(Selznick)은 '공동체주의적 자유주의(Communitarian Liberalism)' 공동체라 했다(1992). 공동체 유형을 깊이 연구한 종교철학자 커크패트릭(Kirkpatrick)은 상호적/인격적(Mutual/Personal) 공동체라 했다(1986). [3]

---

3) 이 부분에 대한 보다 자세한 논의는 Kang, Y(2006: 10-17)을 참조.

대안적 공동체 개념에서 먼저 중요하게 언급할 것은 존재론에 관한 것이다. 대안적 공동체 개념에서는 사람 개인의 존재를 본질적으로 개체적 혹은 원자적 존재로 보지 않는다. 그렇다고 개인을 집단에 종속된, 그래서 개체성이 결여된 존재로도 보지 않는다. 대신 개인은 타인과의 관계성 가운데 존재하며 그렇기 때문에 타인과 화목한 관계를 맺을 때 가장 온전한 자기가 될 수 있다고 한다. 20세기 초 저명한 유대인 철학자 부버의 표현을 빌면 "한 인간은 너를 통하여 비로소 내가 된다"라고 할 수 있다(Buber, 1958: 148).

대안적 공동체 개념은 이처럼 인간의 개체성과 관계성 혹은 공동체성을 동시에 존중하는 존재론적 토대 위에 서 있다. 그래서 전통적 공동체가 갖는 속성인 소속감, 유대감, 상호의존성, 돌봄 등을 여전히 중요하게 내포하고자 한다. 그러나 이러한 속성들이 가져올 위험성에 대해 민감하게 반응한다. 그러면서 동시에 자유주의 혹은 개인주의적 이념이 중요하게 보는 개체성, 자율성, 다양성, 포용성 등의 속성을 공동체에서 잃지 않으려고 노력한다. 이를 달리 말하면 대안적 공동체는 전근대적 공동체가 가졌던 정서적 안정감과 근대적 사회가 가진 합리성을 변증법적 종합을 통해 새로운 차원으로 지향하고 있다고 할 수 있다(Kang, 2006).

우리가 일상생활에서 종종 듣는, 공자가 논어에서 말한 '화이부동(和而不同)'하는 삶의 태도가 새로운 개념의 공동체적 삶의 양식과 닮았다고 할 것이다. 즉, 서로 조화를 이루나 같아지지는 않는 삶의 태도이다. 조화, 친밀감, 연대를 속성으로 하는 공동체 속에서도 구성원 개인의 개체성(individuality)을 잃지 않는 태도를 나타낸다. 본 책에서 흔

히 사용하는 공동체라는 말 속에는 위에서 논의한 대안적 개념을 염두
에 두었음을 다시 밝히는 바이다.

3. 교육공동체

교육공동체를 총체적으로 이해하는 한 방법은 (교육)공동체를 조금
씩 다른 각도에서 설명하는 학자들의 논의를 살펴보는 것이다. 그래서
먼저 교육과 관련된 공동체를 전통적으로 이해하면서도 전통적 공동
체가 간과했던 민주성을 강조한 존 듀이를 통해 교육공동체의 기본 개
념을 고찰할 것이다. 그리고 스콧 펙과 파커 파머의 공동체론을 살펴
보는 일은 듀이가 말하지 않은 교육공동체의 다른 면들을 보게 하여
교육공동체를 보다 다층적으로 이해하는 데 도움을 줄 것이다.

교육과 관련해 공동체의 중요성을 체계적으로 논한 사람 가운데 대
표적인 인물이 존 듀이다. 그는 교육과 의사소통의 긴밀성을 논하면서
'공동의(common)' '소통(communication)' '공동체(community)[4]'가 갖
는 언어적 유사성에 주목한다. 이 세 단어의 어근이 'common'으로
공통된다는 것이다. 사람들이 공동체 속에서 살아가는 것은 그들이 무
엇인가 공동의 것을 가지고 있기 때문이고, 의사소통은 그 공동의 것
을 갖게 되는 과정을 나타낸다는 것이다. 듀이는 사람들이 공동체를

---

4) community는 듀이의 책에서는 '사회'로 번역하는 것이 문맥상 보다 타당하지만 여기서
는 본서의 다른 부분과의 일관성을 유지하기 위해 '공동체'로 번역했다. 문맥에 따라
공동체 혹은 지역공동체/지역사회로 옮겼다. 그리고 이 책에서는 마을(village)과 지역사
회(local community)를 구분하지 않고 사용함을 밝힌다.

이루기 위해 공동으로 가지고 있어야 하는 것은 목적, 신념, 지식, 비슷한 마음가짐(like-mindedness) 등이라고 한다. 의사소통과 이로 인한 공동의 이해에 참여하는 것이야말로 사람들로 하여금 유사한 정서적, 지적 성향을 가지게 해주며 기대와 요구조건에 대하여 유사한 방식으로 반응할 수 있게 해준다는 것이다(Dewey, 1916: 14-15).

교육공동체가 존속하기 위해서는 소통(communication)이 원활하고 상식(common sense)이 풍부해야 한다. 소통은 상식을 기반으로 하되 양자의 활동(action)과 상호작용(interaction)과 변화를 일으키는 교섭작용(transaction)이 이루어지는 것을 말한다. 이러한 소통은 교실에서 대화와 표현이 많을 때 이루어진다. 교육공동체는 상식과 소통을 기반으로 하되 변화를 위한 담론이 풍부할 때 성장한다.

듀이는 교육공동체의 또 다른 중요한 기반으로 민주주의를 들고 있다. 그가 말하는 민주주의란 '생활양식으로서의 민주주의'를 말한다. 이는 단순히 정부의 형태가 아니라 '보다 근본적인 공동생활의 양식이자 경험을 전달하고 공유하는 방식'이라고 했다. 생활양식으로서의 민주주의가 구현되는 교육공동체에서는 학습 주체의 참여와 의사소통이 활발하게 이루어진다. 즉, 다양한 활동에 참여하는 구성원들이 함께 공동체의 가치를 형성하며 중요한 의사결정이 이루어진다. 또한 민주주의는 자유롭고 개방적인 의사소통을 가능하게 하여 서로의 생각을 공유할 수 있게 한다(서용선 외, 2015).

공동체에 대한 듀이의 생각을 기반으로 교육공동체의 기본적인 가치들을 제시해볼 수 있다. 즉, 교육공동체는 구성원들의 자율성과 자발성을 기초로 하고, 평등한 참여 기회를 보장하는 민주성을 중요한 가치로 삼는다. 여기에 덧붙여 연대의식, 책임감, 전문성 신장 등도 교육공동체의 중요한 가치로 볼 수 있다.

공동체에서는 공동의 목표, 가치, 신념 같은 공통성과 이것을 형성하는 활발한 담론을 대개 공동체의 중요한 기반으로 보지만, 이러한 관점과 달리 공통성보다 차이를, 담론보다 성찰을 더 중시하는 정서적인 공동체를 강조하는 시각도 있다(Peck, 1987). 정신과 의사이자 작가인 스콧 펙은 공동체에 대한 그의 유명한 책에서 공동체를 일컬어 "포용과 헌신을 통해 전원 합의가 이루어지는 곳"이라 했다(Peck, 1987: 77). 진정한 공동체는 '이 사람을 받아들이는 것을 어떻게 정당화할 것인가?'라고 묻는 대신 '이 사람을 참여시키지 않는 것이 과연 바람직한가?'라고 물어야 할 만큼 배타성을 갖지 않기 위해 노력해야 한다고 했다. 사람들이 갖는 다양한 차이를 수용하고 그들과 공존하기 위한 헌신의 마음이 중요하다는 것이다. 이러한 관점은 공동체에서 사람들 사이의 차이를 문제로 보는 것이 아니라 선물로 받아들이고 축하해야 하는 것으로 본다. 그리고 서로 의견차가 있는 사안에 대해 의사결정을 해야 할 때 다수결의 원칙은 소수의 열망을 배제시키는 결과를 낳는다고 본다. 그래서 스콧 펙은 진정한 공동체에서는 다수결 대신 전원 합의 방식을 취하는 것이 좋다고 말한다. 진정한 공동체라면 개인의 차이를 배제하지 않으면서도 차이를 초월하는 길을 찾을 수 있을 거라는 것이다(Peck, 1987: 80).

스콧 펙은 무엇보다 성찰의 중요성을 강조한다. 공동체는 형성 초기부터 자기성찰이 요구된다. 성찰은 자기 안의 세계와 자기 밖의 세계, 그리고 둘 사이의 관계를 자각하는 것이다. 자기 자신을 깊이 들여다

볼 줄 아는 개인이 공동체에 대해서도 깊이 성찰하게 된다. 끊임없는 성찰이 있기 때문에 참된 공동체는 건강하지 못한 상태에 빠졌다가도 빨리 알아차리고 신속하게 대응할 수 있다(Peck, 1987: 83-85).

위에서 존 듀이와 스콧 펙은 사람들의 사회적 관계인 공동체를 주로 말하고 있다. 그러나 교육공동체에는 학생과 교사 혹은 교사와 교사 관계와 같이 사람 사이의 관계도 중요하지만 교사와 학습 주제 혹은 학생과 학습 주제 같이 사물과의 관계도 매우 중요하다. 앎, 배움, 가르침이란 교육 행위에서 공동체적 성격이 어떻게 나타나는지는 파커 파머가 잘 설명하고 있다. 관계적 존재 혹 공동체적 존재를 이해하는 가장 좋은 방식은 인식 주체인 우리가 대상과 살아 있는 관계를 형성하는 것이다. 즉, 우리가 인식 대상에게 영향을 미치고 우리 역시 그로부터 영향을 받는 관계에 들어가는 것이다(Palmer, 2006: 24). 그래서 참다운 배움은 학생이 교사, 다른 학생, 학습 주제와의 친밀한 관계로 인도되는 배움의 공동체 안에서 일어난다고 한다. 그러므로 교사의 역할은 교실에 배움의 공동체를 창조하는 일이며, 학생들로 하여금 그들의 삶 속에서 타자와 소통하는 역량을 길러주는 일이다.

이처럼 교육공동체는 공동체가 갖는 일반적인 특징과 원리가 교육적 공간에 적용된 것이면서 교육과 관련하여 사람과 사물의 유기적 관계를 나타내기도 한다. 교육공동체에 대한 이종태(1999)의 정의인 "교육에 대한 공유된 가치와 신념으로 구성된 집단이 그들의 가치와 신념을 구현하기 위해서 '우리'라는 감정을 통한 유대감과 친밀감을 가지고 사회적 응집력으로 협동하는 공동체"는 그런대로 수긍할 수 있다. 이런 관점에서 볼 때 교육활동이 이루어지는 주된 공간이 어디인가에 따라 교육공동체는 학교공동체, 마을학교공동체, 마을교육공동체로 구분될 수 있다.[5] 학교공동체는 교육이 일어나는 단위 학교를 강조하는 개념이고, 마을학교공동체는 교육이 일어나는 학교를 중심으로 하되 마을에서도 교육이 활발하게 일어나는 경우이다. 마을교육공동체는 교육의 중심이 마을로 옮겨가서 마을이 교육공동체가 된 경우이다.

4. 학교공동체[6]

학교공동체는 공동의 의식, 소통, 포용성, 성찰 등 공동체의 원리를 학교에 적용한 것이다. 즉, 학교가 공동체로 작용하기 위해서는 구성원들이 공유하는 교육목표가 있어야 하고, 그 목표를 달성하는 방안을 찾기 위해 상호간의 소통이 활발해야 한다. 소통 가운데 발견되는 가치와 생각의 차이는 충분히 토의되고 수용되어야 한다. 그러면서 학교가 표방하는 정신과 구성원 개인이 추구하는 가치가 사회적 맥락에서 바르게 구현되는지에 대해 끊임없이 성찰과 반성이 일어나야 한다.

서구사회에서는 학교공동체에 대한 관심과 연구가 다섯 가지 방향으로 이루어져왔다(Furman, 2002: 8-10). 첫째는 교사들의 전문적 공동체(professional community)이다. 둘째는 학생들의 학습공동체(learning community)이다. 셋째는 학교에서 학생들이 경험하는 공동체 의식

---

5) 학교와 지역사회를 포괄하는 '지역사회교육공동체', 학부모, 교직원, 지역주민, 정부기관, 기업 등 교육활동의 직간접 이해당사자 모두를 포함시키는 '교육이해공동체'로 구분하기도 한다(서용선 외, 2016).

6) 이 주제와 관련하여 더 자세한 내용은 강영택(2009b)의 내용을 참조.

(sense of community)이다. 넷째는 사회정의를 포함하는 민주적 공동체(democratic community)이다. 마지막으로 다섯째는 다양성의 공동체(community of difference)이다. 다양성의 공동체란 말은 학교에 같은 성장 배경과 비슷한 생각을 가진 학생들만 있는 것보다 배경도 다양하고 생각도 창의적인 학생들이 있을 때 학교가 더욱 풍성한 공동체가 될 수 있다는 것을 나타낸다.

학교공동체는 이처럼 다양한 형태로 존재하지만 공통점은 공동체의 원리가 학교의 기반이 되어야 한다는 점이고, 동시에 학교가 중시하는 핵심 가치들이 내면화되어야 한다는 점이다. 학교의 세 가지 중요한 요소는 배움, 민주성, 배려(caring)라 할 수 있다(강영택, 2009b). 이 요소들을 학교공동체에 반영하면 학교는 배움의 공동체, 민주적 공동체, 배려의 공동체가 된다.

학교에 속한 모든 구성원들(학생, 교직원, 학부모) 사이에서 상호작용이 일어나고 이를 통해 배움이 활발하게 나타날 때 우리는 그곳을 배움의 공동체 혹은 학습공동체라 부를 수 있다. 학습공동체에서는 모든 이가 학습자가 되고 동시에 가르치는 자가 된다. 학교의 공동체성을 강조한 토마스 서지오반니는 학교에서 학습공동체를 이루는 데 필수적인 요소로 구성원들이 함께하는 탐구활동을 든다(Sergiovanni, 1994). 탐구는 새로운 생각에 대한 개방성과 섣부른 판단에 대한 유보를 요구하며, 다른 사람의 작업에 대한 이해와 감상을 더욱 심화시킨다. 또한 인간은 다른 사람들과 함께하는 탐구를 통해 진정한 대화와 반성으로 나아가게 된다고 보았다. 그는 학교의 구성원들이 함께 무언가를 탐구하고 배워갈 때 그 학교는 학습공동체를 형성하게 된다고 말한다.[7]

학교공동체는 배움이 활발하게 일어나는 학습공동체일 뿐 아니라 의사결정과정이 공동체 구성원들에게 개방되어 있는 민주적 공동체여야 한다. 대화, 토론 등 다양한 의사소통은 학교를 민주적으로 만드는 데 필수적인 요소들이다. 담론이 개방적이고 누군가에 의해 지배되지 않을 때 그 공동체는 민주적일 수 있다. 대화를 학교교육의 가장 핵심적인 본질로 보는 시돌킨(Sidorkin)은 진정한 학교공동체에서 학생들이 대화를 통해 인간존재의 충만함을 경험할 수 있다고 주장한다. 그는 학교가 인간의 상호관계성을 형성하는 "대화의 존재론적 개념"이 실현되는 곳이어야 한다고 말한다(Sidorkin, 1999: 141).

배려의 공동체로서 학교는 배려 혹 돌봄을 공동체의 중요한 본질로 삼아야 한다. 배려는 효율과 생산성, 경쟁이 강조되는 근대 산업사회 이후 우리 사회에 많은 문제점들이 나타나면서 점차 강조되고 있는 윤리이다. 배려는 타인에 대한 수용, 상대에 대한 적절한 반응, 관계에서의 지속성 세 가지를 내포하고 있다(Beck, 1992). 타인을 수용한다는 것은 다른 사람의 실체를 무비판적으로 수용하는 개방성과 자발적 의지를 갖는 것을 의미한다. 앎은 수용의 다른 측면이다. 즉, 누군가를

---

7) 일본의 교육학자 사토 마나부는 학습공동체를 학생들이 서로 배우면서 성장하는 곳인 동시에 교사들이 교육 전문가로서 서로 배우면서 성장하는 곳이며 또한 학부모와 시민들이 교육활동에 참가하여 서로 배우면서 성장하는 곳으로 정의 내린다(사토 마나부, 2008). 그는 학교의 개혁을 가로막는 주요 요인으로 교사들을 분열 고립시키는 교실과 교과의 장벽을 들면서, 학교에서 학습공동체를 형성하기 위해서는 동료성 구축을 위한 교사들의 적극적인 의지와 더불어 학교조직의 조정이 요구된다고 한다. 교실의 개방이 교사들의 동료성을 구축하는 중요한 방안이라면, 학교의 개방은 학교를 가정과 지역사회와의 연대를 촉진하는 방안이 될 수 있다. 그러므로 그는 학교가 지역문화의 전승과 배움의 중심지로 구축되어야 한다고 주장한다.

배려하기 위해서는 그에 대해 알아야 한다. 배려와 책임은 앎에 의해 인도될 때 방향을 제대로 잡게 된다.

배려는 근본적으로 호혜적 상호작용이다. 참된 배려는 적절한 시간 동안 배려의 관계성이 지속되어야 한다. 지속성은 오랫동안 양자가 물리적으로 함께 있는 것을 의미하지는 않는다. 대신 배려하는 자는 배려받는 자를 지속적으로 인식하고 반응을 보여야 한다. 그러므로 배려는 헌신을 내포하는 것이다. 헌신은 상대의 안녕(well-being)에 공헌하는 일이다. 배려의 궁극적인 목적은 인간의 발전 혹 성숙에 있다고 할 수 있다. 그런 면에서 배려의 학교공동체에 대한 강조는 오늘날 교육의 주된 논리가 된 경쟁의 윤리와 도구주의적/공리주의적 윤리가 갖는 한계를 극복하게 해준다.

5. 마을학교공동체

마을학교공동체라는 말은 자주 사용되는 용어는 아니다. 대신 마을학교라는 용어가 사용된다. 그러나 마을학교란 용어 역시 학문적으로 분명하게 정의되어 있지는 않다. 최근 들어 '마을 만들기'가 정책적으로 확산되면서 마을학교라는 용어가 종종 등장하고 있다. 서울시 마을공동체 만들기 사업에 관한 조례 제2조 3항과 제9조 8항에 따르면, 마을학교는 마을공동체 만들기 사업을 위한 하나의 하위사업으로 이해하고 있다. 그리고 "마을공동체 만들기란 지역의 전통과 특성을 계승, 발전시키고 지역의 인적·물적 자원을 활용해 주민의 삶의 질을 높이는 활동"이라고 한다. 서울시 노원구의 마을학교지원센터 설치 및 운영

지원 조례 제2조에는 "마을학교란 문화, 예술, 체육, 전통놀이 등 다양한 분야에 걸쳐 주민들이 스스로 만들어 운영하거나 단체, 기관 등이 주민을 대상으로 운영하는 교육"을 제공하는 것이라고 한다. 이처럼 지방자치단체에서 사용하는 마을학교의 개념은 기존의 학교와는 별개로 마을에서 운영되는 교육프로그램을 의미하는 경향이 있다.

그러나 이 책에서는 마을학교의 개념을 기존 학교 중심으로 보고자한다. 즉, 기존의 학교와 마을이 긴밀하게 연결 혹은 융합되는 경우이다. 마을학교공동체는 학교공동체가 학생과 마을주민의 교육을 위해마을공동체와 유기적 관계를 형성한 것을 나타내는 말이다. 이 책에서말하는 '마을을 품은 학교공동체'의 개념과 매우 흡사하다. 마을학교공동체는 공동체성을 가진 학교가 학생의 배움과 성장을 위해 학교뿐아니라 마을의 교육적 인프라와 자원을 광범위하게 활용하는 것을 의미한다. 나아가 학생뿐 아니라 마을의 청소년과 성인들을 대상으로도학교와 마을의 인적 물적 자원을 활용하여 교육적 기회를 제공할 때마을학교공동체라 할 수 있다.

마을학교공동체의 핵심이 '학교와 마을의 유기적 관계 형성'이라 할때 이 의미를 정확하게 이해하기 위해서는 학교와 마을의 '유기적 관계'란 어떤 의미인지를 밝혀야 한다. 그리고 마을학교공동체의 개념을분명하게 이해하기 위해 마을학교공동체와 유사하게 보이는, 평생교육 분야에서 강조하는 '지역(사회) 학습공동체'의 개념과도 비교할 필요가 있다.

학교공동체와 마을의 유기적 관계라 함은 학교와 마을이 교육을 위해 긴밀하게 연결되어 협업을 하며 호혜적 관계를 형성하는 것을 일컫는다. 그런데 유기적 관계는 시간의 흐름에 따라 변화 혹은 성숙해갈 수 있다. 초기에는 어느 한쪽이 다른 쪽에게 도움을 주는 관계를 가진다. 예를 들면, 마을이 학교에는 없지만 마을에 있는 인적, 물적 자원을 학교에 제공하여 학교의 교육활동을 도와주는 경우이다. 혹은 반대로 학교가 마을의 주민들을 위해 학교에서 평생교육 프로그램을 개설하거나 주민들이 즐길 수 있는 문화공연을 제공하는 경우이다. 이런 경우에는 마을이 학교에 도움을 주거나 혹은 학교가 마을에 도움을 주는 관계가 이루어진다. 학교와 마을의 경계가 분명한 상태에서 학생과 주민들은 가끔씩 그 경계를 넘어 교육이나 학습을 경험하게 된다.

그런데 유기적 관계가 발전하고 성숙해지면 그 경계가 불분명해지기 시작한다. 학생들은 교실에서 배움을 시작해서 마을로 나가 그것을 마무리하게 된다. 마을 공방의 주인이 학교에 와서 학생들을 가르치기도 한다. 마을주민들은 필요한 지식과 기술을 학교에서 학생들과 함께 스스럼없이 배운다. 학교를 졸업한 졸업생들은 떠나지 않고 마을에 살면서 학교의 미래 학부모가 된다. 이런 단계에 들어서면 학교가 마을이요 마을이 학교가 된다. 온전한 유기적 관계가 형성되는 것이다. 그럼에도 불구하고 마을학교공동체의 개념 속에는 학교가 마을 안에 엄연히 존재함을 중시한다. 단지 가르침의 대상과 내용과 장소가 학생과 학교를 중심으로 하되 이에 한정되지 않고 마을주민과 마을 전체로 확산되고 있는 것이다.

마을학교공동체의 의미를 설명하는 또 하나의 방식은 이와 유사한 용어와 비교하는 일이다. 평생교육에서 지역(사회) 학습공동체는 매우 중요한 개념이다. 지역사회 학습공동체는 마을학교공동체와 여러

면에서 닮았다고 할 수 있다. 지역사회 학습공동체는 간단하게 말해 지역사회 자체가 거대한 학습공동체가 되는 것을 말한다. 즉, 지역사회가 학습을 목적으로 하는 동시에 강한 유대감과 목적의식을 공유하는 것이다. 지역사회 학습공동체는 지역주민들로 구성되어 지역과 관련된 내용을 공부하는 학습동아리와 지역 내의 다양한 학습조직들이 상호간에 네트워크를 이루어 형성된다. 지역공동체는 학습의 발전에 영향을 미치고 또 학습은 지역공동체의 발전에 영향을 준다(오혁진, 2006). 지역사회 학습공동체는 마을학교공동체와 마찬가지로 마을 전체가 교육에 초점을 둔다는 공통점을 갖는 반면 성인을 주 대상으로 하는 평생교육의 터전이 된다는 점에서 차이가 있다. 또한 지역사회 학습공동체는 학교가 아닌 마을주민들의 모임인 학습동아리나 학습조직이 중요한 구성 요소가 된다는 점 역시 차이점이라 할 수 있다.

6. 마을교육공동체

마을교육공동체는 시도교육청에서 중요한 교육정책의 일환으로 추진하고 있기에 중요한 개념으로 등장하고 있다. 이 용어는 앞서 설명한 지역사회 학습공동체와 매우 비슷한 이름이다. 그러나 마을교육공동체의 개념은 지역사회 학습공동체와 구별되고, 마을학교공동체와도 구별되는 특징을 가진다. 마을교육공동체를 간단하게 말한다면 '마을을 기반으로 하여 교육공동체가 형성된 것'이라 할 수 있다. 지역사회 학습공동체가 지역의 성인들을 교육의 주 대상으로 삼는 반면 마을교육공동체에서는 학생을 주요 교육대상으로 하고 나아가 성인까지를 포함하고 있다. 그리고 마을교육공동체는 마을학교공동체와 마찬가지로 교육의 주 대상을 아동과 청소년들로 잡고 있다. 그런데 마을교육공동체가 마을을 기반으로 하는 교육을 강조하는 반면 마을학교공동체는 학교를 교육의 중심에 놓거나 아니면 학교와 마을의 통합을 추구한다는 면에서 차이가 있다. 또한 마을교육공동체는 비형식교육과 무형식교육을 중요한 교육활동으로 보는 반면 마을학교공동체는 비형식교육이나 무형식교육도 중요하게 보지만 형식교육을 더 중요한 교육활동으로 보고 있다.

마을교육공동체라는 용어는 최근 들어 자주 사용되고 있지만, 실상 그 개념은 역사적으로 매우 오래전부터 존재했다. 교육사학자 윌리엄 보이드(Boyd, 1964)에 따르면 고대 그리스 시대의 아테네에서는 마을에서의 삶 자체가 진정한 교육이었다고 한다. 즉, 아테네시가 많은 교육적 자원을 가지고 있는 마을교육공동체였던 셈이다. 당시 아테네의 청소년들은 거리를 걸어갈 때 우수한 예술작품들이 곳곳에 서 있는 것을 볼 수 있었다. 또 말솜씨가 뛰어나고 경험이 풍부한 어른들이 정치적 쟁점에 대해 토론하는 것을 날마다 광장에서 듣고, 때로는 그 토론에 참여하기도 한다. 봄이 되면 디오니소스 극장에 앉아 연례행사로 개최되는 뛰어난 비극 공연을 관람한다(Boyd, 1964; 30-31). 이처럼 아테네에는 어디에나 교육적인 요소가 풍부하게 배어 있었다. 보이드는 역사상 어느 시대, 어떤 지역도 고대 그리스의 아테네만큼 청소년들에게 이처럼 풍부하고 다양한 열정과 상상력을 불러일으킨 적이 없다고 단언한다.

오늘날 마을교육공동체 운동을 하는 이들은 마을교육공동체의 목표를 그 지역의 "학생들에게 그 지역에 대한 다양한 내용을 실천적 방법으로 배우게 하여 그들의 학습역량과 정의적 발달을 도모하여 그 결과가 다시 지역사회로 환원되는 선순환적 구조의 지역공동체를 형성하는 것"이라고 말한다(서용선 외, 2016: 65). 마을교육공동체에서는 교육의 목적, 내용, 도구 혹 통로가 모두 마을과 밀접하게 관계를 갖는다. 먼저 마을교육공동체에서 교육의 목적은 학생들이 지역사회 발전을 위한 인재로 육성되는 것이다. 교육의 내용은 지역사회의 역사적, 자연적, 문화적, 산업적 특징과 발전 방안에 대해 배우게 된다. 그리고 교육의 통로는 그 지역사회의 인적, 문화적, 역사적, 환경적 인프라와 자원을 활용해서 배움을 얻게 된다. 마을교육공동체를 쉽게 풀어서 일상적인 언어로 표현하면, "마을이 아이들을 함께 키우고, 마을이 아이들의 배움터가 되는 것이며, 아이들이 마을의 주체적인 민주시민으로 자라도록 하는 것"이라 할 수 있다(서용선 외, 2016: 80-84).

　'마을교육공동체 만들기'를 핵심 정책 의제로 삼은 경기도교육청은 마을교육공동체가 '꿈의학교' '교육자원봉사센터' '학부모지원센터' '교육협동조합'의 설립으로 형성된다고 보고 이 사업들을 추진하고 있다(http://village.goe.go.kr). 꿈의학교는 학생들이 학교에서 경험할 수 없는 다양한 경험들을 기획하며 미래 꿈을 준비하는 학교 밖의 학습동아리이다. 교육자원봉사센터는 퇴직 교원과 학부모. 지역주민이 주축이 되어 교육활동을 지원하는 단체이고, 학부모지원센터는 학부모의 학교 참여를 활성화하기 위해 모인 단체이다. 교육협동조합은 뜻을 같이하는 사람들이 조합을 결성해 학교 매점이나 스쿨버스 사업 등을 하는 것이다.

경기도교육청의 마을교육공동체 정책은 '혁신학교' 정책이나 '혁신교육지구' 정책의 연장선상에서 이루어진 것이다. 혁신학교에서 시도한 교육 혁신을 (지역)사회에서도 실현하고자 한 혁신교육지구 정책은 역시 자연스럽게 마을교육공동체로 발전하게 되었다. 혁신교육지구 정책은 공교육의 정상화와 마을교육생태계 구축을 목표로 하여 민관학 네트워크에 기반한 거버넌스를 구축하고자 했다. 시청, 교육청, 교육지원청, 학교, 민간기관 등이 함께 마을공동체의 의미를 고민하고 상호간의 연계방식을 모색하고 다양한 실천을 함으로써 마을교육공동체 형성의 바탕이 되고 있다(이윤미, 2015: 115).

3장. 학교공동체의 사상적 토대

　이 장에서는 학교공동체에 대한 논의에서 사상적 토대가 될 수 있는 네 사람의 사상을 다룬다. 이들은 우리나라의 학교공동체와 마을공동체 운동에 직간접적으로 영향을 준 사람들이다. 먼저 그룬트비는 교육사상과 실천으로 어려움에 처해 있던 덴마크를 부흥시키는 데 중요한 역할을 한 인물로, 우리나라의 농촌운동과 교육운동에도 많은 영향을 미쳤다. 일제강점기 민족지도자였던 이승훈은 학교가 중심이 된 이상적인 마을공동체 운동을 벌였던 인물이다. 그가 설립한 오산학교를 중심으로 한 오산마을공동체를 건설하기 위해 기울인 노력은 후대의 공동체운동에 많은 영향을 끼쳤다. 홍순명은 한평생 풀무학교를 중심으로 이상적 마을공동체를 만들기 위해 헌신한 인물이다. 그런 노력 덕분에 홍성군에 우리나라의 대표적인 마을학교공동체가 만들어져가고 있다. 파커 파머는 영성과 공동체가 교육에 어떻게 깊이 관여하는지를 심도 깊게 논의한 교육자로서 그의 사상은 참된 교육공동체의 기반이 무엇인지를 밝히는 데 큰 도움이 된다.

1. 그룬트비 _ 삶을 위한 교육의 주춧돌을 놓다

그룬트비(1783-1872)는 덴마크의 국부로 알려진 인물로서, 목사이자 시인이며, 언어학자이자 역사가, 정치가이자 교육사상가였다. 그가 살았던 당시 덴마크는 격변기에 있었다. 1750년대 이후 계몽주의 시대를 거치면서 도시에서는 교육받은 부유한 부르주아 계급을 중심으로 정치, 문화, 역사, 예술을 둘러싸고 활발한 토론이 일어났다. 신문, 잡지가 창간되고, 박물관과 학교가 세워졌다. 1814년에 '일반학교법'이 제정되어 모든 아동들의 보편교육을 위한 7년간의 의무교육제도가 도입되기도 했다.

그러나 당시 덴마크 전 인구의 80% 이상을 차지하던 가난한 농민들이 사는 농촌의 상황은 매우 달랐다. 농촌에서는 의무교육제도 역시 1850년에 들어서도 거의 유명무실했다. 학교 운영을 책임지는 지방행정당국은 재정지원을 하지 않았고 교사들조차 제대로 교육을 받지 못한 경우가 많았다(Aegidius, 2001). 이런 상황에서 1841년 덴마크 왕정은 지방정부법 제정을 통해 이전보다 더 큰 권한과 책임을 농민들에게 이양했다. 그래서 농민들도 이제는 정치제도에 참여할 기회가 생겼고, 이를 위해 정치적인 역량을 키울 수 있는 교육의 필요성이 제기되었다.

이러한 국내 상황과 더불어 덴마크는 외적으로 독일에게 위협을 당하고 있었다. 독일어 사용과 독일 문화의 영향으로 덴마크는 자국 문화와 언어에서도 위협을 느끼고 있었다. 특히 1864년 독일과의 전쟁에서 패하자 이런 우려는 더욱 커졌다. 이런 상황에서 덴마크 역사와 언어의 보존이 교육의 주된 관심이 되었다.

1) 그룬트비의 교육사상과 실천

① 삶의 계몽으로서의 교육

1814년 도입된 의무교육제도 아래서 학교는 국가권력이 원하는 대로 국민을 길들이는 강제적인 훈련기관 노릇을 했다. 또한 당대의 덴마크 교육은 주로 라틴어 문법의 통달과 사전적 지식을 중시하는 지식 위주의 교육으로, 그 수준이 교과서 지식에 머무는 상황이었다. 그룬트비는 이러한 현상을 신랄하게 비판하면서 문자란 천사가 쓴 것이라 할지라도 이미 죽은 것이며 교과서 지식도 그 내용에 상응하는 삶을 살지 못하면 죽은 것이나 다름없다고 역설했다(Grundtvig, 2003: 94). 그는 죽은 언어들에 의존하여 삶과 무관하게 교육이 이루어지는 당시 학교를 '죽음을 가르치는 학교'라 불렀다.

그룬트비는 새로운 교육과 학교가 필요하다고 주장하면서 교육은 삶을 위한 것이어야 한다고 했다. 그래서 삶을 가르치는 새로운 학교를 '삶을 위한 학교(School for life)'라고 불렀다. 그는 이 학교에서 교육은 문자가 아닌 삶을 통해 이루어져야 하며, 그런 교육으로 삶이 진정 살아 있는 것으로 거듭나야 한다고 했다. 그는 이를 '삶의 계몽'을 위한 교육이라 했고, 이것이 교육의 목적이어야 한다고 주장했다. 삶의 계몽을 위한 교육은 삶과 사회의 전반적인 문제에 대한 이해를 바탕으로 삶에 대한 자각을 갖게 하는 교육이라 할 수 있다(강선보·정해진, 2012). 그룬트비는 이를 다음과 같이 말했다.

> 만약 학교가 진정으로 삶에 이로움을 주는 교육기관이 되려면, 무엇보다도 학교에서는 교육도, 학교 자체도 그 목표로 삼아서는 안 되고 오로지 삶만이 그 필요조건이 되어야 한다. 그리고 두 번째로 이 학교는 삶을 있는 현실 그대로 받아들여야 하며, 삶의 유용성을 증대시키고 밝히는 데만 주력해야 한다(Grundtvig, 2003: 101).

삶의 계몽으로서의 교육은 인간의 신체와 감각, 정신과 영혼까지 포함한 전인적 성장을 지향하는 것이다. 이런 교육을 위해 학생들의 흥미를 중요시하고 학생들이 꿈과 희망을 갖는 것이 중요하다고 말했다. 또한 그룬트비는 진정한 배움이란 교양과 실력을 아울러 갖게 하는 것이라 했다. 배움이 민중들의 삶과 함께하지 않으면 지식은 잘못되기 쉬우며, 민중들의 문화 또한 배움을 통해서 유지되지 않으면 피상적인 것이 되기 쉬우므로 "좋은 교육제도는 진보적인 계몽과 문화를 지향해야 한다"고 말했다(Grundtvig, 1832: 정해진, 2004에서 재인용).

② 자유교육

그룬트비는 교육에서 자유를 매우 중요하게 여겼다. 교육의 궁극적 목표가 개인의 성장과 영적 성숙을 저해하는 것들로부터 개인을 자유롭게 하는 것이라 할 때 자유교육은 교육의 핵심적 표현이다. 에기디우스(Aegidius, 2001)는 그룬트비의 자유교육을 세 가지 측면에서 설명한다. 첫째, 교육기관의 자유. 교육과정이나 수업 내용에서 외부의 강요로부터 자유로워야 한다는 것이다. 둘째, 교육활동의 자유. 학교를 구성하는 교육의 주체인 교직원, 학부모, 학생, 지역인사 등이 교육공동체를 만들어 스스로 교육활동을 계획하고 실행할 수 있어야 한다는 것이다. 셋째, 학생 개인의 자유. 학생 각자의 관점에서 사물을 이해하고 해석하며 선택하고 배울 수 있어야 하며, 학생을 위협하고 강압하는 교사로부터 벗어날 수 있어야 한다는 것이다.

③ 평민교육

그룬트비의 글에서 매우 중요하게 사용되는 단어 중 '폴크(folke)'가 있다. 이는 흔히 '평민'으로 번역되지만, 인텔리겐챠나 귀족 혹은 중산층에 대립되는 계급적 의미로 쓰이는 말이 아니다. 그룬트비가 사용하는 평민이란 단어는 "자국의 역사와 자연, 언어, 문화에 대한 실제적인 이해와 자긍심에 기반해 새로운 삶의 가능성을 구축하려는 의지를 갖고 삶을 개혁하는 사람들"이다(김성오, 2003: 73). 그룬트비는 영토의 축소와 국민의식의 침체라는 곤궁에 빠져 있던 당시 덴마크를 일으켜 세워 새로운 덴마크를 건설할 주체로서 평민을 내세웠다. 19세기 중엽 토지개혁으로 인해 경제적 여유를 갖게 된 농민들은 지적, 문화적 욕구를 드러내었고, 정치, 경제, 문화적 역량을 구축해갈 필요성이 제기되었다. 농민들이 주를 이루던 당시, 필요한 교육을 제대로 받고 있지 못하는 상황에서 그룬트비는 평민을 키우는 교육을 주장한 것이다.

평민정신(folkelig)은 그룬트비가 강조하는 평민교육의 기본원리이다. 이 말은 평민 개개인의 내면에 깃들어 있는 자유를 드러내고 자발적 참여를 이끌어내도록 도와주는, 사람과 사람 사이의 정신이며, 삶에서 발생하는 문제 상황에 직면하여 끊임없이 상호작용하면서 새롭고 더 나은 변화를 낳게 하는 실천적이고 효과적인 운용원리라 할 수 있다(김성오, 2003: 75). 평민교육이란 그들이 사는 세계 외부에서 주어지는 형태가 아니라 내부로부터 출발해야 한다는 것이 그 핵심이었다.

그리고 평민교육의 중요한 목적 중 하나는 평민들을 진정한 덴마크 사람으로 만드는 것이었다. 그래서 평민들에게 덴마크의 과거, 현재, 미래를 알게 하는 것이 중요하다고 보았다. 하지만 이것은 국가주의적 교육과는 다르다. 평민들의 삶의 터전인 조국을 알게 하기 위해 북구의 신화와 역사, 그리고 덴마크의 역사와 시 등을 배우도록 했다. 북구의 신화를 배워야 하는 이유는 그것이 덴마크 정신의 흔적을 가장 자연스러운 상태로 간직하고 있다고 보았기 때문이다. 신화에서 살아 있는 정신과 살아 있는 말의 전통을 찾아서 그 원리를 오늘에 되살리는 노력이 중요하다고 보았다. 북구의 신화가 덴마크의 민족정신과 토속성을 잘 간직하고 있다면, 북구의 역사는 기독교의 전래와 더불어 북구의 정신이 지역성을 벗어나 세계적 역사의 흐름 속에 합류되어 있는 모습을 보여준다(김성오, 2003). 이러한 배움을 통해 자기 나라에 대한 올바른 이해와 자긍심을 갖게 하는 것이 중요하다고 보았다. 조국에 대한 올바른 이해는 자신의 정체성과 가치를 깨닫게 하고 나아가 사회의 일원으로서 자신의 삶을 온전히 영위하는 데 도움이 된다고 보았다(강선보·정해진, 2012).

그룬트비는 평민교육을 위한 교육기관으로 평민대학을 구상했다. 평민대학은 새로운 시대의 주역으로 등장할 이들에게 정치적 역량을 발휘할 수 있는 유능하고 건강한 평민으로 성장하도록 돕는 것을 주요 목적으로 하고 있다. 따라서 평민대학은 평민들에게 덴마크식 민주주의를 훈련하는 장의 역할을 해야 한다고 보았다. 동시에 평민대학에서도 공교육 기관처럼 철학, 역사, 문학, 과학 등을 가르쳐야 한다고 보았다. 그러나 평민대학은 정형화된 교육 프로그램이나 교과서보다는 삶의 경험 자체를 교육의 중요한 내용으로 삼았다. 다양한 연령대와 계층의 사람들이 함께 어울려 생활하는 기숙학교인 평민대학에서는 공동체적 교육환경 속에서 함께 삶을 영위하며 얻는 다양한 경험을 통해 서로에게 소중한 배움을 얻는다. 이곳에서는 일상생활에서 갈등과 의견을 조정하며 공동체에서 발생하는 문제를 스스로 해결하는 방식을 배워가는 것을 중요한 교육과정으로 여긴다(강선보·정해진, 2012).

④ 상호작용의 교육

그룬트비는 상호작용이 교육의 중요한 방법이라고 보았다. 상호작용은 사람들 사이의 관계에서 주로 일어나지만 넓게는 역사와 신화를 통해 과거와 현재의 삶 사이에서도 일어난다고 할 수 있다. 상호작용은 상호간에 대화와 소통이 활발할 때 이상적으로 이루어지며, 상호작용을 통해 각 개인의 내면에 질적 변화가 일어나는 과정에서 교육이 이루어진다고 본다(강선보·정해진, 2012). 그룬트비는 교사와 학생 간, 학생과 학생 간, 그리고 수업 및 학교생활에서 일어나는 상호작용에 대해 중요하게 언급했다.

교사와 학생 사이, 그리고 학생과 학생 사이에서의 상호작용은 교사가 가르치는 태도가 아니라 함께 배우는 태도로 임할 때 활성화된다고 주장했다. 교사와 학생이 서로의 삶과 흥미를 공유할 때 즐겁게 가르치고 배울 수 있게 된다는 것이다. 그런데 당시 덴마크의 지식인들이 대부분 로마-이탈리아 학문과 라틴주의를 맹목적으로 따랐기 때문에 학교에서도 상호작용 대신 일방적 강의 방식으로 교육이 이루어졌고, 라틴어 문법 암기를 중요시했다. 따라서 그는 학교에서 진정한 상호작용이 이루어지기 위해서는 이러한 로마-이탈리아 문화의 속박에서부터 자유로워야 한다고 했다. 이와 더불어 학생들이 시험을 치러야 하는 의무로부터 자유로워지는 것 역시 교사와 학생 간 상호작용이 활성화되는 중요한 조건이라고 했다. 학생들이 시험으로부터 자유로울 때 수업에서 교사와 학생 사이에 보다 생기 있고 자유로운 상호작용이 가능해진다는 것이다(정해진, 2004). 이런 학교에서 수업은 교사가 먼저 자신의 삶의 다양한 경험을 이야기하고 이어서 교사와 학생 그리고 학생들 사이에서 토론과 대화가 자연스럽게 이루어져 서로를 변화시킬 수 있게 된다. 그리고 학생들 스스로 공동체의 문제를 해결하기 위해 민주적인 회의를 하며 대화하는 가운데 일어나는 상호작용이 중요한 배움의 과정이 된다. 이러한 상호작용을 위해서는 프로그램이나 교과서보다 솔직한 마음, 건전한 상식, 좋은 귀, 좋은 입이 중요하다고 보았다(송순재 외, 2011).

그룬트비는 수업 외의 학교생활에서 일어나는 상호작용도 매우 중요한 교육활동으로 보았다. 학교가 단순히 수업만 하는 공간이 아니라 교사와 학생이 함께 생활하는 삶의 공간이 되어야 한다고 하면서, 이

를 위해 학생과 교사가 함께 공동체 생활을 하는 기숙학교를 제안했
다. 생활을 중심으로 이루어지는 상호작용이 진정으로 살아 있는 교육
의 토대가 될 수 있다는 것이다. 그래서 학교에 다양한 계층과 연령의
학생들이 들어와 함께 생활하는 가운데 일어나는 다양한 상호작용이
삶에 대한 깨달음을 얻게 하는 중요한 요인이 된다는 것이다(정해진,
2004).

상호작용을 촉진하는 가장 중요한 요인으로 그룬트비는 '살아 있는
말'을 꼽았다. 살아 있는 말은 오랫동안 덴마크 사람들의 삶 속에서 사
용되어온 모국어로, 평민들의 삶과 정서를 있는 그대로 담아낸다. 살
아 있는 말은 책에 있는 글이 아니라 구전과 이야기, 대화를 통해서 현
재 시점에서 말해지는 것이다. 그래서 자신의 생각과 감정을 가장 편
안하고 자연스럽게 표현할 수 있게 해준다. 살아 있는 말은 살아 있는
상호작용의 기초가 된다. 그래서 학교에서는 교사가 살아 있는 모국어
로 활기차게 수업을 하고 학생들은 교사의 말을 들으며 자신의 생각을
형성하며 자연스럽게 자신의 의견을 이야기하는 적극적인 교실문화가
중요하다고 보았다.

⑤ 평민대학운동

덴마크에는 1814년 의무교육제도가 도입되었지만 이 제도로 다수
의 국민들이 교육의 기회를 공평하게 누릴 수 있게 된 것은 아니었다.
오히려 많은 농민들은 이 제도가 아이에 대한 부모의 권리를 대폭 제
한하고 있다고 여겼다. 그리고 무엇보다 농민들은 학교교육을 받는다
해도 신분상승의 기회를 갖는 것이 거의 불가능했기에 학교제도에 대

한 불신이 깊었다. 그래서 교육에 대한 국가의 독점을 거부하고 학부모와 교사가 중심이 되는, 정치적으로나 교육적으로 자유로운 형태의 독자적인 교육기관을 원했다(송순재 외, 2011).

그룬트비는 삶의 계몽을 위한 평민교육을 위해 평민대학을 구상했다. 평민대학은 당시 사회에서 온전한 교육의 기회를 누리지 못하고 있던 농민들에게 그런 기회를 제공하려는 의지의 소산이었다. 그래서 초창기 평민대학에는 농민을 비롯한 낮은 계층 사람들이 많았다. 그러다가 점차 도시 출신의 학생들, 상류계층에 속하는 자녀들도 입학하면서 다양한 배경의 학생들이 함께 생활하게 되었다(정해진, 2004). 그룬트비는 평민대학을 통해 장차 도래할 민주사회에서 당당하게 법적 권리를 행사할 수 있는 시민을 기르는 민주적 대학을 만들려고 했다. 이 목표를 위해 그는 거의 20년 가까이 노력을 기울였다.

그룬트비는 당시 독일의 압력에 시달리던 지역인 슬레비히에서 열린 대중 집회에서 덴마크어 사용의 중요성을 역설하면서, 덴마크어로 지역을 이끌어갈 수 있는 사람을 기르는 학교가 필요하다고 강조했다. 그러한 영향으로 1844년 슬레비히 북단의 뢰딩에서 마침내 최초의 평민대학이 문을 열었다. 뢰딩의 평민대학은 민중의 애국심을 고양시키고 젊은 농부들을 교육시켜 덴마크 사회에 큰 영향력을 미쳤다. 교장 요한 베게너(Johan Wegener)는 평민대학의 목적을 젊은이들이 "명료하고 분명하며 올바르게 말하고 생각하고 쓰는 법을 배워" 이들의 심장이 "조국과 조국의 언어 그리고 조국의 역사와 전통에 대한 사랑으로" 젖게 하는 것이라고 말했다(Paul Dam, 2009: 65-66). 덴마크가 독일과의 전쟁에서 패한 1864년 이후 평민대학은 더욱 성장했다. 전쟁의 패배로 국력이 쇠퇴하고 국민들의 사기도 떨어져 있던 당시 평민대학 운동은 "밖에서 잃은 것을 안에서 되찾자"라는 구호 아래 일어났던 덴마크 국가 재건 운동의 중심 운동이 되었다. 그리하여 그룬트비가 사망한 1872년에는 3천 명이 넘는 학생들이 평민대학을 다니고 있었고, 오늘날은 90여 개의 학교에 1만여 명의 학생들이 교육을 받고 있다(Paul Dam, 2009).

평민대학에서는 학생들의 정서적, 사회적 성장을 중요한 교육목적으로 본다. 그래서 평민대학은 교직원과 학생들이 함께 기숙사에서 생활하며 공동체 생활을 한다. 학생과 교사 사이에는 수업 시간 외에도 곳곳에서 수시로 대화와 토론이 이루어지고, 이러한 활동들이 학생과 교사 서로에게 중요한 배움과 깨달음을 준다. 또한 학생들은 학교 운영에도 참여하여 실제적인 민주주의 훈련을 한다. 평민대학의 또 하나 중요한 목적은 학생들에게 자신이 살고 있는 지역의 환경과 조화를 이룰 수 있게 하여 그들이 교육을 마치고 지역으로 돌아갔을 때 그곳을 더욱 풍부하고 의미 있게 만드는 사람이 되게끔 하는 것이다(정해진, 2004).

평민대학의 교육과정은 학교들마다 자유롭고 다양하게 발전했지만 대개 체계적이고 형식적인 교육과정 대신 삶의 경험과 변화하는 상황에 맞는 유연한 것이 특징이다. 초기 교육과정에서 가장 중시되었던 것은 덴마크의 역사와 문학이었다. 특히 모국어로 된 시, 신화, 전설 등을 중요하게 가르쳤다. 최근에는 학생들의 필요에 따라 다양한 과목들이 등장하고 있지만 책을 중심으로 하기보다는 교사의 경험을 바탕으로 살아 있는 이야기를 나누는 것을 중요하게 여긴다. 또한 노래와 체육을 통해 학생들에게 삶의 즐거움과 영적 교감을 갖게 하는 것을 중요하게 생각한다.

평민대학에서는 노래를 중시하여 150만 권이라는 엄청난 노래집을 펴냈다. 이 노래들은 학교를 넘어 덴마크 전국의 가정에서도 널리 불렸는데, 여기에는 그룬트비가 만든 노래도 상당수 포함되어 있다.

평민대학은 오랫동안 가난했고 학생들도 책을 살 형편이 못 되었기에 구두교육, 특히 강의식 교육이 주된 교육 방식이었다. 그룬트비는 형식에 얽매이지 않는 자유로운 강의를 했다. 그는 교과서에 의존하는 교육을 싫어했고, 대화에 근거한 살아 있는 언어를 통한 교육을 중요시했다. 또한 평민대학에서 중요하게 사용되었던 교육방법으로 합창과 회의가 있다. 이는 많은 사람들이 서로의 의견과 목소리를 조율하여 완성된 뭔가를 만들어간다는 점에서 공통점이 있다. 학생들은 이러한 활동을 통해 협력하고 의견을 조율하고 경험을 공유하면서 공감 능력을 키워갈 수 있다(강선보·정해진, 2012).

평민대학은 덴마크 사회의 성장에 매우 큰 영향을 끼쳤다. 평민대학의 발전은 덴마크 민중들의 지적 성장, 사회참여의 증가와 밀접한 관련이 있다. 평민대학의 출현으로 농민을 비롯한 많은 민중들이 교육을 통해 자기 정체성을 깨닫고 사회에 적극적으로 참여하여 공동체의 성장에 기여하기 시작했다. 오늘날 평민대학 출신들은 지방정부, 지방의회, 중앙정부, 국회 등 다양한 영역에서 활발하게 활동하고 있다(Paul Dam, 2009). 특히 덴마크 농촌의 발전에 평민대학의 공헌은 지대했다. 평민대학에서 교육받은 농촌의 젊은이들이 자기 마을로 돌아가 다양한 분야에서 활동하면서 농촌지역의 상황을 개선하고자 했다. 일례로 마을회관을 설립하여 자주적인 모임을 만들고, 이 모임을 통해 평민대학에서 배운 것을 지역에 전파하고 실천했다(정해진, 2004).

평민대학이 덴마크 사회에 미친 중요한 영향 가운데 빼놓을 수 없는 것이 협동조합의 발전이다. 협동조합은 덴마크 사회의 근간을 이루는 핵심적인 기관이다. 덴마크에서 협동조합 운동의 원동력은 평민대학의 정신과 그곳 출신들의 헌신적 활동이었다고 할 수 있다. 평민대학에서 강조했던 동료애와 공동 책임 정신은 협동조합 운동의 기초가 되었다. 그리고 평민대학에서 이루어지는 실천적 삶을 중시하는 교육과 마을활동을 경험한 평민대학 출신들이 당시 농촌 문제를 해결하고자 농업협동조합 운동에 적극적으로 참여하여 그 운동을 주도하게 된 것이다(정해진, 2004; Paul Dam, 2009).

2) 그룬트비가 우리나라 교육에 끼친 영향

그룬트비가 중심이 되어 일어난 덴마크의 농민 운동과 교육 운동 소식이 일제 침략으로 신음하던 1910년대 초, 한국인들에게도 알려지기 시작했다. 그룬트비의 평민대학 운동으로 인해 농업국가 덴마크가 부강해졌다는 소식이 한국 사람들의 관심을 끌게 되면서 덴마크 부흥에 대한 기사가 여기저기 소개되기 시작했다. 이윽고 YMCA의 신흥우와 홍병선이 1927년에, 그리고 양주삼과 김활란이 1928년에 덴마크를 방문하고 돌아온 뒤 덴마크의 농민 운동과 교육 운동, 그룬트비의 사상에 대해 여러 매체에 자세히 소개했다(김장생, 2009; 백승종, 2002; 오혁진, 2008). 기독교교회에서는 덴마크의 평민대학을 모방한 농민교육기관을 설립하여 교육활동, 농사개량 운동, 협동조합 운동을 통해 농촌을 변화시키기 위해 노력하기도 했다.

남강 이승훈 역시 덴마크에 깊은 관심을 갖고 한동안 그룬트비의 교육 운동에 심취해 있었다(김선양, 1988: 186). 남강은 그룬트비 사상을 토대로 오산에서 농촌 계몽 운동, 조합 운동, 이상촌 운동을 실천하고자 노력했다. 특히 평민대학이 당시 우리나라의 많은 지도자들에게 큰 영향을 주었다. 1929년 왕재덕은 평민대학을 모델로 황해도 신천에 신천농민학교를, 1933년 광주 YMCA는 전남 광주에 광주농촌실습학교를, 1934년 장로회에서는 경남 마산에 마산복음농업실수학교를 설립했다. 그리고 1934년 평양 근교에 설립된 송산고등농사학원은 오산학교 출신의 함석헌이 1939년부터 운영했다(오혁진, 2008). 남강 역시 오산에 평민대학과 같은 농업대학을 건립하기 위해 구체적인 준비를 했지만 총독부의 인가를 얻지는 못했다.

배민수 역시 평민대학을 모방하여 1933년 숭실전문학교 내에 고등농사학원을 개설했다. 이는 3년 과정의 하기 강습학교 형태로 운영되었고, 취지는 "농촌교회 지도자들에게 농업의 실제적 기술과 농촌갱생 운동의 정신적 작흥을 수양케 한다"는 것이었다. 배민수는 해방 이후에도 1954년 기독교농민학원을, 1964년에는 기독교여자농민학원을 설립하여 그룬트비의 교육정신에 기초한 농민 교육 운동과 농촌 부흥 운동을 지속했다. 김용기 역시 그룬트비의 영향으로 덴마크의 기독교 농민공동체를 본받아 1935년 봉안에서 이상촌 운동을 시작했다. 그는 1962년 가나안농군학교를 설립하여 평민대학과 유사한 사회교육 운동을 성공적으로 수행했다(오혁진, 2008).

풀무학교는 해방 후에 설립된 학교 가운데 그룬트비의 교육사상을 계승하고 있는 대표적인 학교이다. 풀무학교는 오산학교 출신인 이찬갑이 주옥로와 함께 1958년 충남 홍성군에 평민대학과 유사한 형태로 문을 열었다. 이찬갑은 1920년대 남강을 도와서 오산에서 이상촌 운동을 주도했던 인물이다. 그는 덴마크와 그룬트비에 대한 관심이 깊어 당시 누구보다도 많은 정보와 지식을 갖고 있었다. 이찬갑은 1938년 일본으로 건너가서 덴마크 농촌과 그룬트비의 사상에 대한 자료를 수집했을 뿐 아니라 일본에 설립 운영되던 평민대학인 금련국민고등학교에서 6개월 동안 근무하기도 했다(백승종, 2002). 이찬갑은 덴마크의 농촌과 사회가 발달할 수 있었던 원인이 민족의 자각을 가져온 평민대학이라 보고 이를 우리 방식으로 실천할 것을 주장했다(이찬갑, 1994). 오랫동안 고등부만 있던 풀무학교가 2001년에 대학과정인 전공부를 설치하게 된 것도 성인 교육기관인 덴마크 평민대학의 영향이라고 할 수 있다. 오늘날 우리나라에서 평민대학의 정신을 가장 잘 계승하고 있는 학교가 풀무학교임은 대부분 연구자들이 동의하는 바이다(고병헌, 2003; 백승종, 2002; 오혁진, 2008).

그룬트비의 교육사상이 한국의 교육에 미친 중요한 영향을 오혁진은 다음 네 가지로 요약한다(오혁진, 2008: 17-19).

첫째, 실용에 앞서 정신적인 가치의 추구를 중시했다. 1920년대 덴마크를 방문하고 온 양주삼은 "정신적, 도덕적 뒷받침이 없는 농촌 운동은 조선 민중에게 유익을 많이 주지 못하고 도리어 자본주의자의 이용물이 되기 쉬우며 또 불량자의 죄악이나 더 증진하게 될 것이다"라고 경고했다(오혁진, 2008: 17 재인용). 이찬갑 역시 풀무학교 개교 연설에서 덴마크 지도자들은 단순히 농촌 경제발전을 위한 농촌운동가들이 아니라 민중들의 정신을 깨우친 자들이라며 정신교육의 중요성을 강조했다(이찬갑, 1994: 73).

둘째, 농업을 진흥시키기 위한 실무교육의 중요성을 강조했다. 그룬트비 교육은 반드시 실천을 포함했다. 협동조합 운동이 실천의 중요한 내용이었다. 협동조합 운동은 빈곤의 문제를 공동체적으로 해결하는 유용한 방법으로 인식되어 이승훈, 이찬갑, 배민수, 김용기 등 농촌에서 지역공동체에 기반한 교육 운동을 벌였던 이들에게 중요한 운동방식이 되었다. 배민수가 개교한 고등농사학원에서 교육받았던 이들 중 일부는 자기 고향으로 돌아가 협동조합 운동을 전개했고, 이승훈의 오산학교에서도 이찬갑이 중심이 되어 협동조합을 오산 마을공동체에 개설했다.

셋째, 관념적인 공동체성을 초월한 지역공동체와의 구체적인 관계 형성을 중시했다. 그룬트비의 교육 목적이 개인의 자각을 넘어 지역공동체 형성에 기여하는 인물을 양성하는 것이라 할 때, 지역공동체의 형성과 발전은 교육의 핵심적 가치라 할 수 있다. 이승훈의 오산학교나 김용기의 가나안농군학교는 지역사회와의 공동체적 관계를 중시하면서 이상촌 운동을 지향했다. 풀무학교 역시 학교와 지역사회의 경계가 불분명할 만큼 지역공동체와 관계가 밀접하다. 오늘날 홍동면의 마을공동체 형성에는 풀무학교의 영향이 매우 컸다.

넷째, 비정부 민간조직 차원의 자립적 운영 모델을 제시했다. 우리나라에서 그룬트비의 영향으로 생겨난 교육기관들은 유럽의 경우와 달리 국가의 지원을 받지 않고 자립적으로 운영되는 대안교육의 형태로 존재해왔다. 이들 교육기관은 일제강점기나 해방 이후에도 정부의 지원 없이 운영되어 체계적으로 발전하지 못한 면도 있지만 그 덕분에 생명력이 강하고 가치관이 뚜렷한 기관으로 발전할 수 있었다.

3) 그룬트비가 오늘날 학교공동체에 주는 시사점

살펴본 바와 같이 그룬트비는 지금까지 우리 교육의 발전에 끼친 영향이 매우 크다. 최근 덴마크 교육과 그룬트비의 교육사상 및 실천에 대한 관심이 새삼 커지고 있는 것은 갑작스러운 현상이 아니다. 그룬트비는 학교와 지역사회의 협력 관계에 대해서도 여전히 많은 시사점을 주고 있다.

첫째, '삶의 계몽으로서의 교육' 혹은 '삶을 위한 학교'라는 그룬트비의 핵심적인 교육사상은 학교가 지역사회와 긴밀한 관계를 가져야 하는 당위성의 근거를 제공해준다. 학교와 지역사회의 연계에서 중요한 주제 중 하나는 지역사회가 학교교육의 교육과정이라는 점이다. 지금까지 우리나라 학교에서 가르치는 지식은 지역사회와 관계없는 추상적이고 보편적인 성격을 띠었다. 이러한 문제점을 극복하기 위해 최근 학교에서는 교육과정의 지역화를 추구하고 있다. 즉, 학생들의 삶이 이루어지는 지역의 특성을 반영한 지식을 배우고 일상적으로 마주치는 지역에 대해 배우는 것을 중요시하고 있다. 이러한 최근의 경향은 그룬트비가 150년 전에 강조했던 '삶을 위한 교육'이라는 개념과 맥을 같이 한다. 그룬트비의 사상은 앞으로 우리나라 학교들이 지역사회와 어떤 관계를 맺어야 하는지에 대해 뚜렷한 방향을 제시해줄 수 있을 것으로 보인다.

둘째, 그룬트비가 구상했고 덴마크 사회에 큰 영향을 끼친 평민대학은 우리나라 마을학교공동체의 미래상을 형성하는 데 중요한 시사점을 준다. 평민대학은 교육 기회를 누리지 못하던 농민들에게 의식을 일깨우는 교육을 했던 곳이었다. 평민대학의 교육목적은 학생들에게 자신이 살고 있는 지역과 조화를 이룰 수 있게 하여 그들이 교육을 마친 후 마을로 돌아가서 마을을 살리는 사람이 되게 하는 것이었다. 평민대학 출신들은 각자의 지역에서 의식 계몽 운동과 조합 운동 등을 통해 덴마크 사회의 발전에 기여했다. 우리나라에서 최근 시도되고 있는 마을학교공동체 운동은 평민대학 운동에서 영감을 받을 필요가 있다. 마을 환경을 개선하고 마을을 의미 있는 삶터로 만들 수 있는 역량을 키우는 일은 학교와 지역사회가 협력해서 이루어야 할 중요한 과업이다.

셋째, 그룬트비가 강조했던 교육방식인 '상호작용을 통한 교육'은 학교와 지역사회가 연계된 교육에서 중요하게 활용할 수 있는 교육방식이기도 하다. 그룬트비는 형식화된 지식교육으로는 인간의 내면을 바꿀 수 없다고 보고, 참다운 교육은 교사와 학생, 학생과 학생 간의 소통과 대화를 통해 일어난다고 보았다. 또한 배움은 학교생활에서 다양한 활동을 하는 가운데 상호작용을 통해 일어난다고 보고, 학생들과 교사의 공동체 생활을 중요하게 보았다.

학교가 지역사회에 문을 연다는 것은 교육의 내용뿐 아니라 교육의 목적과 방법까지 바꿀 수 있음을 전제해야 한다. 즉, 교육의 내용에 지역사회의 특성을 반영하고, 교육의 목적에 지역사회의 지속가능한 성장을 위한 노력이 포함된다. 또한 교육 방법에 다양한 지역 구성원들과의 대화, 지역의 자연 환경과 사회문화적 환경과의 상호작용이 포함되어야 한다. 이처럼 활발한 상호작용의 교육이 이루어질 때 학교와 지역사회의 교육적 역량이 시너지 효과를 낳아 의도한 교육적 성과를 거둘 수 있을 것이다. 이러한 교육의 방향을 바르게 탐색하는 데 그룬트비가 좋은 안내자가 되어줄 것이다.

2. 이승훈_마을학교공동체의 꿈을 이 땅에 심다

남강 이승훈(1864-1930)은 일제강점기에 우리 민족의 독립을 위해 헌신한 대표적인 민족 지도자이다. 남강의 생애는 1907년을 기점으로 전반기와 후반기로 나눠진다. 전반기는 불우했던 어린 시절을 극복하고 사업가로서 성공을 일궈내어 자기 개인과 문중의 중흥을 꾀했던 삶이었다. 그리고 후반기에는 민족의 독립을 위해 교육 및 언론을 통한 계몽운동과 민족기업 육성운동에 헌신했던 지도자로서의 면모를 보여주었다. 1907년은 그의 생애에서 극적 전환을 가져왔던 시기로 도산 안창호와의 만남과 오산학교 설립이 있었던 해였다.

남강의 생애에서 가장 중요했던 일은 오산학교를 통한 교육 운동이었다. 1907년 도산의 연설을 듣고 교육운동에 뛰어든 이후 1930년 생을 마감할 때까지 오산학교는 그의 삶의 중심에 있었다. '105인 사건' 등으로 감옥에 있을 때도 오산학교를 생각하지 않은 날이 없었다. "나는 감옥에 있으면서 잠시라도 학교를 잊은 적이 없었다. 추운 감방에서 자면서 학교에 관한 꿈을 여러 번 꾸었는데, 학생들과 선생들이 배우고 가르치고 하는 얼굴들이 떠올랐다"(김선양, 1988: 170). 오산학교 졸업생이면서 교사로 일하기도 했던 함석헌은 남강과 오산학교의 관계를 이렇게 말했다. "(남강이) 학교를 경영했다는 말은 들어맞지 않는다. 학교에서 살았다. 그에게 있어서 학교는 집이요, 몸이요, 모든 것을 불살라 바치는 제단이었다"(함석헌, 1988: 37).

1) 이승훈의 교육사상과 실천

남강은 교육사상가가 아니라 실천가이자 교육자였다.[8] 그러기에 그의 교육사상을 논하기는 쉽지 않다. 더구나 그가 남긴 교육에 대한 글은 거의 전무하다. 그러므로 그가 보여주었던 행적과 그에게 가르침을 받았던 제자들의 증언과 글을 토대로 그의 교육사상을 더듬어볼 수밖에 없다.

그의 교육사상을 다섯 가지로 정리하고자 한다. 첫째, 그에게 있어 교육의 목표는 나라를 구하는 것이었다. 둘째, 그 목표를 위해 그는 근대적인 내용의 교육을 실시하고자 했다. 셋째, 교육에서 학문의 연마보다 지식의 실천을 중시했고 직접 솔선수범을 보여주었다. 넷째, 기독교 신앙은 그의 삶에서나 교육 실천에서 토대가 되는 요소였다. 다섯째, 그는 교육이 학교 울타리 안에만 존재하는 것이 아니라 마을에서도 활발하게 이루어져서 새로운 공동체를 형성하는 데 기여해야 한

---

8) 남강이 도산의 신교육, 민족개조론에 동의하여 그 실천에 몰두한 것은 페스탈로치가 루소 교육론의 실현에 전력한 것과 유사하다고 말하기도 한다(김도태, 1950).

다고 생각했다.

① 민족자강을 통한 교육구국

남강이 일생 동안 추구했던 교육의 목표는 교육을 통해 민족의 힘을
기르고 그를 통해 나라를 구하는 것이었다. 구한말 국권 회복 운동에
는 무장투쟁 노선을 선택한 의병 운동과 실력양성 노선을 채택한 자강
운동으로 양분되어 있었다. 민족자강 운동은 우리 민족이 주체가 되어
교육과 산업을 발전시킴으로써 경제적, 문화적 실력을 배양하여 부국
강병을 달성하자는 운동이었다.

도산 안창호의 영향을 받은 남강은 민족자강을 통한 구국을 위해서
는 교육이 가장 중요하다고 믿었다(김기석, 2005). 이러한 그의 생각은
오산학교 개교식 연설에서도 드러났다. 그는 백성들을 일깨워 실력을
양성하여 기울어져가는 나라를 구하는 것이 시급한 과제라고 말했다.
초기 오산학교의 선생들과 학생들은 학교가 학문을 공부하는 곳이라
기보다는 나라를 구하고 민족을 개조하기 위한 지도자를 양성하는 도
량으로 생각했다(함석헌, 1988).

남강은 도산과 함께 신민회 활동을 하면서 국권 회복을 위해 신교육
이 필요함을 사람들에게 알리고, 이미 설립된 학교들에 교육의 목적과
내용이 교육구국에 부합하도록 설득했다. 남강이 설립한 강명의숙과
오산학교에서도 당연히 교육자강에 필요한 근대적 교육과정을 채택하
여 가르쳤다. 구국을 위한 민족정신 교육은 교과과정이 이루어지는 낮
시간만이 아니라 저녁 시간에도 함께 모여 앉아 나라 안팎의 정세에
대해 토론하면서 활발하게 이루어졌다(함석헌, 1988).

② 근대적 교육 내용

남강은 도산과의 만남 이후 근대교육의 필요성을 절감하고, 이전에 학교에서 해오던 전통적인 한문, 경전 교육 대신 신학문을 가르치게 했다. 초창기 오산학교에서는 수신, 역사, 지리, 물리, 박물, 산수, 대수, 천문학, 생물, 영어, 헌법대의, 법학통론, 체조 등을 가르쳤다. 부국강병을 위해 필요한 물리, 박물, 산술 등 자연과학 과목을 강조했고, 민족의식과 애국정신을 고취시키기 위해 역사와 지리과목이 중시되었다. 또한 체력의 증강을 통해 국력신장을 도모하고자 체조과목을 열심히 가르쳤다(김선양, 1988).

남강은 근대교육을 통해 산업을 일으키는 것이 중요하다고 생각했다. 상점과 공장을 경영하면서 일하는 사람들을 가르치는 일이 매우 중요함을 깨닫고 산업과 교육을 연결하는 방법을 구상했다. 그는 나라를 잃은 것은 나라에 힘이 없기 때문이고 그 힘은 산업의 힘이라 생각했다. 우리나라 산업이 발전하지 못한 까닭은 기술과 산업을 천하게 여기고 벼슬만 추구했기 때문이라고 본 그는 남녀노소 모두 1인 1기를 습득하여 부지런히 일하고 물건을 만드는 일을 소중하게 여겨야 한다고 주장했다. 이러한 신념하에 남강은 오산학교가 신천농민학교와 자매결연을 맺어 농업기술을 배우도록 하고, 실습을 위해 실습농장을 구입하기도 했다(김선양, 1988).

③ 솔선수범의 교육방법

남강은 한 가지를 깨달으면 즉각 실천에 옮기는 사람이었다. 도산의 강연을 듣고 즉시 머리를 깎고 술과 담배를 끊는가 하면, 자신이 운영하던 서당을 강명의숙으로 바꾸고 바로 오산학교를 설립했다. 마을과 학교에서 청결을 강조하면서 직접 청소하는 일에 앞장섰는데, 특히 학생들이 싫어하는 화장실 청소는 자신이 도맡아 했다. 강명의숙이나 오산학교를 시작할 때 남강은 마을 사람들과 함께 직접 기와를 올리고 회벽을 칠하고 집을 수리했다. 초창기에는 남강 자신도 기숙사에서 교사들과 함께 기거하면서 학생들과 함께 청소도 하고 글을 배우기도 했다. 남강은 공식적인 지위가 아무것도 없었지만 모든 것을 겸하고 있었다. 설립자이자 교장이요, 선생이요, 사무원이며 사환이기도 했고, 또 같이 배우는 학생이기도 했다(함석헌, 1988: 38).

남강은 협력과 봉사의 중요성을 강조하면서 삶에서 이를 실천했다. 초기에 함께했던 교사 여준, 중기에 합류한 교장 조만식과의 협력은 오산학교를 든든하게 세우는 데 중요한 역할을 했다.(여준은 학문이 뛰어난 애국지사로 이후 독립군을 양성한 신흥무관학교를 설립하고 교장을 역임한 인물이다.) 당시 오산학교를 방문했던 사람들은 뜨거운 애국열과 민족관을 가진 남강과 신구 학문에 조예가 깊은 여준이 협력하는 모습을 보고 오산학교의 앞날을 낙관했다고 한다(김선양, 1988). 또한 신민회 활동이나 3.1운동 준비과정에서 드러난 남강의 실천적 모습은 자신의 명예보다 항상 민족과 대의를 앞세우는 봉사의 정신을 잘 보여주고 있다. 3.1운동 직전 기독교측 최종 회의에서 선언서에 서명할 이름의 순서를 두고 옥신각신할 때 남강이 "순서가 무슨 순서야. 이거 죽는 순서야. 누굴 먼저 쓰면 어때. 손병희를 먼저 써" 하여 문제가 해결되었다고 한다(김기석, 2005).

오산학교 졸업생들은 독특한 기풍이 있었다는 것이 당시 사회의 평이었다. 오산의 졸업생들은 검소하고, 일 잘하고, 보수를 바라지 않고, 민족정신이 높았다는 것이다. 그런데 이러한 특징들은 모두 남강이 몸소 보여주었던 모습이었다고 한다(함석헌, 1988).

④ 교육적 토대로서의 기독교 신앙

남강은 신민회 활동을 하면서 기독교의 영향을 많이 받았다.1910년 한일합방으로 괴로워하던 중 평양의 산정현교회 예배에서 깊은 감동을 받아 신자가 되기로 결심하고 즉시 오산학교의 교육 주지를 기독교 교육으로 정하게 되었다. 그에게 신앙은 나라 잃은 울분을 위로해주고 나라를 구할 수 있는 희망의 근거로 작용했다. 그는 성경과목을 가르치게 하고 정기적으로 학교에서 신앙집회를 갖게 했다. 학생들과 주민들이 함께 학교교회를 건축하여, 교회가 학교뿐 아니라 마을의 중요한 기관으로 역할을 수행하게 되었다. 당시 신앙이 학교교육에 미친 영향은 다음의 글에서 잘 알 수 있다.

나라 잃은 백성으로서 마음 둘 곳이 없었던 스승과 제자들은 새로운 신앙에 돌아와 울면서 기도를 올렸고 목이 메어 주를 찾았다. 학교의 교실 한구석에서 시작한 조그만 모임이었건만 그 모임은 날로 불어 경건한 신앙의 불꽃이 불타오르기 시작했다(김기석, 1960, 301; 이만열, 1988: 307 재인용).

남강은 민족 운동으로 인해 몇 차례 투옥되었고, 감옥에서 그의 신앙은 더욱 깊어지게 되었다. 성경 읽기와 기도생활은 감옥에서 그의 주된 생활이었다고 한다. 남강의 민족주의와 봉사정신은 기독교 신앙으로 인해 순수해지고 한 단계 높은 수준으로 성장할 수 있었다. 그가 다른 많은 지도자들과 달리 나라를 구하고자 하는 순수한 마음이 변함없이 지속될 수 있었던 것은 신앙의 힘 때문이기도 했다(이만열, 1988; 함석헌, 1988). 1930년 자신의 동상 제막식을 거행하던 날 했던 연설은 신앙이 남강의 삶에서 얼마나 중요한 것이었는지 잘 보여준다.

내가 오늘날까지 온 것은, 내가 한 것은 조금도 없습니다. 모두 신이 나를 그렇게 만들었습니다. 여러분들이 아시는 대로 나는 본래 불학무식합니다. 나는 이 뒤에 선 동상과 같은 사람입니다. 아무것도 아는 것이 없었으나 신이 나를 이렇게 이끌어서 오늘까지 왔습니다. 과연 신이 나를 지시하시며 도우심뿐입니다. 이후로도 그럴 줄 믿습니다(이찬갑, 1994: 225).

⑤ 학교와 지역공동체의 유기적 관계

남강은 교육이 학교를 포함한 마을공동체 전체에서 일어나야 한다고 생각했다. 학교는 마을공동체 형성을 위해 기여해야 하고, 마을은 학교교육을 위해 지원해야 했다. 그래서 학교와 마을은 분리되지 않고 유기적 관계를 이루어 하나의 이상적 공동체를 이루어가야 한다고 보았다. 이러한 생각은 그의 일생을 통해 실천되었다. 먼저 그가 용동으로 이사를 와서 이상적 향촌을 건설하기로 마음먹었을 때 가장 먼저 학교(서숙)를 설립하고는 여주 이씨 자제들을 데려다 교육시켰다. 교육이 이상적 공동체의 중심이 되어야 한다는 그의 생각의 반영이었다. 도산과의 만남 이후 강명의숙과 오산학교를 세우고 학교를 경영할 때도 이러한 그의 생각은 분명히 드러났다. 남강을 비롯한 오산학교의 교사들은 마을의 청결과 주민들의 건강한 생활을 위해 봉사했고 학교 강당, 병원, 교회 등 학교 시설들을 주민들에게도 개방해 함께 이용하도록 했다. 남강은 마을공동체를 위해 자치기구인 동회와 협동조합을 만들기도 했는데, 이러한 활동의 중심에 오산학교 졸업생들이 있었다. 남강의 꿈은 오산학교가 이상적인 마을공동체의 형성에 기반이 되고, 이러한 학교와 마을이 방방곡곡에 생겨나 우리 민족의 힘을 기르고 나라를 구하고자 하는 것이었다.

2) 학교마을공동체 운동

남강이 나라의 독립을 위해 선택한 중요한 방법이 교육구국 운동이었지만, 마음속으로 지향했던 궁극의 목표는 공동체 운동이었다(김기석, 2005; 백승종, 2002; 서굉일, 1988; 함석헌, 1988). 그는 학교가 단순히 공부만 하는 곳이 아니라 교육공동체가 되어 학생들의 인격과 삶을 새롭게 하는 것을 목표로 해야 한다고 생각했다. 나아가 인격과 삶을 바꾸는 교육이 학생뿐 아니라 마을주민들에게도 이루어져서 마을 전체가 새로운 공동체로 거듭날 것을 추구했다.

남강이 이처럼 이상적 마을공동체에 대한 꿈을 갖는 데 직접적인 영향을 준 사람은 도산 안창호였다. 도산은 남강이 민족운동에 뛰어들도록 영감을 주었고, 나아가 민중교육과 이상촌 운동을 통한 구국 운동이라는 방향을 설정하는 데도 기여했다.(홍순명, 2016).

도산의 그리던 이상촌은 남강의 이상촌과 유사한 점이 있다. 도산의 이상촌은 다섯 가지로 요약된다. 각 사람이 교육받고 훈련받은 직업기능을 가질 것, 그리하여 농어임공 기타 생산방법을 과학화하고 합리화할 것, 부락사업의 계획과 경영과 노력(분공합작)을 집단화할 것, 부락의 금융과 공공매매의 협동기관을 세울 것, 각 사람의 덕 곧 신용을 향상하고 부락의 일상생활을 도덕적, 위생적, 심미적으로 개선해서 생활이 안전하고 유쾌하게 할 것(풀무학원 교양국어3; 124).

남강은 도산과 교류하면서 이상적 마을공동체에 대한 꿈을 보다 분명하게 할 수 있었다. 남강의 공동체 운동은 두 단계로 나뉜다. 1단계는 1907년 도산을 만나고 용동에 돌아와 강명의숙을 세우고 용동을 중심으로 새로운 마을공동체를 건설하기 위한 운동을 전개했던 1919년까지이다. 2단계는 3.1운동 후 출옥해 오산에 돌아와 오산학교를 중심으로 학교 주위 일곱 개의 마을을 묶어 종합교육계획안을 수립하면서 구상한 새민족공동체 설립 운동이다(서굉일, 1988).[9] 두 단계의 공동체 운동을 상술하면 다음과 같다.

① 1단계 공동체 운동

남강이 이상적인 마을공동체를 만들고자 했던 구상은 도산을 만나기 전인 1899년 정주 용동 지역에 이사를 오면서부터 모습을 드러냈다. 그는 그곳에 땅을 사서 흩어져 살고 있던 여주 이씨 사람들을 불러모아 남에게 모범이 되는 깨끗하고 화목한 문중마을을 만들고자 했다. 먼저 남강은 자기 집에 서당을 열고 집안 자제들을 불러 글과 예절을

---

9) 공동체 운동을 3단계로 나누기도 한다. 즉, 1907년 이전 여주 이씨를 중심으로 한 이상촌 운동을 1단계로 볼 수도 있다(김기석, 2005: 309).

가르치며, 장성한 이들에게는 자신의 공장에서 생산된 유기를 나눠주어 행상을 해서 생계를 유지하도록 했다. 그리고 마을에 있는 자신의 땅을 공유 농지로 만들어 빈부 격차를 줄이기 위해 노력했다(백승종, 2002).

그러다가 1907년 도산을 만나 민족운동과 개화주의에 헌신하기로 결심한 남강은 신교육의 중요성을 절실히 깨닫고 오산학교를 중심으로 한 공동체 운동에 매진하게 되었다. 그는 오산학교가 있는 용동을 중심으로 근면하고 청결한 생활 속에서 서로 협동하는 아름다운 기풍을 지닌 마을공동체를 만들 것을 꿈꾸었다. 마을 사람들은 남강의 의도대로 단정하고 깨끗한 옷차림을 하게 되었고 노름하고 술 먹고 행패부리는 사람들이 사라졌다. 남강은 대한매일신보를 구독해 얻은 지식을 저녁이면 마을 사람들에게 전해주기도 했다(서광일, 1988). 1910년 남강이 기독교 신앙을 갖게 된 이후 용동에 교회당이 세워지게 되고 신앙은 마을공동체 형성에 중요한 기반이 되었다.

또한 1단계 공동체 운동에서 빼놓을 수 없는 중요한 조직이 용동회였다. 1907년 남강이 용동 주민의 각성을 위해 조직한 용동회는 우리나라 최초의 근대적 동회라 할 수 있다(백승종, 2002: 126). 용동회는 주민자치기구로 마을의 위생과 풍기는 물론이고 마을의 중요한 대소사를 의논하고 결정하는 일을 수행했다. 용동회가 주축이 되어 마을길을 정비하고, 변소를 청결하게 하고, 부엌을 깨끗이 유지하도록 했다. 또한 용동회로 인해 생산품을 마을주민들이 공동으로 판매하고 추수 때에도 협동하고 야학을 운영하여 문맹을 퇴치하기도 했다. 당시 오산학교 교사로 있던 이광수는 용동회의 결정으로 청결 검사원이 되어 마을을 순회하며 청결 상태를 감사하는 역할을 했다. 용동마을의 달라진 모습을 이광수는 다음과 같이 적고 있다.

> 동네 전체가 예수교인 것과 또 이 동회(용동회)로 하여 이 동네는 이웃 다른 동네와는 딴판인 동네가 되었다. 술과 노름이 없는 것은 물론이려니와 어느 동네에나 흔히 보는 이웃끼리의 싸움도 없었고 집과 옷들도 다 깨끗하게 되어서 헌병들이 청결검사도 아니 들어오게 되었다. 이 동네에는 실로 경찰이 올 필요가 없었던 것이다(한규무, 2008: 74).

남강은 오산학교와 용동회를 모두 소중히 여겼다. 그는 학교 일과 동회 일이 나라를 일으키는 기본이 된다고 생각했다. 학교에 있는 기숙사는 동회에서 하던 일을 옮긴 것이고, 동회에서 서로 가르치고 배우는 일은 학교의 교육을 연장한 것이었다. 남강이 추구했던 공동체의 모습은 노동을 중시하는 교육의 이상향이었다. 오산학교 출신인 김기석(2005)은 남강이 당시 꿈꾸었던 이상향을 다음과 같이 적고 있다. "남강의 유토피아는 스스로의 결심과 헌신에 의하여 게으른 자가 부지런한 자로 어두운 자가 밝은 자로 덕스럽지 못하던 자가 덕스러운 자로 바뀌는 푸른 산기슭"(311)이었다.

② 2단계 공동체 운동

1단계에서 남강은 용동만을 이상적 마을로 만들려고 노력했지만 2단계에서는 범위를 넓혀서 오산의 일곱 마을까지 이상적 공동체로 만들려고 시도했다. 그는 이를 시작으로 하여 궁극적으로 우리나라 전체를 아우르는 새민족공동체를 구상했던 것이다.

1920년대에는 오산에 보통학교와 중학교 건물을 새롭게 짓고 운동장도 넓히고 실습농장도 마련했다. 그리고 교원들의 사택, 공동 목욕탕, 학교 병원을 지어 학교마을, 사택마을, 병원마을이 생겨났다. 이세 마을과 용동을 포함해 좀 떨어진 네 마을까지를 합해 오산의 일곱 마을로 새로운 이상적 공동체를 만들려고 구상했다. 그리고 학생들은 여러 마을의 주민들 집에 기숙하게 했으며(김기석, 2005; 백승종, 2002), 학교 병원과 목욕탕은 마을주민들에게 전면 개방되었다. 학교에서 개최하는 강연회와 음악회, 교회에서 열리는 부흥사경회도 마을주민들에게 개방했다. 당시 오산 마을공동체의 모습은 이렇게 묘사되었다.

오산에 사는 주민들은 남강을 우리 선생이라 부르고 학교를 우리 학교라 부르고 학생을 우리 학생이라 불렀다. 그들은 집에 학생들을 기숙시켰는데, 학교의 정신과 방침에 따라 부형으로서 학생들을 보살펴준다는 생각이었고 학생을 두고 그들에게서 대가를 받는 일로 생각하지 않았다. 주민과 주민 사이, 주민과 학생 사이에는 한 가지 소망 아래 같은 마을 같은 지붕 밑에 있다는 가족의식이 그들의 사이를 맑게 흘렀다. 학생들은 옆집 어린애들을 목마로 태우거나 손목을 잡고 다녔고 목욕탕에서는 아저씨와 노인들의 등을 밀어 드렸다. 오산을 다닌 학생이나 거기 살던 사람들은 아직도 북쪽 채석산 밑에 벌어졌던 이 아름다운 이상향을 잊지 못하고 있는 것이다(김기석, 2005: 315-316).

남강은 자치적인 마을공동체를 형성하기 위해 오산의 일곱 마을에 각기 동회를 조직하게 하고 그 전체를 묶어서 협동조합을 설치했다. 조합 사무실은 오산학교 구내에 두었다. 협동조합은 원래 학생과 주민들에게 학용품과 생필품을 값싸게 공급하기 위한 것이었는데, 조합원은 오산의 주민들과 오산학교 교원, 학생들이었다. 그 대표들이 조합 회의에 참석하면서 협동조합 회의는 오산의 여러 마을 동회의 연합회의 성격을 띠었다. 그 회의에서 학교와 마을, 교회 일까지도 논의되었다. 대개 주민들의 생활 관련한 문제들을 다루었지만, 공동생산, 산업에 대한 계획, 공동노동, 교육계몽 강연 같은 사안들과 정치적 문제 등 지역사회가 당면한 문제들도 논의되었다.(서굉일, 1988).

오산의 마을공동체를 위해 만들어진 조직은 협동조합 외에 자면회(自勉會)가 있었다. 자면회는 용동회의 후신이다. 자면회의 주된 사업은 농지개량, 연료개량, 협동생산, 협동노동 및 소득증대였다. 자면회의 중요 조직인 청년회는 금주, 금연 및 절약 운동을 벌였고 신지식의 보급에도 힘썼다. 특히 신문과 잡지의 열람을 권했고 독서 운동도 벌였다. 청년회는 주민의 교육을 위해 계몽 강연회와 주야간 강습회 등을 열었는데, 이러한 활동들은 주로 오산학교 시설을 이용해 이루어졌다. 또한 오산학교 개교기념일에는 청년회가 운동회를 주관하기도 했다. 자면회가 표방하는 목표인 근면, 청결, 책임은 오산학교의 교훈이기도 했으며, 청년회와 협동조합을 이끌어간 인물들 역시 오산학교 출신이었다(백승종, 2002). 마을공동체 형성의 중심에는 늘 오산학교가 자리하고 있었다.

남강은 오산 일대에 유치원에서 보통학교, 중등학교를 거쳐 대학에 이르는 모든 교육기관을 설립하고자 했다. 덴마크의 그룬트비가 주도

했던 평민대학 운동의 영향을 받기도 했고, 신천에 왕재덕이 설립한 우리나라의 첫 평민대학인 신천농민학교에 깊은 관심을 갖기도 했다(김선양, 1988). 남강은 1926년 여성들을 위한 여학교와 농과대학 설립을 추진했다. 그러나 총독부가 설립 인가를 내주지 않자 연습림과 임해농장을 개설하고 학교 재단이 직접 경영하는 직조 공장과 제사 공장을 세울 계획을 추진했다. 학교를 중심으로 교회와 병원, 공회당과 도서관이 자리 잡은 깨끗한 마을이 있고, 마을 외곽 지역에는 공장과 농장이 있는 이상적인 마을공동체를 구상한 것이다.

남강은 교육과 산업이 서로 연결되어 완전한 자치를 이루는 것을 이상적 공동체의 핵심으로 보았다. 오산학교의 졸업생 이채호는 남강의 이러한 이상향 계획을 듣고 이공 계통을 공부하기도 했다. 그는 남강의 이상향 구상에는 세 가지 요소가 있다고 했다. 첫째는 민중의 무지를 깨우칠 교회요, 둘째는 교육을 일으킬 학교요, 셋째는 나라를 근대화시킬 산업이다(김기석, 2005: 313). 이러한 남강의 종합교육계획은 교육과 산업을, 도시와 농촌을 연결시킨 새로운 교육 전원도시 계획안이자 새 국가의 설계도였다(김선양, 1988; 서굉일, 1988).

3) 이승훈이 오늘날 학교공동체에 주는 시사점

우리 민족이 어려웠던 시절 남강은 교육을 통한 구국 운동에 앞장섰다. 남강이 교육에 대해 가졌던 열렬한 애정과 굳은 신념 그리고 성실한 교육적 실천은 오늘날 한국 교육이 이만큼 성장하는 데 밑거름이 되었다. 특히 최근 관심이 증가하는 학교공동체 운동에는 매우 유용한 시사점을 제공해준다. 그 시사점을 세 가지만 제시하면 다음과 같다.

첫째, 남강은 교육을 통해 우리 국가와 사회의 변화를 가져올 수 있다는 신념 아래 교육 운동을 지속적으로 실천했다. 여기서 그가 생각한 교육 운동이란 교육이 학교에서뿐 아니라 마을에서도 이루어지는 이상적 마을학교공동체를 건설하는 것이다. 즉, 오늘날 관심이 높아가는 학교와 마을의 연계를 통한 교육을 남강은 이미 백 년 전에 주장한 셈이다. 그러므로 남강의 교육사상과 실천을 통해서 오늘날 학교와 마을이 왜 서로에게 문을 열고 서로를 품어야 하는지 그 당위성과 필요성을 짐작해볼 수 있다.

둘째, 남강은 학교와 마을의 경계를 허물었다. 그가 설립한 우리나라 최초의 근대적 형태의 마을학교인 오산학교가 우리나라 교육사에 끼친 영향이 지대하지만, 특히 학교가 마을의 중심기관으로서 역할을 수행할 수 있음을 실증해 보인 것도 중요한 의의가 있다. 오산학교는 조합운동, 마을자치회 형성 등에 영향을 주어 마을이 발전하는 데 중요한 역할을 수행했다. 오산학교의 이러한 역할은 남강이 가졌던 교육철학과 실천적 노력의 결과였다. 그러므로 남강을 탐구하는 일은 오늘날 시행되고 있는 마을학교공동체 운동이나 마을교육공동체 운동의 성공의 조건을 파악하는 데 매우 요긴할 것이다.

셋째, 남강은 우리 민족에게 필요한, 학교를 중심으로 한 이상적 마을공동체의 구체적인 모습과 그 가능성을 보여주었다. 남강이 오산 일대에 건설하려고 구상했던, 교육과 산업이 서로 연결되어 자치를 이루는 마을 만들기는 오늘날에도 여전히 유효한 아이디어라 할 수 있다. 마을공동체에 대한 그의 구상은 풀무학교의 설립자인 이찬갑에 의해 전승되고 이어서 홍순명에 의해 전승되고 실천되고 있으며, 오늘날 마을 만들기 혹은 마을학교공동체 운동을 하는 사람들에게도 여전히 많은 영감을 주고 있다.

3. 홍순명 _ 마을을 품은 학교공동체에 헌신하다[10]

풀무학교 교장을 오랫동안 역임한 홍순명은 그룬트비와 이승훈의 사상과 실천을 계승하고 있는 인물이라 할 수 있다. 풀무학교는 1958년 오산학교 출신인 이찬갑 선생과 홍동 출신인 주옥로 선생이 충남 홍성군 홍동면에 설립한 학교이다.

홍순명은 1960년 풀무학교의 교사가 된 이후 1991년 풀무학교의 교장이 되어 2002년 정년퇴임할 때까지 풀무학교에서 40년 이상 근무했고, 2001년에는 평민대학 성격의 전공부를 설립하여 학생들을 가르치는 일을 계속 하고 있다. 일찍부터 마을공동체를 만들기 위해 일본 자매학교로부터 소개받은 유기농법을 마을에 소개하고, 협동조합운동이 지역에서 성공적으로 정착하는 데 큰 기여를 했다. 또한 마을도서관인 밝맑도서관을 개관하는 데 결정적인 역할을 했고, 지역의 다양한 단체들의 산파 역할을 하기도 했다.

일평생 풀무학교와 함께 교육실천가와 사상가로 살아왔고, 또한 학교가 있는 지역사회인 홍동마을 공동체를 위해 다양한 활동을 펼쳐온

---

10) 이 부분은 필자의 논문 '이상적 마을공동체를 향한 홍순명의 사상과 실천'(2014)을 참조했다.

공동체운동가이기도 한 홍순명의 사상과 실천을 살펴본다.

1) 홍순명의 교육사상과 실천

① 더불어 사는 평민을 기르는 교육

풀무학교의 교육목표 '더불어 사는 평민'은 홍순명이 풀무학교를 소개할 때 꼭 이야기하는 것이다. 그는 더불어 사는 평민을 "위로 올라가는 사람이 아니고 아래로 내려가는 사람, 혼자가 아니고 더불어 사는 사회를 소중히 여기고 만드는 사람"이라고 말한다(홍순명, 2007: 4). 더불어 산다는 것은 각 개인이 자신의 개성을 실현하고, 그러한 개인이 공동체 속에서 자신의 역할을 찾아가는 것이다. 그래서 더불어 사는 삶은 모든 생명을 소중히 여기고 서로가 마음을 열고 기쁨을 발견하면서 평화로운 사회를 만들어가는 삶이라 할 수 있다(홍순명, 2010). 홍순명은 평민의 개념을 이찬갑의 말을 빌어 다음과 같이 설명한다. "평민은 진실 순박하고 근면하며 사랑, 고민, 슬픔, 눈물이 많다. 겸손하고 부지런하며 이마에 땀을 흘려 하늘에 가깝다. 진정한 평민은 자기를 깨닫고 영원을 발견하여 일상생활을 충실하게 하며 기쁨에 넘쳐 흐르는 사람이다. 예수가 바로 그 본이다."(홍순명, 1998) 그러므로 평민은 어떤 계층을 일컫는 말이 아니고 '자각해서 깨우친 사람'을 의미한다고 했다.

더불어 산다는 것을 홍순명은 다섯 가지로 나누어 설명한다. 첫째, 하나님과 더불어 사는 삶이다. 하나님과 더불어 사는 삶은 구체적으로 성경을 읽으면서 자신의 삶을 돌아보는 삶이다. 이를 위해 풀무학교는 학생들에게 성경을 가르친다. 교리를 가르치는 대신 재학 3년 동안 신구약 성경을 한 번 읽어보도록 안내한다. 성경을 읽는 것을 더불어 사는 삶을 배우는 중요한 방법으로 여기고, 인생의 중요한 문제들에 대해 성경이 어떻게 대답하는지를 찾아보도록 학생들에게 권면한다. 신앙을 바탕으로 하여 학교가 하나의 공동체가 되고, 학교공동체는 지역공동체로 연결이 된다고 본다. 즉, 하나님과 더불어 사는 삶은 다른 주체들과 더불어 사는 삶의 바탕이 될 수 있다는 것이다.

둘째, 자기 자신과 더불어 사는 삶이다. 이는 자신을 소중히 여기고 공격적이지 않고 자학적이지도 않는 삶이며, 머리와 가슴과 손이 분리되지 않고 조화를 이루는 삶이기도 하다. 이런 교육을 위해 교육과정 속에 종교와 교양, 실제적인 과목들을 적절하게 섞어 편성한다.

셋째, 학우들과 더불어 사는 삶이다. 성장 배경이 다른 학우들과 함께 공부하고 생활하면서 더불어 사는 것을 배우게 되는데, 여기에 생활관 교육은 매우 중요한 역할을 한다. 지역과 종교, 성별, 나이가 다른 이들이 함께 살면서 서로 영향을 주고받으며 자신을 확립해가는 중요한 배움의 장이 된다고 본다. 학교의 제반 문제들을 의논하고 결정하는 전교회의 역시 더불어 사는 삶을 배우는 중요한 장이다. 교사와 학생이 함께 교칙을 정하고, 교칙을 어긴 경우에도 토의를 통해 책임을 물으며 공동체 생활을 배워간다.

넷째, 지역과 더불어 사는 삶이다. 지역이 곧 열린 학교이고, 학교는 지역의 한 부분이라고 본다. 지역을 위해 무엇인가를 해주는 것이 아니라 지역과 함께하는 학교가 되어야 학교도 좋은 교육환경 속에 있게 된다.

다섯째, 이웃 나라와 더불어 사는 삶이다. 우리가 동북아시아권의 일부이자 세계시민이라는 의식을 갖게 하는 것이다. 그래서 학생들에게 외국어를 가르치고 외국의 자매학교에 보내기도 하고, 외국에서 온 사람들이 학교에서 가르치기도 한다.

더불어 사는 삶을 교육하기 위해 풀무학교는 공동생활과 더불어 공동학습을 중시한다. 강당의 전면 휘장에 적혀 있는 '진리의 공동추구'는 학교에서 이루어지는 더불어 하는 학습을 함축하는 표어이다. 학생들은 모둠별로 과제를 하되 역할을 분담하고 서로 도와 함께 발표를 하면서 배워간다. 교사도 진리 탐구의 동반자로서 배울 뿐 아니라 학생들이 어떻게 능동적으로 학습에 참가할 수 있을지를 돕기 위해 연구한다. 공동생활과 공동학습을 통해 더불어 사는 삶을 교육받은 풀무학교 학생들 상당수는 학교 졸업 후 지역에 남아 유기농업을 하거나 협동조합 등에서 지역 일을 하면서 마을공동체 만들기에 중요한 역할을 수행한다.

② 생명과 평화를 북돋는 교육

더불어 사는 평민 교육은 환경의 파괴와 사회적 양극화라는 시대적 상황을 고려하여 '생명과 평화교육'이란 표현으로 보다 체계화되었다. 홍순명은 교육이 자연과 사람의 생명을 살리고 평화를 심는 교육이어야 한다고 주장하며, 생명과 평화 교육을 추구하는 풀무학교는 단순한 교육활동을 넘어 사회적 변혁운동을 하고 있다고 생각한다(홍순명, 1998: 79).

지나친 경쟁과 효율성 위주의 세계관은 20세기에 전쟁, 환경파괴,

사회양극화라는 사회적 문제점을 야기했다. 이에 대한 반성의 결과 21세기에는 생태와 평화의 중요성을 강조하게 되었다. 생태가 사람과 자연과의 바른 관계라면, 평화는 사람과 사람의 정당한 관계이다. 홍순명은 최근의 학문적 발전을 토대로 생태와 평화의 원리를 각각 여섯 가지로 정리했다.

생태의 원리로는 그물망 속에서의 상호의존성, 개체 속에 존재하는 전체, 자연의 순환, 태양으로부터 흐르는 에너지, 역동적 균형, 지속적인 학습과 발전을 꼽는다. 이러한 생태 원리는 경쟁보다는 공생이 자연과 인간사회를 지탱하는 기본 원리임을 보여준다. 그리고 평화의 원리로는 다음 여섯 가지를 꼽고 있다. 첫째, 전쟁은 마음에서 비롯된다. 둘째, 평화란 마음의 평안과 더불어 차별의 폐지, 평등과 정의를 포함한다. 셋째, 평화는 소극적인 것이 아니라 분규와 미움을 극복하는 적극적인 것이다. 넷째, 평화는 대화를 비롯하여 가정과 세계문제까지 광범위한 범위에 걸쳐 있다. 다섯째, 평화법칙은 생태법칙과 중복된다. 여섯째, 평화는 사랑, 자비, 희생과 같이 종교에 뿌리가 닿아 있다. 그래서 종교의 자리에 이르러야 참 생명과 평화가 사람의 마음과 사회에 실현된다(홍순명, 2005; 2006: 2007).

지속가능한 사회는 생태가 보존되고 평화가 확보되는 사회이다. 이를 위한 교육은 생활의 변화를 추구하는 교육이다. 평화교육은 "문화차이 수용, 협력해서 일하는 자세, 세계 문제에 대한 시야 갖기, 시민단체와 국경을 넘은 연대, 비판과 체계적 사고, 비폭력으로 갈등 해결, 환경보호를 위한 생활방식의 변화, 인권 옹호, 민주정치 참여, 대화와 소통의 생활화" 등을 지속적으로 배우는 교육이다(홍순명, 2008b: 259).

홍순명은 풀무학교의 교훈인 '더불어 사는 삶'을 종종 '생명과 평화의 삶'이란 말로 대신하여 설명하곤 했다. 그는 생명과 평화의 교육이 풀무학교의 설립 정신인 동시에 끊임없이 추구해야 하는 비전이라고 말한다.

홍순명은 생명과 평화의 교육을 다음과 같이 제시했다. 첫째, 학교교육의 목적은 취직을 위한 경제적 동기보다 자기실현과 사회공동체 기여에 두어야 한다. 둘째, 학생 개개인의 개성과 다양성을 존중하고 가치의 추구, 지혜와 지식, 예체능, 노작 등 전인적 발달이 이루어지도록 해야 한다. 셋째, 학생 주도의 협동학습으로 종합적 지식과 지적 호기심을 갖고 학우를 학문의 동반자로 삼게 해야 한다. 넷째, 획일화보다는 학교와 지역의 다양성이 존중되고 학교가 학문과 가치생활의 살아 있는 공동체가 되어야 한다. 다섯째, 평가는 학생의 다양한 능력을 파악하는 문장식 평가나 학생 스스로의 평가로 이루어져야 한다. 여섯째, 교사는 자격증을 가진 일부의 사람이 아니라 학생의 성장과 학교공동체 형성에 도움을 주는 모든 사람이 되어야 한다. 일곱째, 학교행정은 수직적 방식이 아닌 교육주체인 학생, 교사, 학부모, 지역 등 모든 사람들이 각기 다른 역할이 존중되어 공동체의 향상과 활력에 이바지하는 유기적 운영이어야 한다. 여덟째, 학교 건축은 큰 규모가 아닌 인간적 규모라야 하고 모든 시설에 생태적 고려를 우선하여야 한다(홍순명, 2005: 10-12).

③ 생명을 존중하는 농업교육
홍순명은 생명과 평화 교육의 대표적인 예가 농업교육이라고 말한

다. 그는 농업이 사회격차 해소와 지역 다양성을 살리는 데 기여하므로 인류의 평화를 위해서 농업교육이 강조되어야 한다고 본다. 특히 농업도 신자유주의식 농업 방식이 아닌 지역 내 유기농업 순환체제의 완성과 자립도의 향상, 도농이 연대 제휴하는 대안농업을 육성하는 방향으로 나아가야 한다고 주장한다. 그가 유기농업을 강조하는 까닭은 단지 하나의 농사법이 아니라 생명 중심의 새로운 삶의 방식으로 보기 때문이다. 유기농업은 자연과 사람, 생산자와 소비자를 서로 연결하고, 새 기술을 창조하고 유통체계를 개선함으로써 분배 양식과 식생활을 변혁하는, 더불어 사는 공동사회를 이루는 길이 된다고 본다(홍순명, 1998: 56).

홍순명은 농업이란 "하나님이 온 정성으로 만드신 자연을 땀 흘려 돌보라는 명령에 따라 자연의 질서와 평화를 실현하고, 사람들의 생명을 살리는 직업"이며, 농업의 일이 "몸의 생명을 살리는 건강한 양식을 만드는, 사랑의 가장 구체적 실천"(홍순명, 2006: 12)이라고 한다.

이처럼 생명과 평화를 가꾸는 농업을 천직으로 생각하고 연구하며 열매보다 뿌리 가꾸기에 보람을 느끼는 사람을 기르는 농업교육은 우리 사회의 생명을 보존하고 평화를 정착시키는 매우 중요한 방안이라는 것이다. 이러한 농업교육의 강화가 장차 농촌을 생태적 조건하에 생산, 가공, 관광, 교육, 문화, 의료 등 사람이 사는 데 필요한 모든 부문이 자기 완결적으로 갖추어진 사회공동체가 되게 할 것이다. 또한 마을공동체를 기반으로 농업과 축산이 순환하여 자립을 도모하는 친환경 농업을 발전시키게 될 것이다(홍순명, 2007).

농업교육에 대한 홍순명의 이러한 생각은 홍동마을에서 활발하게 실험되고 있고, 어느 정도 성과를 얻고 있다고 할 수 있다.

④ 지속가능한 사회를 위한 평생교육

21세기에는 생명과 평화, 마을공동체 만들기를 중핵으로 삼는 지속가능사회를 실현하는 것이 중요한 과제가 되고 있다. 그는 평생교육을 통하여 마을주민들이 다양성에 바탕을 둔 생태와 평화의 공생을 배워나가야 지속가능한 사회를 이룰 수 있다고 말한다(홍순명, 2008c).

홍순명은 평생교육의 중요성을 인식하고 21세기 들어 두 가지 주요 사업에 힘을 쏟고 있다. 그것은 풀무학교 전공부와 마을도서관인 홍동밝맑도서관이다.

먼저 2001년에 평생교육기관의 성격을 지닌 전공부를 열었다. 전공부는 유기농업을 배우기 원하는 성인을 대상으로 한 실무적인 대학인 동시에 지역주민들의 학습 욕구를 충족시키는 평생교육기관이다. 학교 홈페이지에는 "학교의 모든 강의를 주민에게 개방하고 주민이 현장교사가 되고 지역의 여러 기관이나 농장이 교육 현장이 되어, 평생교육의 중추 역할을 하며 도서와 정보, 자료를 확보하여 지역발전에 필요한 과제를 연구, 보급하며 지역의 종합적 발전을 주민, 기관과 함께 모색하는 지역에 열린 학교"임을 강조하고 있다.

풀무학교가 중심이 되어 2010년 설립한 마을도서관 밝맑도서관은 풀무 전공부와 더불어 지역의 평생학습센터로 기능한다. 학교 울타리 안이 아닌 마을의 중앙에 자리 잡고, 마을주민들이 쉽게 이용할 수 있도록 시설을 구비하고, 다양한 프로그램을 운영하고 있다.

⑤ 마을과 함께하는 학교

우리나라는 오랫동안 교육이 중앙집권적으로 이루어지면서 마을과 분리된 교육이 이루어졌다. 학교가 마을과 유리되면 학교는 산지식의 생동감을 잃어버리게 되고 마을은 교육력을 상실하게 된다. 학교와 마을의 관계를 위해서는 학생들이 교실 밖으로 나가야 하고, 주민들이 학교 안으로 들어와야 한다. 마을의 교육력을 회복하여 학교교육에 활용할 수 있어야 하고, 학교를 움직이는 원리가 지역사회를 움직일 때 마을과 학교는 서로 힘을 줄 수 있게 된다. 학생들로 하여금 지역사회를 통해 세계를 볼 줄 알게 하고, 지역사회를 통해 어떤 일을 할 것인지 생각하게 하는 교육이 필요하다. 홍순명은 학교가 마을과 분리되어서는 안 된다고 생각한다. 그는 "학교가 마을이 되게 하고 마을이 학교가 되게 하는 것이 지속가능한 사회를 만들어가는 교육의 실마리"라고 말한다(홍순명, 2010: 114).

풀무학교는 개교 후 줄곧 울타리 없는 마을학교를 표방했다. 학교에서 농업을 비롯한 지역의 문제들을 공부하고 지역 문제를 해결하기 위해 유기농업을 소개하기도 했다. 학교에서 시작한 협동조합은 마을로 나가 마을의 중요한 운동으로 자리 잡았다. 마을축제 역시 마을과 함께하는 학교의 특성을 잘 보여주는 예이다. 지역에 있는 홍동초등학교, 홍동중학교, 풀무학교가 함께 협의하고 지역주민들과도 의논하여 학교축제를 별도로 하지 않고 마을의 중심에서 같이 마을축제를 벌이게 되었다. 중앙무대에서는 학생들이 발표를 하고, 지역의 기관들은 부스를 설치하여 홍보도 하고, 음식을 나누어 먹는 흥겨운 마을잔치가 된 것이다. 생명과 평화의 가치를 강조했던 풀무학교가 마을과 함께하는 학교를 지속적으로 추구함으로써 오늘날 홍동마을 역시 생태와 자치를 중시하는 마을공동체로 발전할 수 있었다.

2) 학교와 마을공동체 만들기

홍순명은 1960년 풀무학교에 부임한 이래 현재까지 홍동마을에 살면서 학교와 마을 일에 적극 참여해오고 있다. 학교공동체 만들기와 마을공동체 만들기는 그의 일관된 관심사였다. 그가 추구해온 공동체는 더불어 사는 삶이 실현되는, 생명과 평화가 충일한 공간이다. 먼저 학교공동체를 위해 40년간 풀무학교에 재직하면서 구성원 모두가 존중받는 평등한 민주적 공동체를 만들기 위해 노력했고, 학교의 신앙적 토대와 교육적 기본을 분명히 하기 위해 노력을 기울였다. 정년퇴임 후에는 학교를 넘어 마을공동체 만들기에 더욱 힘을 쏟고 있다. 최근에는 지역의 발전을 위한 중간지원센터인 마을활력소의 탄생에 중요한 기여를 했고, 현재 공동대표를 맡고 있다.

오늘날 홍동지역에 부분적으로 이루어졌고 여전히 추구되고 있는 마을공동체의 모습은 홍순명이 강조했던 사상과 긴밀하게 관련되어 있다. '더불어 사는 삶'과 '생명과 평화'는 그 마을이 추구하는 가치와 목표가 되어 있고, 농업은 단순히 생계수단을 넘어서 모두의 생명을 존중하는 삶의 방식으로 인식되고 있다. 그리고 평생교육은 생명과 평화의 삶을 위한 필수적인 활동으로 이해되고 있다. 오늘날 홍동마을은 교육과 산업이 조화를 이루는 자주적인 마을이란 점에서 수십 년 전 이승훈이 평북 오산 일대에서 이루고자 했던 이상적 공동체의 모습과

닮아 있다. 여기서는 마을공동체 형성을 위해 홍순명이 특히 중요하게 생각하고 적극적인 역할을 해온 세 가지 사업 즉, 풀무학교 전공부, 생활협동조합, 마을도서관을 중심으로 그의 마을공동체를 위한 실천을 살펴보도록 하겠다.

① 풀무학교 전공부

전공부는 오랜 준비 끝에 2001년 개교했다. 홍순명은 전공부 설립 13년 전부터 성인 교육과정의 필요성을 느끼고 준비를 했다. 전인 교육 중심의 교육을 받은 고등부 졸업생들이 마을에서 유기농업을 하면서 어려움을 겪는 것을 보고 유기농업에 대한 지식과 지역사회에서의 실무를 가르칠 상위 과정의 필요성을 느끼게 되었다. 전공부는 대도시 집중, 노동 경시, 과도한 경쟁, 엘리트 양성 교육을 거부하고 농촌 교육, 민중 교육, 정신 교육, 실력 교육과 더불어 학생 개개인의 인격과 고유한 개성을 존중하는 인격 교육, 일과 배움과 생활을 통해 개인의 머리, 가슴, 손을 고루 실현시키는 전인 교육, 학교 자체가 자립하는 농사 교육, 지역 속에 뿌리를 내리는 공동체 교육을 교육의 본질로 추구한다. 그럼으로써 울타리 없는 풀뿌리 주민대학, 마을과 함께하는 대안대학 역할을 하고자 한다. 학교가 농사를 짓고 자급하는 마을이라는 의미로 '학교농촌'이라 부르기도 한다(홍순명, 2008c).

전공부가 문을 열면서 마침내 홍동마을은 이승훈이 꿈꾸었던, 어린이집부터 초중고, 대학까지 모든 교육기관이 있는 독특한 농촌마을이 되었다. 홍순명은 개교에 지대한 공헌을 했을 뿐 아니라 개교 후에도 교양과 종교 과목을 가르치는 교사로서 기여하고 있다.

생태농업을 교육하는 전공부는 단순히 농사기술을 가르치는 것이 아니라 "하나의 삶의 방식-자연의 질서에 순응하고 조화를 이루며, 땅과 이웃과 더불어 사는 삶의 기술, 다시 말해 공생공락의 삶의 방식"을 가르치고자 한다(장길섭, 2011: 61). 지역주민대학으로서 전공부는 마을과 밀접한 관계를 갖는다. 수업을 개방하여 주민들이 참여하도록 하고, 주민들이 강사로 학생들을 가르치기도 한다. 때때로 교사들이 현장으로 나가 농업조사나 연구를 해주거나 농업기술을 전수하기도 한다.

전공부에서 교육받은 졸업생들 중 일부는 졸업 후 그 지역에 남아 농사를 짓거나 관련 일을 하면서 정착하기도 한다. 2016년 현재 지역에 남아서 살고 있는 전공부 졸업생이 30여 명이고, 나머지 졸업생 다수는 다른 농촌지역에서 농사를 짓거나 농업 관련 일을 한다고 한다. 풀무학교 전공부는 홍순명이 강조했던 '마을과 함께하는 학교'와 '지속가능한 사회를 위한 평생교육'에 대한 그의 생각이 집약적으로 나타난 실천 사례라 할 수 있다.

② 생활협동조합 운동

홍순명은 협동조합 운동에 관심을 갖고 협동조합을 학교와 마을에 정착시키기 위해 많은 노력을 기울였다. 그는 협동조합이 잘되면 마을이 잘되고 협동조합이 위태하면 마을이 위태해진다고까지 말한다(홍순명, 2009). 소비조합은 풀무학교 설립자 이찬갑의 주도로 1969년 교내에 처음 발족되었다. 교사와 학생들이 조합원이 되었고, 담당학생이 읍내에 나가 생활필수품이나 책을 공동구매해 시중보다 싸게 팔았다.

그해 신용협동조합도 교내에 설립되고, 1972년 정식으로 지역에서 풀무신용협동조합 창립총회를 열었다. 1980년에는 지금까지 학교를 중심으로 운영되던 풀무소비조합이 지역의 소비자 협동조합으로 재탄생했다.

홍순명은 교내 소비조합, 풀무신협, 지역 소비자협동조합의 초대 이사장을 맡아 조합이 제 자리를 잡는데 큰 기여를 했다. 당시 협동조합에 대한 자료가 매우 부족한 상황에서 잡지 〈풀무〉에 '로치데일 노동자들'이나 '라이파이젠' 같은 협동조합을 소개하는 글을 써서 사람들에게 협동조합을 알렸고, 국제협동조합협회(ICA)와 접촉하여 협동조합에 대한 최신 정보를 마을에 소개하기도 했다. 그의 영향을 받은 풀무 졸업생들은 지역 조합에서 지도자로 일하거나 다른 지역에서 신용협동조합을 조직하기도 하고, 최초의 의료생협인 부산의 청십자병원에서 일하며 그 정신을 이어가고 있다(김형미, 2009).

현재 풀무학교가 있는 홍동지역에는 풀무학교 생활협동조합, 홍성 풀무생활협동조합, 풀무신용협동조합이 활발히 움직이고 있고, 최근에는 의료협동조합이 설립되어 운영 중이다. 이처럼 홍동지역에 협동조합이 일찍부터 활성화된 데는 풀무학교의 역할이 매우 컸고, 그 중심에 홍순명이 있었다. 그가 조합운동에 적극 참여한 것은 협동조합이 마을공동체에서 평등하게 더불어 살아가는 구체적인 삶의 방식이라고 생각했기 때문이다.

③ 마을도서관

2008년 풀무학교 개교 50주년을 맞아 학교 설립자인 밝맑 이찬갑 선생을 기념하여 마을도서관을 건립하기로 했다. '더불어 활력이 넘치고 즐거운 지역사회'를 만드는 평생교육 시대에 부합하도록 학교가 아닌 마을에 도서관을 설립하기로 하고 홍순명은 도서관 건립추진위원회 대표를 맡아 2010년 9월 준공까지 사업을 이끌었다. 그는 도서관의 성격에 대해 '홍동밝맑도서관 바탕과 과제'란 글에서 다음과 같이 밝히고 있다.

> 지역에 세워질 도서관은 지역 특성인 생태농업 정보의 저장고이고, 주민의 평생교육기관이고, 학생들을 교실과 도시문화인 텔레비전에서 끌어내는 지역 안에 만남의 장소이고, 미취학 어린이들에게 책을 읽어주어 생명, 평화 세상의 꿈과 의식, 창조하는 힘을 길러주는 꿈동산이고, 소장한 귀중한 기념 장서는 지역문화의 중요한 뿌리가 되면서 연구가의 방문지가 되고, 야외 문화공연장은 세계화시대 민족문화의 바탕인 농촌문화를 되살리는 공간이고, 지역역사의 기록을 보존하는 정보센터는 향토사의 규장각이 되고, 도서관과 빵가게, 책방, 나들목, 논둑 등 생각하면서 걷고 돌아보는 주변 기관들은 지역의 작은 문화벨트가 될 것입니다(홍순명, 2009: 8).

마을도서관은 홍순명이 오랫동안 추구해왔던 학교마을공동체 만들기의 중요한 한 단계다. 그는 밝맑도서관을 중심으로 마을 전체가 평생학습 공동체로 나아가는 것이 공동체 운동의 새로운 전기라고 했다(홍순명, 2009). 현재 도서관은 주민들의 모임 공간, 지식저장고, 문화공간으로 활발하게 이용되고 있다.

3) 홍순명이 오늘날 학교공동체에 주는 시사점

홍순명은 시골의 작은 농업학교에서 교사와 교장을 지낸 사람일 따름이다. 유명한 교육운동가도 저명한 교육학자도 아니지만 그는 많은 학교와 교육자들이 꿈꾸는 교육을 구현한 마을공동체학교를 만들어냄으로써 한국의 교육사에 크게 기여했다. 그는 우리나라 대안학교 운동의 선구자적 역할을 한 풀무학교를 실질적으로 이끌었던 인물이지만, 더욱 주목할 만한 사실은 퇴임 후 자신의 활동 무대를 마을공동체 전체로 넓혀갔다는 점이다. 퇴임 이후 그가 쓴 글이나 교육적 실천은 자립적이고 생태적인 마을공동체를 만들기 위한 노력의 일환이었다. 홍순명이 오늘날 마을학교공동체 운동에 주는 시사점으로 다음 네 가지를 꼽을 수 있다.

첫째, 침체된 농촌지역에서 학교와 마을의 유기적 관계를 통해 학교와 마을의 상생을 꾀할 수 있다는 점이다. 홍순명이 기획하고 풀무학교를 통해 홍동지역에서 일정 부분 구현된 자치적 마을공동체는 많은 사람들에게 성공적으로 평가받고 있다. 풀무학교와 홍동마을의 사례는 마을학교공동체를 통해 생태와 자치가 생동하는 지속가능한 농촌마을이 가능함을 보여준 귀중한 사례라 할 수 있다.

둘째, 성공적인 마을공동체의 형성을 위해서는 오랜 시간의 축적이 필요하다는 점이다. 풀무학교와 홍동마을이 지금처럼 생태적이고 자치적인 모습을 갖추기까지는 오랜 시간이 필요했다. 50년이 넘는 세월 동안 홍순명을 비롯한 많은 사람들의 노력이 있었고, 그 뒤에는 이승훈과 오산학교의 오랜 역사가 있다. 이처럼 여러 세대를 거쳐 선대의 꿈을 이어받는 후대의 노고가 더해질 때 성공적인 마을공동체를 이룰 수 있게 된다.

셋째, 홍동마을공동체가 오랫동안 일정한 가치와 목표를 갖고 꾸준하게 발전할 수 있었던 근거에는 풀무학교가 토대로 한 기독교 정신이 중요하게 작용했다는 점이다. 유기농업이 오늘날처럼 널리 알려져 있지 않은 시대에 많은 어려움에도 불구하고 꾸준하게 유기농업과 조합운동을 전개할 수 있었던 것은 풀무학교에서 가르쳤던 기독교의 생명존중 사상과 이웃과 함께하는 삶의 중요성이 강조되었기 때문이다.[11] 기독교정신은 풀무학교에 직접 영향을 주었던 이찬갑과 남강 이승훈의 생각의 토대이기도 했다. 이들은 학교, 교회, 농촌의 일체화라는 이상을 추구했다(홍순명, 2016).

넷째, 마을공동체가 지속되기 위해서는 평생학습과 산업과 자치활동이 조화를 이루어야 한다는 점이다. 이것이 앞에서 소개한 이승훈이 꿈꾸었고, 홍순명에 의해 부분적으로 성취된 공동체의 모습이다. 홍동마을에 세워진 풀무학교 전공부와 마을도서관은 학생들뿐 아니라 마을주민들에게도 평생학습의 장이 되고 있다. 그리고 풀무학교에서 마을로 확장된 다양한 협동조합들은 주민들이 행정기관이나 대기업에 예속되지 않고 자치적인 경제생활을 할 수 있게 해주는 중요한 기관이다. 학교와 지역공동체의 긴밀한 협력에도 불구하고 농촌지역 마을학교공동체의 지속을 어렵게 만드는 요인이 산업의 부재라는 한 연구는 홍동마을의 노력이 주효했음을 보여준다(강영택·김정숙, 2011).

---

11) 기독교 신앙이 홍순명의 사상이나 풀무학교의 활동에서는 분명한 기반으로 나타나는 반면 홍동마을에서는 분명히 드러나지 않는다.

4. 파커 파머 _ 영성과 공동체를 살리는 교육을 실천하다

파커 파머(Parker Palmer 1939~)는 미국의 대표적인 교육지도자이며, 유명 작가이고 사회운동가이다. 그의 주된 관심은 교육, 공동체, 영성, 사회변화이다.

그는 퀘이커[12]의 공동체인 펜들힐에서 11년간 학장으로 재직하며 공동체에 대한 실제적 경험을 하며 이론적 탐색을 병행했다. 그 후 페처연구소(Fetzer Institute)의 지원으로 학교교사들과 함께 '가르칠 수 있는 용기'라는 워크숍을 개발하여 교사들을 대상으로 워크숍을 진행했다. 수많은 강연과 저술로 큰 영향을 끼치고 있는 그는 미국의 교수와 경영자들을 대상으로 조사한 '리더십 프로젝트'에서 교사의 교사로서 '고등교육 분야에서 가장 영향력 있는 원로 지도자'의 한 사람으로 지명되기도 했다.

최근 자신이 설립한 '용기와 회복 센터'에서 교사들을 대상으로 '가르칠 수 있는 용기' 워크숍을 진행하며, 정치, 경제, 언론, 종교 등 다양한 방면에서 두려움과 냉소주의에 상처받은 사람들의 회복과 영적 성장을 돕는 교육 프로그램을 진행하고 있다. 이 센터는 다양한 활동을 통해서 사회가 보다 정의롭고 동정심이 넘치고 건강한 공동체로 성장하도록 하는 사명을 목적으로 하고 있다(www.couragerenewal.org/).

---

12) 17세기에 영국의 조지 폭스가 창시한 기독교의 교파이다. 퀘이커(Quaker)라는 이름은 하나님 앞에서 떤다는 말에서 유래했다. 모든 사람은 자기 안에 신성을 지니고 있으므로 그 신성만 기르면 모두가 구원받을 수 있다고 믿는다.

1) 파커 파머의 교육론

① 교육에서의 영성

파머는 교육이란 본질적으로 영적 성격을 갖는다고 보았다. 즉, 교육은 인간의 근원적인 내면의 욕구에 응답하는 행위라고 했다. 또한 교육은 학생들이 자신과 세계에 생명을 불어넣어줄 초월적인 무엇을 향해 내적인 소망을 갖도록 이끌어주는 것이라고도 했다(Palmer, 2011: 203). 이러한 관점에서 볼 때 교사의 중요한 역할은 학생들이 내면을 깊이 탐구할 수 있도록 적절한 질문을 던지는 일이다. 특별히 구별된 교과가 아닌 모든 교과에서 "어떻게 나는 자아보다 더 큰 무엇과 연결될 수 있을까?"처럼 내면의 삶과 관련된 질문이 가능하다고 본다. 이러한 질문은 학생들로 하여금 자아보다 큰 실재에 대해 성찰하게 하고, 생명의 근원이 되는 실재와의 연결을 통해 의미와 목적을 찾는 법을 배우게 한다.

파머는 인간의 지식 욕구의 가장 깊은 근원에는 모든 것이 연결되어 있던 태초의 유기적 공동체를 재창조하려는 열정이 있다고 본다. 그러나 지식은 유기적 공동체의 재창조에 기여하기보다는 창조세계를 분열시키고 정복하는 데 사용되어왔다고 비판한다. 오늘날 교육의 실패는 사랑과 영성을 상실한 지식 자체의 실패에 연유하므로 교육에서 영성의 회복은 필수적이라고 본다.

파머는 교육의 영성을 강화하는 방안으로 기도 시간 같은 종교 수업보다는 가르치는 지식과 교수학습 방식에 사랑의 힘이 강력하게 작용하도록 하는 것이 중요하다고 했다. 파머의 표현을 빌면 "기도로 충만한 앎과 교육 방식"이 요청된다(Palmer, 1993: 59). 그는 기도를 관계성의 실천으로 보았다. 보다 구체적으로 말하면, 기도란 "자신과 타인, 인간과 인간 외의 것, 보이는 것과 보이지 않는 것이 한 데 얽혀 있는 저 광대한 생명공동체 속으로 들어갈 수 있는 능력"이라는 것이다(59).

② 교육의 공동체성

파머는 교육을 정확하게 이해하기 위해서는 공동체적 이미지를 사용할 수밖에 없음을 강조한다. 앎, 가르침, 배움이라는 교육의 영역은 공동체적 성격과 긴밀하게 관련 맺고 있다. 이를 설명하기 위해 파머는 철학의 네 가지 핵심 영역들 - 실재론, 인식론, 페다고지, 윤리학 - 이 어떻게 공동체와 관계하는지를 논증한다.

먼저, 파머는 실재의 본질이 독립적으로 존재하기보다는 관계적으로 존재한다는 사실을 현대 물리학자들의 발견을 근거로 주장한다. 오늘날 물리학자들은 원자를 더 이상 독립적이고 고립된 존재로 보지 않고 다른 존재들을 향해 나아가는 관계들의 무리로 여긴다고 한다(Palmer, 1993: 21). 그럼에도 현대사회와 학교는 기존의 개체적 원자론에 입각하여 개인주의와 경쟁이 제도화되어 있다고 비판한다. 그러므로 현대 물리학이 보여주듯이 실재들의 공동체적 성격을 강조해야 하고, 이에 따라 학교교육을 기획해야 한다. 그럴 때 학교는 개인주의적이고 경쟁적인 성격에서 벗어나 공동체적 성격을 띠게 될 것이다. 이러한 교육을 통하여 학생들은 삶의 본질에 더 가까이 나아갈 수 있다.

둘째, 파머는 인식론과 관련해서 인식이 근본적으로 공동체적 행위임을 논증한다. 그러나 많은 이들은 인식을 고립된 개인의 행위로 간주하는 경향이 있다. 인식 주체는 바깥에 떨어져 있는 인식 대상을 자신의 감각과 지성을 사용하여 '객관적으로' 파악하고 해석해야 한다고 주장한다. 그러나 최근 학자들은 무언가를 인식하기 위해서는 우리가 뿌리를 두고 있는 공동체의 합의에 의존한다는 사실을 지적한다. 그리고 한걸음 더 나아가 인식주체와 인식대상이 상호작용하는 공동체적 성격을 말하기도 한다. 우리가 무언가를 안다는 것은 그 대상에 영향을 미치고 또한 그것으로부터 영향을 받는 살아 있는 관계를 갖는 것을 의미한다. 그러므로 앎과 배움은 "전에는 도달하지 못했던 것들과 우리를 연결시켜주는 일, 삶의 위대한 공동체를 다시 엮어주는 일"이다(Palmer, 1993: 24).

셋째, 가르치고 배우는 방식에 관한 교수법(페다고지)은 실재론과 인식론에 의존한다. 실재의 존재방식과 인식방법이 공동체적인 성격을 갖는다고 할 때 우리가 그것을 배우고 가르치는 방식 역시 공동체적으로 일어나야 한다. 즉, 교수학습은 학생 상호간 그리고 대상과의 상호작용을 통해 일어난다는 것이다. 그러므로 학교에서 진정한 배움이 일어나기를 원한다면 학생, 교사, 교과 주제 사이의 상호작용이 활발한 배움의 공동체가 형성되도록 해야 하고, 교사는 다양한 방법을 사용하여 학생들이 수업 주제와 살아 있는 관계 속으로 들어가도록 인도해야 한다.

넷째, 교육윤리의 문제는 학생들에게 경쟁하는 법을 가르치는지, 학습자와 시민으로서 삶 속에 공동체를 창조하는 법을 가르치는지와 관련이 있다. 실재의 존재 방식, 인식 방법, 교수 학습법에서 공동체적 교육을 한다면 학생들은 윤리적 삶의 중심인 '관계'를 위한 역량을 개발하는 데 도움을 받을 것이다. 이때 관계를 위한 역량인 비판적 사고나 관용 같은 것이 단절의 도구가 아니라 공동체를 형성하는 쪽으로 사용되도록 주의해야 한다.

이러한 토대 위에서 파머는 교육의 공동체성을 강조한 교육에 대한 정의를 내린다. 파머에 따르면 '교육은 진리의 공동체가 실천되는 공간을 창조하는 일'이다. 여기서 진리의 공동체란 "그 속에서 말하고 들으며, 서로를 책임지는 관계들의 풍요롭고 복합적인 그물망"을 일컫는다(Palmer, 1993: 18). 교육에서 진리의 공동체가 중요한 것은 실재의 본질적 형태가 공동체 형태로 존재하므로 우리가 실재를 인식하기 위해서는 그것과 공동체를 이루어야 하기 때문이다(Palmer, 1998).

교실을 진리의 공동체가 실천되는 공간으로 만든다는 것은 "교실과 (과거와 현재, 미래의) 세계 사이의 장벽을 허무는 일"이다(Palmer, 1993: 189). 이는 과거로부터 축적된 지식과 미래를 위한 준비가 현재의 교실에서 만나 과거와 미래가 연결되고, 세계와 교실이 연결되는 것이다. 우리가 교실에서 서로 관계를 맺고, 어떤 주제와 관계를 맺는 방식은 우리가 세계에서 관계 맺는 방식을 반영한다. 진리의 공동체인 교실에서는 학생들이 공부하는 주제를 단순히 관찰(view)하는 것이 아니라 대화(interview)를 나눈다. 그럴 때 주제는 우리의 선입견과는 다른 방식으로 응답하여 우리를 고립된 앎에서 벗어나게 한다(Palmer, 1993: 206). 공동체적 관계가 형성되는 것이다.

진리의 공동체로서의 교실을 창조하는 일은 일차적으로 교사의 책임이다. 교사가 가르치는 주제에 열정을 갖고 그 주제와 친밀한 관계를 맺는 것을 학생들에게 보여줌으로써 학생들이 그 낯선 존재(주제)에 대한 두려움을 떨치게 해야 한다. 또한 교사는 학생들에 의해 자신이 주제와 맺는 관계가 변화될 수도 있다는 사실을 인정할 만큼 열려 있어야 한다. 이러한 교사들은 학생들이 역사와 사상의 보이지 않는 공동체에 참여해 그 속에서 듣기와 말하기를 배우면서 그들의 세계를 확장하도록 돕는다(Palmer, 1998: 232).

③ 풍요의 산파로서의 교육

오늘날 학교의 주요 기능은 자격증을 발급하는 것으로 전락하고 있다. 경쟁을 통해 그들이 선호하는 직업과 부, 권력에 접근할 자격을 부여한다. 이런 경쟁적 상황에서 누군가는 풍요를 누리고, 또 누군가는 필연적으로 결핍을 경험하게 된다.

그러나 파머는 교육의 진정한 사명은 모든 이들에게 풍요의 산파가 되는 것이라 주장한다(Palmer, 2008: 181). 그는 교육이란 뜻의 라틴어 'educare'의 의미를 살피며, 교육에서 다루는 원재료는 사람 바깥이 아니라 안에 있음을 강조한다. 교육이 키우고자 하는 모든 잠재력-통찰력, 분석력, 인식능력, 창의적 에너지-이 사람들 내에 이미 있다는 것이다. 그러므로 교육이란 그러한 잠재력이 밖으로 성장해 나오도록 충분한 신뢰와 자기 확신을 만들어주는 것이라고 말한다. 이러한 이해에 따르면 누구는 풍요를 누리고 누구는 결핍을 경험해야 하는 당위가 사라지게 된다. 진정한 교육을 받은 이들이 저마다 자신의 잠재력을 충분히 개발한다면 모두가 풍요로움을 향유할 수 있다고 본다.

그런데 모든 이들이 교육이 주는 풍요로움을 누리기 위해서는 다양한 재능에 대한 이해와 지식습득 방법의 다양성을 인식해야 한다. 어떤 이들은 논리적 두뇌로 지식을 빨리 습득하지만, 다른 이들은 직관으로, 또 다른 이들은 활동에 참여하는 감각적 경험을 통해 지식을 잘 습득한다. 그럼에도 많은 학교에서는 여전히 인간의 지적 능력을 인지적 이성의 형태로만 이해하려는 경향이 있다. 이런 상황에서는 점수에 의한 경쟁이 사라지지 않을 것이고 누군가는 필연적으로 실패를 경험하게 될 것이다.

교육은 풍요의 산파가 되어야 하지만 풍요를 가르치는 일은 쉬운 일이 아니다. 풍요를 가르치려는 교사는 교사가 갖는 권력을 내려놓아야 하고 학생들로부터 배우고자 하는 낮은 마음을 가져야 한다. 교사가 그러한 마음으로 학생들을 대할 때도 학생들은 자신을 꺼리는 경향이 많다. 동료교사들 역시 가르치기보다는 들으려 하는 교사를 향해 게으르고 무능력하다고 비판할지도 모른다. 풍요를 가르치는 일은 강력한 습관과 전통의 흐름에 맞서는 일이다. 이를 마침내 극복할 때 교육은 개인과 그룹의 내면에 있는 잠재력을 일깨울 수 있을 것이다. 그때 교육은 우리의 가장 깊은 욕구에 응답하는 풍요로움을 선사하는 영적 여행의 일부가 될 것이다(Palmer, 2008: 184-185).

2) 파커 파머의 공동체론

① 치유의 공동체

공동체가 성립하기 위해서는 여러 구성요소들이 필요하다. 공동체에서는 모든 구성원들이 자기 역할을 가지고 있다. 각자가 자신의 역할을 해내는 것을 보면서 우리는 인간 재능의 다양성에 대해 배울 수 있다. 누구나 공동체가 필요로 하는 것의 일부를 가지고 있지만 그 누구도 공동체가 필요로 하는 모든 것을 가지고 있지는 않다는 사실을 배우게 된다. 공동체는 필요로 하는 것이 있을 때 이를 외부에서 찾는 대신 내부에서 찾으려고 한다. 대개의 공동체 구성원들은 소수의 전문 직업인과 다수의 아마추어들로 이루어진다. 아마추어란 말의 뜻이 '자기가 하는 일을 사랑하기 때문에 하는 자'임을 감안하면 공동체에 아마추어들이 있는 것이 자연스럽다. 파머는 우리 시대의 질병들이 전문가가 아닌 섬김과 돌봄을 나누는 아마추어에 의해 치유될 거라고 믿는다(Palmer, 2008: 188). 공동체에서 일상적으로 일어나는 상호 돌봄이 치유의 핵심 요인이라고 여긴다.

공동체적 생활이 붕괴되면서 공동체에 의존하지 않는 치료법에 대한 욕구가 증가했다. 공동체에 의지하지 않고 혼자서 해결하는 법을 배워야 한다는 원칙은 교육과 영적 생활 같은 영역에서도 강조되고 있다. 오늘날 학교는 경쟁을 위한 훈련장이 되고 있다. 상대평가와 같은 교육적 관행은 학생들로 하여금 협력보다는 경쟁이 더욱 중요한 가치라는 사실을 가르친다. 홀로 서는 법을 배워야 한다는 풍조는 자아의 고독한 여행을 강조하면서 자기 본위의 영성 추구로 이어진다. 이러한 자아에 대한 강조는 공동체에 참여함으로써 개인의 가치와 의미를 발견할 수 있다는 생각이나 자아 너머에 있는 초월적 존재와의 유기적 관계성에 대한 의식을 사라지게 했다(Palmer, 2008).

공동체에서 일어나는 치유나 문제 해결 방식은 전문기관에서 행해지는 방식과는 다르다. 전문기관에서처럼 해결책을 제시하거나 조언하는 일은 가급적 삼가는 것이 좋다. 대신 자기 스스로 자신의 내적 진실을 발견하도록 정직하고 개방적인 질문을 할 따름이다. 파머는 우리가 다른 사람의 고독의 가장자리에서 존경과 믿음을 갖고 서 있음으로써 신의 사랑을 묵상할 수 있고, 그 사람을 도울 수 있다고 한다(Palmer, 2000: 117). 공동체를 이루기 위해 우리에게 필요한 것은 "모두가 함께 서 있을 수 있는 공간을 추구하는 공동의 실천"이다(Palmer, 2008: 161). 사적 영역을 넘어 공동의 문제에 관심을 갖고 다른 사람과 상호작용하는 공적 삶의 영역을 확장해가는 노력이 있어야 한다.

자기 자신에게 초점을 맞추고 있는 이 시대에 우리는 개인의 삶이 건강해지는 것이 무엇인지 새롭게 이해할 필요가 있다. 파머는 아픈 자아를 치료하는 궁극적 방법이 우리의 개인적인 아픔과 타인의 아픔을 동일시하는 것이며, 나아가 너와 나의 공동의 아픔을 만든 그 상황에 저항하기 위해 함께 연대하는 것이라고 했다. 진정한 치유는 함께 염려하는 관계를 만드는 데서 시작되며, 사적인 문제를 공적인 의제로 바꾸어갈 때 우리를 아프게 하는 사회의 상황을 변화시킬 수 있다는 것이다. 이처럼 공동체적 경험이 개인과 사회를 건강하게 하는데, 그 이유는 개인과 공동체의 상호 호혜성 때문이다. 자아는 다른 자아와 상호작용하여 다른 삶에 의해 풍성해지는 또 다른 자아의 교차점이기도 하다. 그래서 공동체가 건강하고 풍요로워질수록 자아도 더 건강하고 풍요로워진다(Palmer, 2008: 139).

이처럼 개인과 사회의 건강과 풍요로움은 공동체 형성에 달려 있다. 파머는 최상의 치료는 공동체를 세우는 것이고 공동체를 세우는 일이 최상의 정치라고 했다. 공동체는 치료와 정치가 만나는 곳이며, 개인의 건강과 사회의 건강이 서로 연결되어 있음을 인식하는 곳이라 했다

(Palmer, 2008: 140). 공동체는 여러 형태로 존재해왔고 권력 배분에 중요한 역할을 해왔다. 가정, 이웃, 교회, 기타 자발적 단체들은 공동체로서 개인과 중앙정부 권력 사이에서 조정 역할을 한다. 이런 단체들은 개인의 작은 목소리를 크게 만들어 정부가 그 소리에 주목하게 만든다. 이처럼 학교든 다른 조직이든 공동체적 성격이 강화되면 구성원 개인의 치유가 일어나고 이와 더불어 사회적 건강이 회복된다. 구성원 상호간의 관심과 돌봄으로 인한 개인의 치유와 사회적 건강을 추구하는 정치가 교차하는 곳에 공동체가 있다. 치유와 사회적 건강은 공동체의 목표라고 할 수 있다.

② 역설의 공동체

공동체는 우리에게 치유와 건강이라는 직접적인 선물을 선사하기도 하지만 상호 모순의 딜레마에 빠지게도 한다. 그러나 이런 상호 모순의 상황에서 허덕이는 순간이 공동체가 우리에게 부여하는 빛나는 깨달음의 순간이라고 파머는 말한다(Palmer, 2008). 그는 진정한 공동체에는 역설이 존재한다고 한다. 우리의 삶은 복잡하고 다층적이어서 쉽게 설명이 안 될 때가 많다. 그래서 삶의 중요한 깨달음을 표현하기 위해서는 역설(paradox)을 필요로 한다. 상호 모순되게 보이는 양극단을 종합하여 진리에 가까이 갈 수 있도록 하는 것이 역설이다. 공동체는 이러한 역설을 경험하고 이해하는 좋은 장이 된다고 파머는 주장한다. 그는 모순을 품은 공동체를 설명하면서 원의 메타포를 사용한다. 원은 극단에 있는 것이 만나고 접촉하고 그 안에서 이음매 없이 흘러간다. 사람들은 원 안에서 모순되어 보이는 것 배후에 있는 통합을 보게 된다(Palmer, 2008).

공동체는 많은 역설을 품고 있다. 사람들은 공동체적 삶 가운데서 오히려 외로움이 심화될 수 있다. 친밀한 유대감을 본질로 하는 공동체 내에서 느끼는 외로움은 사람들을 더 힘들게 한다. 그러나 파머는 이때가 사람들이 고독의 풍성함을 깨닫게 되는 중요한 기회라고 말한다. 파머에 따르면 외로움은 "우리의 두려움과 내적 공허함을 채우고자 다른 사람의 얼굴과 목소리를 찾으려는 욕구에서 나오는 것"이지만 고독은 "우리가 두려움과 공허함에 직면하여 공백이나 공간을 발견하는 것이 아니라 빛과 달콤한 고요함과 하나님으로 채워지는 내면의 공간"을 발견하는 것이라 한다(Palmer, 2008, 122). 그래서 공동체에서는 고독을 향한 욕구와 서로를 향한 욕구가 공존하는 역설이 중요하다고 한다.

파머는 공동체에서 발견하게 되는 또 다른 역설로 세상과의 관계를 든다(Palmer, 2008). 대개 많은 공동체들이 세상과 일정한 거리를 두는 경향이 있다. 즉 사람들은 세상의 특정한 풍조나 이념을 반대하거나 피해서 공동체를 형성하거나 공동체로 들어온다. 그러나 진정한 공동체 속에서는 사람들이 세상과 더 많이 연결된다. 그런 공동체는 우리 시대가 요구하는 모험적인 행동을 위해 사람들에게 정신적 또는 실질적 지원을 제공한다. 경쟁적 개인주의의 폭압에 맞서 공동체적 삶을 살고 지구촌의 환경보존을 위해 검소한 생활을 영위하게 된다. 사람들은 세상을 피해 공동체로 들어오지만 오히려 고통당하는 세상의 필요에 반응하는 삶을 살게 되고 이웃들의 상황에 더욱 깊이 관여하게 되는 것이다. 이처럼 공동체는 세상에 대해 고립과 참여라는 상호 대립되는 양식을 동시에 선택하는 역설을 갖는다.

③ 진정한 공동체와 거짓공동체

파머는 공동체의 이름을 가졌다고 해서 모두가 진정한 공동체는 아니라고 보았다. 다시 말해 거짓공동체가 다수 존재한다는 것이다. 그러므로 진정한 공동체와 거짓공동체를 구분하는 것이 중요하다고 했다(Palmer, 2008). 우리 주변에서 쉽게 접하는 공동체에 대한 이미지는 종종 감상적이거나 낭만적인 모습을 띠는 경우가 많다. 그렇게 이해되는 공동체에는 정치적·경제적 정의에 대한 관심이나 공동생활의 어려운 훈련과 같은 것들이 배제되어 있다. 이런 공동체에는 전체주의적 모습이나 인종차별적 집단주의의 그림자가 어른거리기도 한다. 파머는 이런 공동체를 거짓공동체라 했다. 그는 거짓공동체가 국가에 의해 조작되는 반면 진정한 공동체는 정부 권력으로부터 독립적이라고 했다. 거짓공동체는 집단이 개인보다 우위에 있다고 여기는 반면 진정한 공동체는 개인과 집단이 둘 다 동등하게 중요하다고 본다. 진리는 다수에게서 발견되기도 하지만 한 사람의 외로운 목소리에서 발견되기도 하기 때문이다. 거짓공동체는 동질적이고, 배타적이고, 분열을 초래하는 경향이 있는 반면 진정한 공동체는 다양성 가운데 사람들을 연합시키고자 노력한다. 여기에 파머는 거짓공동체의 가장 중요한 특징으로 우상숭배적이라는 종교적 속성을 꼽는다. 즉, 거짓공동체는 인종, 신조, 정치적 이데올로기, 혹은 생활양식 같은 유한한 속성을 궁극적인 것으로 바꾼다는 것이다. 거짓공동체에서는 상대적인 것을 절대화시키고, 일시적인 것을 영원한 것으로, 비판적으로 봐야 할 것을 무조건 숭배함으로써 안전을 추구한다. 이에 비해 진정한 공동체는 자기 성찰적 공동체이다. 성찰적 공동체란 그 공동체가 가장 소중히 여기는 것이 무엇인지를 면밀하게 검토하는 구조를 갖고 있다(Palmer, 2008: 145-147).

파머는 진정한 공동체에 대한 더 깊은 이해를 위하여 공동체에 대한 낭만적 신화를 분석하는 작업이 필요하다고 한다. 그가 지적하는 공동체에 대한 첫 번째 신화는 공동체를 삶에 덧붙일 수 있는 사치스러운 안락시설 같은 것으로 보는 것이다. 이러한 관점에서는 공동체가 하나의 소비품목으로 이해된다. 주말에 머무는 안락한 휴양시설, 경비초소가 있는 마을에 있는 집 같은 것으로 이해하기도 한다. 그러나 공동체는 우리가 원한다고 얻을 수 있는 것이 아니라고 파머는 주장한다. 오히려 공동체는 헌신과 분투에서만 얻을 수 있는 것이다. 왜냐하면 공동체의 토대는 자신을 향한 이기심에 있지 않고 타인을 위한 삶 속으로 나아가는 삶의 태도에 있기 때문이다.

공동체에 대한 두 번째 신화는 공동체를 유토피아와 동일시하는 경향이다. 파머는 공동체가 유토피아보다는 '불이 붙고 있는 제련소' 같다고 한다. 공동체에서 사람들이 서로에게 다가가면 늘 자아의 충돌이 일어나기 때문이다. 환상을 가지고 공동체에 들어온 사람은 상처받고 분개해서 공동체를 떠날 가능성이 크다. 그러나 자신의 꿈이 사라지고 자아가 마모되는 것을 견디는 사람은 공동체의 진리가 알려주는 것을 알게 된다고 한다. 공동체에 대해 유토피아적 꿈을 갖는 것이 위험한 이유는 그 꿈들이 '나와 비슷한 사람들과의 유대를 선호하도록' 이끌기 때문이다. 이와 관련하여 디트리히 본회퍼는 단호하게 다음과 같이 말했다.

(기독교) 공동체 자체보다 공동체에 대한 자신의 꿈을 더 사랑하는 사람은 그의 개인적 의도가 아주 정직하고 진지하고 희생적이라 하더라도 공동체의 파괴자가 된다(Bonhoeffer, 1978: 26).

파머가 지적하는 공동체에 대한 세 번째 신화는 공동체가 실재에 대한 우리의 견해를 확증해주고 우리의 삶을 확장해줄 것이라 믿는 것이다. 진정한 공동체에서는 동료는 선택하는 것이 아니라 은혜로 주어진다고 믿고 그들을 받아들인다. 우리와 다른 그들이 자아와 세상에 대한 우리의 견해를 확증하는 대신 전복시킬 수도 있음을 알아야 한다. 진정한 공동체에서는 정제된 공동체(purified community)와 달리 세상을 자신의 이미지로 만들려는 우리의 욕구를 없애기에 충분한 다양성과 갈등이 존재한다고 파머는 말한다. 반면 정제된 공동체에서는 부유한 교외 마을에 살 때처럼 도전이 거의 없고 성장이 불가능할 정도로 유사성에 둘러싸여 있다. 그러나 진정한 공동체는 파머가 말한 대로 "당신이 가장 같이 살고 싶지 않은 사람과 항상 같이 사는 곳"(Palmer, 2008: 151)일 수도 있다.

진정한 공동체는 진리에 대한 우리의 이해가 연약하고 불완전하다는 것을 깨닫게 한다. 파머는 공동체 생활에서 느끼는 이런 실망감이 오히려 삶에서 의지할 수 있는 존재가 인간의 모든 구조와 관계들 너머에 있음을 발견하는 계기가 된다고 말한다. 그래서 그는 공동체에 헌신하지 말고 인간이 세운 모든 것 너머에 있는 진리와 영적인 빛에 헌신하라고 권면한다. 그렇게 할 때 오히려 공동체가 가르치는 교훈이 분명해지고 더 크고 진실한 삶으로 성장하게 된다는 것이다.

④ 공동체와 학교

잘 조직된 그룹이 구성원 개개인보다 더 나은 성과를 낳을 수 있음을 보여주는 많은 증거들이 있다. 최근 학교에서 보편적으로 사용하는 교수법인 협동학습, 팀프로젝트 수업, 집단지성의 사용 등은 공동체적 접근의 중요성을 보여준다. 이러한 공동체적 교수법의 활용은 학생들로 하여금 창의성을 발휘하게 하며 높은 성취를 이루게 한다.

학교에는 다양한 구성원들의 공동체가 존재한다. 그 중에서 교사공동체는 매우 중요한 역할을 한다. 전통적으로 교직은 개별화된 작업으로 이해되어왔다. 이러한 관점에서는 교사의 능력 개발이 쉽지 않고 학교의 변화도 더딜 수밖에 없다. 개인주의적 경향을 탈피하여 공동체를 형성할 때 교사들은 교육에 필요한 많은 것들을 더 쉽게 얻을 수 있다. 교사공동체에는 교육의 근본 문제에 대면하는 도전 정신이 필요하다. 가르침과 배움은 대화와 같은 상호작용을 통해서 일어나기 때문에 교사공동체에서 이루어지는 대화의 주제와 방법이 무엇인가가 중요하다. 파머는 교사공동체에서 다루어야 하는 대화 주제로 다음 두 가지를 제시한다(Palmer, 1998: 246-253).

하나는 가르침과 배움의 결정적 순간에 관한 것이다. 이 주제에 대한 대화는 자연스럽게 교사들이 경험한 수업에서의 성공과 실패의 순간들을 나누게 된다. 둘째는 교사의 자의식에 관한 것이다. 교사가 최선을 다해 가르칠 때 그 자신에 대해 갖게 되는 이미지에 대해 교사들은 대화를 할 수 있다. 이런 대화를 통해 교사는 자신이 갖는 두려움의 문제와 교직의 본질에 대해 성찰하는 기회를 갖는다. 대화의 주제 못지않게 중요한 것이 대화를 해나가는 방식이다. 누군가 어려움을 토로할 때 섣불리 조언하는 일은 피해야 한다. 교사공동체에 필요한 것은 다른 사람의 문제를 조용하고 침착한 방식으로 받아들임으로써 그가 자신의 내면을 드러내도록 하는 것이다. 옳은 답을 제시하는 대신 그가 알맞은 수준과 속도를 유지한 채 스스로 답을 찾도록 하는 것이 중요하다(Palmer, 1998: 256).

학교공동체는 민주주의 정신의 토대 위에 있어야 한다. 민주주의가 결여된 학교공동체는 전체주의 집단으로 변질되기 쉽다. 그러므로 학생들에게 민주주의의 핵심 개념과 가치를 온전히 이해하게 한 뒤 교실과 학교 나아가 지역사회의 정치적 활동에 관심을 갖도록 인도할 필요가 있다. 학생들이 민주주의에 대한 경험을 쌓기 위해서는 먼저 학교가 평등하고 정직하며 누구나 환대하고 자기 성찰을 하는 공동체가 되어야 한다. 학교가 이러한 민주적 공동체가 되어야 지역사회의 중심으로서 사회의 민주주의를 회복시키는 능력을 가질 수 있을 것이다.

파머는 학교가 민주적 공동체가 되는 데 교사의 역할이 필수라고 본다. 교사는 자신이 가르치는 교과목의 '큰 이야기'를 학생의 삶에 있는 '작은 이야기'와 연결시키는 일을 해야 한다. 그럴 때 학생들은 자신이 배운 세상과 자신이 살고 있는 세상이 어떻게 관계하는지를 생각할 수 있다. 예를 들면, 학교에서 배운 '홀로코스트'가 먼 옛날의 이야기가 아니고 오늘날 학생들 주변에서 일어나는 인종차별의 현실임을 알아야 한다. 또한 교사는 무엇을 가르칠 것인가 못지않게 어떻게 가르칠 것인가에 대해 깊은 고민이 필요하다. 학생들은 교사가 교실에서 만들어가는 관계의 역동성에 영향을 받는다.

⑤ 공동체와 시민사회

파머는 학교가 민주적 공동체가 되어야 할 뿐 아니라 시민사회 역시 공동체적 성격을 가져야 한다고 주장한다. 건강한 시민공동체의 존재는 민주주의의 토대가 된다고 그는 믿는다. 시민공동체의 실패는 사람들에게 정치적 무력감을 심어준다. 시민공동체가 형성될 때 민주주의는 비로소 제자리를 잡게 된다. 파머는 민주주의 정신이 시민공동체의 속성과 유사하다는 사실에 주목한다(Palmer, 2011).

파머에 따르면, 민주주의는 차이를 내포한 다양성과 비판을 허용하는 것이 중요하다. 그런데 다양성과 비판의 허용은 공동체 형성의 필수 요건이기도 하다. 대개 우리는 다양성에 직면하면 긴장하게 된다. 긴장은 불편함과 불신과 두려움을 낳고 나아가 폭력과 전쟁으로 발전하기도 한다. 그래서 사람들은 차이에서 오는 긴장을 가능한 피하려고 한다. 그러나 다양성과 차이를 거부하는 사회는 역동성과 생명력을 잃게 되고 서서히 질식해갈 것이다. 파머는 민주주의가 갈등과 긴장을 끌어안기 위해 고안된 제도라고 본다. 그래서 민주사회에서는 긴장을 없애려 하기보다는 긴장에서 유발되는 에너지를 불러일으키려고 해야 한다고 말한다. 민주주의는 우리에게 타인의 의견에 동의하지 않을 권리를 부여한다. 그리고 차이에서 오는 갈등의 에너지를 긍정적인 사회 변화의 힘으로 사용할 수 있게 한다. 민주사회에서는 당파적 갈등 자체가 문제가 아니라 상대를 적대시하는 것이 문제인 것이다(Palmer,

2011: 55).

파머는 민주주의와 시민공동체가 가능하기 위한 또 하나의 필수 요소가 낯선 자에 대한 환대라고 말한다. 낯선 사람을 배제하고 적으로 돌리는 한 그 사회는 민주사회도, 시민공동체도 될 수 없다. 우리가 낯선 사람을 만나는 곳은 사적인 삶의 영역이 아닌 공적 삶의 영역이다. 공적 삶의 영역이 튼튼해야 민주주의가 꽃을 피울 수 있다. 지역의 이웃, 도시의 거리, 공원과 광장, 동네 카페와 식당, 박물관, 도서관, 대중교통수단, 시장, 교회, 학교 등과 같이 일상적인 곳에서 우리의 공적인 삶이 이루어진다. 이곳에서 우리는 낯선 이들을 만나고 대화하고 상호작용한다. 낯선 사람과 자주 대면할수록 그들에 대한 두려움이 줄어든다. 다름과 차이에도 불구하고 공통의 기반을 발견하기도 하고 타협을 배우기도 한다. 다양성이 삶을 더욱 풍부하게 한다는 사실을 경험한다. 공동의 문제를 해결하기 위해 낯선 이들과 힘을 모으기도 한다. 이런 기회를 제공하는 삶의 영역이 풍부할 때 사람들은 생동하는 민주시민이 되고 시민공동체를 이루게 된다(Palmer, 2011: 164-173).

파머는 낯선 사람이 환대받는 시민공동체의 좋은 예로 영국의 펍(pub)을 제시한다. 펍은 'public house'의 준말이다. 길가에 펍들이 들어서 있는 마을, 이것이 우리가 살고 싶은 마을공동체이다. 펍에 대한 그의 글을 인용하면 다음과 같다.

영국의 펍은 언제든 완벽한 공동체의 단면을 보여준다. 그곳을 드나들다 보면 모든 사람들을 만날 수 있다. 팔에 안긴 아기, 중년의 가장, 퇴근하여 집으로 향하는 남녀, 오래전에 은퇴한 노인, 평생 알고 지낸 이웃, 지나는 길에 들른 이방인…. 이렇듯 다양한 사람이 뒤섞이는 가운데 여러 뉴스와 가십이 오가고 지역의 현안이 토론된다. 웃음 그리고 때로는 음악이 그 공간을 채우기도 한다. 그 안에서 공동체는 아침부터 밤늦게까지 스스로를 구성해간다 (Palmer, 2011: 165-166).

'차이'와 '환대'는 공동체의 중요한 속성이다. 차이를 억압하고 모두가 같아질 것을 요구한다면 그것은 진정한 공동체라 하기 어렵다. 익숙하고 유사한 것만 받아들이고 낯선 것과 다른 것을 거부한다면 이것 역시 진정한 공동체라 하기 어렵다. 그러므로 학교든 시민사회든 그것이 공동체라면 구성원들의 배경이 다양해야 하고, 그들의 다양한 의견이 자유롭게 표현될 수 있어야 한다.

3) 파커 파머가 우리나라 학교공동체에 주는 시사점

파머의 책 대부분이 한국어로 번역되어 있을 만큼 우리나라에도 그의 사상은 널리 알려져 있다. 그러나 그의 책은 종교서적으로 분류되는 경향이 있어 교육 전반에 대한 그의 영향력은 한계를 가질 수밖에 없다. 그러나 파머의 영성과 공동체성을 기반으로 하는 교육론은 현시대의 문제점에 대한 정확한 인식 위에 형성되어 우리의 교육적 과제를 해결하는 데 깊은 통찰을 준다. 특히 그가 강조하는 교육과 학교의 공동체성은 이 책에서 논하고 있는 학교공동체 운동의 방향을 설정하는 데 좋은 시사점을 줄 것으로 보인다. 학교공동체 운동이 파머로부터 얻을 수 있는 중요한 시사점을 제시하면 다음과 같다.

첫째, 앎, 가르침, 배움과 같은 교육의 핵심 개념을 공동체적으로 이해한 파머의 교육론은 학교가 지역사회와 연계한 교육을 해야 하는 근거를 제공해준다. 우리나라의 전통적 학교교육은 교사가 중심이 되어 교과서의 지식을 학생들에게 일방적으로 가르치는 방식을 택해왔다. 그러므로 교실에서 전수되는 지식은 학생들이 실제 삶을 살고 있는 지역사회와 별로 관련이 없는 경우가 많았다. 이것이 학생들로 하여금 배움에 적극적이지 않도록 만든 요인이기도 했다. 파머는 이런 배움과 가르침에 대해 매우 비판적이다. 지식이 인식 주체와 대상 사이의 인격적 관계성 가운데 생성되는 것이라 보기에 배움과 가르침을 위해서는 가르치는 자, 배우는 자, 학습 주제 사이에 유기적 관계, 즉 공동체를 형성하는 것이 필수적이라고 말한다. 그리고 나아가 이러한 관계가 지역으로 확대되어 학교의 구성원들이 지역주민들과 활발한 상호작용을 한다면 이는 적극적인 배움을 위한 효과적인 방안이 될 것이다. 그러므로 학교와 지역사회의 연계를 통한 마을학교공동체가 확대되기 위해서는 파머가 주장하는 관계적 인식론과 페다고지 사상이 더 적극적으로 소개될 필요가 있다.

둘째, 다양성과 환대를 공동체의 중요한 요소로 보는 파머의 관점은 기존의 전통적 공동체가 갖는 문제점을 극복할 수 있는 가능성을 보여준다. 일반적으로 공동체가 구성원들의 혈연과 지연, 생각의 유사성에 기반하여 형성된다고 이해되지만, 파머는 다양성을 공동체의 필수요소로 보았다. 유사성을 근간으로 하는 기존의 공동체는 내적으로는 구성원들에게 공통성 또는 획일성을 요구하고, 외적으로는 '우리-그들'이라는 이분법적 사고 또는 배타성을 갖게 한다. 그러므로 다양성과 환대를 공동체에서 적극 받아들이게 되면 전통적 공동체에서 종종 나타나는 획일성과 배타성의 위험에서 벗어날 수 있을 것이다.

　최근 우리나라에서 강조되는 학교공동체 형성이나 시도교육청 중심으로 시행 중인 마을교육공동체 사업에서도 전통적 공동체가 갖는 위험이 그대로 드러난다. 학교공동체 논의에서는 학교의 구성원들이 통일된 교육목표와 교육관을 공유하는 것이 중요하다고 강조한다. 그리고 마을교육공동체 사업에서는 한 지역에서 교육공동체를 이루기 위해서 지역의 경계를 강조한다. 공동체적 활동에서 이런 시도들은 일면 타당할 수도 있으나, 파머는 공동체가 자칫 빠지기 쉬운 함정들이 도처에 있음을 알려준다. 지금의 마을교육공동체 운동에 다양성과 환대의 정신을 적극 수용할 때 학교공동체는 더욱 풍성해지고 마을공동체는 누구나 와서 배우는 즐거움을 누릴 수 있는 열린 공간이 될 것이다.

　셋째, 개인의 치유와 사회적 건강이 공동체의 목표일 수 있다는 파머의 공동체론은 우리의 마을교육공동체 운동이 지향해야 할 바가 무엇인지 알려준다. 학교가 배움과 돌봄의 공동체여야 한다는 주장은 학교공동체를 말하는 학자들이 공통적으로 주장하는 바이다. 여기서 돌봄이란 단순히 아동을 맡아서 보호하는 것만이 아니라 상대와 깊은 유기적 관계를 형성하고 그의 행복(wellbeing)을 위해 책임 있는 실천을 다하는 활동을 의미한다. 이런 관점에서 본다면 돌봄은 파머가 설명하는 배움과 매우 밀접한 관계가 있음을 알 수 있다. 파머는 공동체에서 모든 구성원들이 각자의 역할을 수행하면서 상호의존적으로 살아간다고 한다. 상호 돌봄은 공동체에서 자연스러운 생활의 형태이다. 파머는 공동체에서의 상호 돌봄이 치유의 핵심이라고 말한다. 그리고 공동체에서 개인적인 아픔을 사적인 것으로 간주하기보다는 공적인 것으로 인식하여 공동의 아픔을 야기하는 사회 상황을 해결하려는 노력을 함께 기울여야 한다고 주장한다. 진정한 공동체는 개인의 치유뿐만 아니라 전체 사회의 건강을 위해서도 노력하게 된다.

우리 사회에서 시도되고 있는 학교공동체 운동에서도 구성원들 간에 적극적인 상호작용을 통한 배움을 추구하고 있다. 이런 배움이 학교에서 잘 구현된다면 상호 돌봄이 일어나면서 학교공동체에서도 학생과 교사의 아픔이 치유될 것이다. 이런 학교공동체는 마을과도 연계하여 상호작용이 일어나므로 학교에서의 배움과 돌봄이 마을로 확산될 수 있다. 학교와 마을의 이러한 협력은 건강한 사회로 나아가는 원동력이 된다.

4장. 학교와 지역사회의 협력과 상생

1. 협력의 배경과 목적

국가가 학교를 독점적으로 운영하기 전에 교육은 지역사회 또는 가정의 일이었다. 기원전 7세기 초 고대 그리스 아테네에 첫 학교를 세운 주체는 국가가 아니라 문자 학습을 필요로 하는 시민들이었다(Boyd, 1964: 25). 당시 청소년들의 다양한 교육은 학교를 넘어선 지역사회에서 이루어졌다. 그들은 길거리에 있는 훌륭한 예술작품들을 보면서, 거리 곳곳에서 벌어지는 토론의 장을 기웃거리면서, 때마다 개최되는 연극 공연을 관람하면서, 식탁에 둘러 앉아 어른들과 대화를 하면서 예술과 지식과 삶에 대해 배웠다(Boyd, 1964: 31). 학교가 교육을 독점하고 마을과 담을 쌓을수록 아이들의 배움과 성장은 결정적인 제약을 받게 된다.

20세기 말에야 한국 사회는 학교교육이 지역사회와 지나치게 분리되면 문제가 발생한다는 사실을 인식했다. 그래서 지역사회의 특성을 반영한 학교교육을 시행하고자 1995년 학교운영위원회라는 제도를 만들었다. 학교운영위원회는 학교운영을 학교장 일인에게 맡기기보다는 학교구성원들이 민주적으로 운영하도록 기획된 제도였다. 그 구성원에 교원, 학부모와 함께 지역주민을 포함시킨 것은 교육에서 지역사회의 중요성을 인정한 결과였다. 1995년 지역사회가 학교 운영에 참여하는 제도적 장치가 생겼음에도 학교운영위원회가 실시된 지 20년이 지난 지금까지 학교와 지역사회의 연계는 그다지 활발하지 못하다. 그 제도의 의도대로 학교교육이 지역의 특성을 반영하는 경우는 매우 드물다. 다행히도 최근 들어 몇몇 시도교육청 차원에서 학교와 마을의 연계 활동들을 적극 시행하고 있으나, 여전히 그 시도는 부족한 편이다. 뿐만 아니라 이에 대한 학문적 논의도 잘 이루어지지 않고 있다. 최근 '마을(만들기)'을 주제로 한 책들이 꾸준히 출간되고 관심의 대상이 되는 현상과 매우 차이가 난다. 1972년부터 1984년까지 대학에서 '학교와 지역사회'라는 과목을 교직과목으로 개설한 적이 있고 지역사회학교 운동을 벌인 적도 있지만, 학교와 지역사회에 대한 관심이 꾸준히 이어지지 못한 것은 교육을 글로벌 경제발전의 수단으로 이해하고 학생들의 삶과 긴밀하게 연관되어 있음을 간과한 결과일 것이다. 교육을 바라보는 이러한 태도는 학교에서 배우는 지식을 추상화시키고 삶의 터전인 지역사회에 대한 학생들의 무지를 방치하게 된다.

학교와 지역사회의 협력에 대한 논의와 실천은 서구에서 더욱 활발하게 이루어져왔다.13) 1800년대 후반부터 미국에서는 학교를 사회의 문제점을 해결하고 사회적 서비스를 제공하는 주요 기관으로 간주하는 경향이 있었다(Dewey, 1903; Spring, 2005). 오래전부터 미국의 학교는 지역주민들의 예술이나 취미 활동을 위한 공간으로 제공되기도 하고 정치적 토론의 장이 되기도 했다. 이러한 활동들이 보다 체계화되고 활성화된 것은 1980년대 들어서이다. 학교교육의 효과적인 수행을 위해 지역사회의 도움이 필요함을 자각한 1980년대 이후 학교, 가정, 지역사회의 협력에 대한 체계적인 연구와 실천이 본격적으로 이루어졌다. 예일대, 뉴욕대, 존스홉킨스대, 포담대 등에서는 관련 센터를 만들어 학교와 지역사회의 협력에 대한 연구를 하고 이를 토대로 정책 제안과 실천을 활발하게 하고 있다. 학교와 지역사회의 협력에 대한 관심은 오늘날 미국 교육학회의 분과 모임으로 자리 잡아 지속적으로 연구되고 있다. 또한 이에 대한 학문적 논의는 여러 교육학 학술지에서도 이루어지고 있으며, 특히 학교와 지역사회에 관한 전문 학술지 『The School Community Journal』에서 활발히 이루어지고 있다.

최근에 교육학 분야에서 중요하게 사용되기 시작한 '교육생태계(Educational Ecology)' 혹은 '교육에 대한 생태학적 관점'이라는 말 역시 학교와 지역사회의 관계를 강조한다는 점에서 이 주제와 맥을 같이 한다. 교육에 대한 생태학적 관점은 학교를 큰 생태 시스템에 속해 있는 작은 생태 시스템으로 보는 것이다. 즉, 학교라는 유기체는 정의되기

---

13) 학문적 논의에서 학교와 지역사회의 협력 관계를 나타내는 대표적 용어로는 '학교와 지역사회의 결합(school-community engagement)' '파트너십(partnership)' '협력(collaboration)' '연계(connections)' 등이 있다. 이 책에서는 연계와 협력이란 용어를 주로 사용할 것이다.

어려운 환경적 요인들 속에서 개인이 다른 개인과 상호작용하며 동시에 전체와도 상호작용하는 시스템이라 할 수 있다. 그러므로 좋은 학교가 되기 위한 조건은 환경적 요인 안에서 이루어지는 상호작용, 그리고 환경적 요인과의 상호작용의 질에 달려 있다고 할 수 있다. 좋은 학교에서는 상호작용이 건강하여 학교의 일상 업무를 효과적으로 수행할 수 있고, 위기적 상황에도 능숙하게 대처할 수 있다.(Goodlad, 1994: 218-219). 교육생태계를 중시할 때 학교와 지역사회의 관계가 유기적으로 결합되기 때문에 이러한 관계를 고려하지 않은 채 학교공동체를 논하는 것은 본질을 놓치는 것이 된다.

학교와 지역사회 간의 연계와 협력의 목적, 내용은 시대에 따라 변하고 있다. 19세기 미국에서는 학교가 지역주민들을 위한 서비스를 제공하는 것이 주된 협력 내용이었던 반면, 1980년대 이후 오늘날의 협력 방식은 학생들의 교육을 위해 부모나 지역기관들이 적절한 역할을 하는 것이다. 물론 학교를 지역주민에게 개방하고 지역주민들의 평생교육장으로 활용하고자 하는 커뮤니티 스쿨(community school)도 오늘날 미국에서 학교와 지역사회가 협력하는 한 형태로 자리 잡고 있지만, 대다수 학교는 자녀의 학교생활을 지원하기 위한 학부모 참여(Parental Involvement)가 가장 중요하게 실천되고 연구되는 협력 활동이다(Epstein, et al., Furman, 2002).

오늘날 학교와 지역사회는 이러한 협력을 통해 각자가 지닌 인적·물적 자원을 서로 제공함으로써 도움을 주고받는다. 그러나 학교와 지역사회의 협력이 가져오는 긍정적인 효과에도 불구하고 일군의 학자들은 서로의 자원을 활용하여 어떤 성과를 내는 것이 목표인 협력에 대해 비판적인 경향이 있다. 이러한 상황에서의 협력은 도구화되어 학교와 지역사회의 관계 또한 매우 피상적일 것이라는 견해다(Bottrell, Freebody, Goodwin, 2011). 이런 관계로는 사회적으로 소외된 이들에게도 큰 도움이 되지 못하고 학교 안팎에 존재하는 불평등을 해소하는 데 기여하지도 못한다고 비판하며, 이들은 학교와 지역사회가 보다 긴밀한 협력을 통해 지역사회의 개발과 성장을 이루어내야 한다고 주장한다. 학생이나 학부모, 지역주민들이 학교와 지역이 당면한 문제를 바르게 인식하고 그 해결방안을 탐구할 수 있는 역량을 길러야 한다는 것이다. 그들은 이러한 역량을 토대로 장차 학교가 마을의 사회적, 경제적, 정치적, 문화적 변화를 가져오는 사회운동의 중심 역할을 할 수 있어야 한다고 주장한다.

이 책에서 소개하는 학교 사례들에서는 협력의 목적이 다양하게 나타난다. 공교육에 속해 있는 학교들이나 정부가 주도하는 정책에는 학교와 지역사회의 협력이 실용적인 측면에서 강조되는 경향이 많다. 서로가 보유한 자원을 교환함으로써 상호 유익을 얻는 것이다. 반면 대안학교들은 보다 본질적인 목적을 갖고 학교와 마을의 협력 혹은 마을 만들기를 추구한다. 즉, 자본의 힘을 극복하는 자치적 공동체나 환경을 건강하게 지키는 생태적 공동체 형성이 그들이 추구하는 바다. '지속가능한 생태적 마을 만들기'는 일부 사례 학교들에서 종종 듣게 되는 말이기도 하다. 그러므로 학교와 지역사회의 협력은 양 기관이 추구하는 바가 무엇인가에 따라 실용적인 효용에 그칠 수도 있고, 양자의 근본적인 변화와 성장에 기여할 수도 있다.

2. 협력의 내용과 형태에 대한 이해[14]

학교와 지역사회 간 협력의 내용과 형태에 대해서는 여러 학자들이 다양하게 제시하고 있다. 그 중 도움이 될 만한 학자들의 설명을 선별해 소개하고 이를 종합하여 협력활동의 네 가지 범주를 제시하고자 한다. 이 네 가지 활동 형태는 이후 학교와 지역사회의 사례를 분석하는 틀로 활용될 것이다.

1) 학교와 지역사회를 연결하는 전통적 방법

올슨(Olsen, 1953)은 학교가 학생들의 삶이 이루어지는 지역사회와 분리되는 현상에 대해 매우 비판적이었다. 학교는 지역사회를 살아 있는 실험실 혹은 시민적 삶과 개인적 삶을 위한 교과서로 활용하는 법을 배워야 한다고 주장하며 그는 지역사회(community)의 특성을 네 가지로 구분하여 제시했다. 첫째, 자연적, 생태적 측면에서 볼 때 지역사회는 자연에 의해 성립되며 일정한 지리적 장소를 공유한다. 둘째, 경제적 측면에서 볼 때 지역사회는 물품의 생산, 판매, 구입 등에서 어느 정도 자립할 수 있는 범위를 포함한다. 셋째, 심리적 측면에서 지역사회 구성원들은 심리적, 사회적 통일을 이루고 있다. 넷째, 문화적 측면에서 지역사회는 일상생활의 현장에서 이루어지는 결혼, 사교, 오락,

---

14) 이 부분의 '1)학교와 지역사회를 연결하는 전통적 방법'에서 '5)협력 관계의 성숙도에 따른 협력 양상의 변화'까지는 강영택, 김정숙(2012)의 pp.13-24를 참조했음.

예술활동 등이 이루어지는 영역이다. 올슨이 제시한 학교와 지역사회를 연결하는 가교의 열 가지 방법은 다음 그림과 같다.

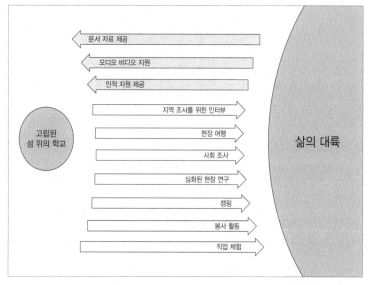

문서 자료 제공

오디오 비디오 지원

인적 자원 제공

지역 조사를 위한 인터뷰

현장 여행

사회 조사

심화된 현장 연구

캠핑

봉사 활동

직업 체험

고립된 섬 위의 학교

삶의 대륙

출처: 강영택·김정숙 (2012: 14)

〔그림 1〕 학교와 지역사회를 연결하는 전통적 방법

2) 활동의 초점에 따른 학교와 지역사회의 협력

샌더스(Sanders, 2006)는 학교와 지역사회의 협력활동이 누구를 중심으로 이루어지느냐에 따라 구분했다. 즉, 학생 중심 활동, 가정 중심 활동, 학교 중심 활동, 지역사회 중심 활동이 있을 수 있다고 한다. 이네 가지 초점에 따른 협력활동 내용을 제시하면 〔표 1〕과 같다.

활동 초점	활동 내용
학생 중심	학생에 대한 시상, 학생 인센티브, 장학금, 학생 여행, 튜터, 멘토, 직업 체험, 학생들을 위한 서비스와 생산품
가족 중심	부모워크숍, 가족야간놀이, 일반 기초교육(읽기, 쓰기, 사회, 수학, 과학)과 다른 성인교육 강좌, 부모 인센티브와 보상, 상담과 그 외 형태의 지원
학교 중심	학교 시설과 기자재, 미화와 수리, 교사 인센티브와 시상, 학교 행사와 프로그램을 위한 재정, 회의실 및 교실 지원
지역사회 중심	지역사회 미화, 학생 전시와 활동들, 자선과 그 외 구제활동

출처: Sanders (2006: 4)

[표 1] 활동 초점에 따른 협력 활동의 내용

3) 세 가지 교육제도와 학교와 지역사회의 협력

헥크만(Heckman)과 동료들(1996)은 미국 남서부의 한 도시에서 학생들의 전인적 성장을 지원하기 위해 학교, 가정, 지역사회의 여러 기관, 정부기관과의 연계와 협력이 중요함을 인식하고 이를 위한 '교육과 지역사회의 변화' 프로젝트를 수행했다. 이 프로젝트는 어린이들이 학교보다 넓은 교육적 생태계 안에서 존재하고 성장한다는 이론을 활용하고 있다. 여기서 교육적 생태계는 형식교육(학교), 비형식교육(교회, 학생클럽 등과 같은 방과후 조직과 활동들), 무형식교육(가정과 지역사회에서의 생활)을 포함한다.[15] 이 프로젝트를 통해 학교와 지역사회의 연합이 세 가지 교육제도를 통해 다음과 같이 발전할 수 있었다고 설명한다(Heckman, Scull, & Conley, 1996: 56-57).

첫째, 형식교육과 관련하여 학교는 어떤 지역사회에서나 교육에 필요한 중요한 자원을 발굴하여 구성하게 된다. 일부 지역사회의 경우에는 학교가 변화를 야기하는 유일한 자원이기도 하다. 그리하여 학교교원들과 지역의 기관들, 그리고 학교와 지역사회 연합회 직원들이 협의회를 만들어 기존의 학교활동과 구조, 대안적 실천과 구조 등을 검토했다. 학교가 지역사회의 중요한 교육적 자원을 구성하기 때문에 그 자원을 재설정하는 것은 교육생태계 재구성의 기초가 될 것이란 믿음에서 그러한 검토가 실시되었다. 협의회는 학부모들이 학교의 실천에 대해 의문을 제기하며 보다 적극적으로 학교와 학급의 활동에 참여하도록 격려했다.

둘째, 방과후 프로그램이나 일상의 조직화된 활동과 같은 비형식교육과 관련하여 학교와 지역사회 관계자들이 기존의 프로그램들을 명확하게 하고자 노력했다. 먼저 학교를 기존의 방과후 자원들과 연계시키고, 이 자원들을 검토한 후에는 그것을 새로운 학교의 활동과 관련된 새로운 방과후 활동으로 재설정했다.

셋째, 무형식교육과 관련하여 학교와 지역사회 연합회는 기초교육(GED) 준비, 제2언어로서의 영어(TESOL), 영양 교육 등 성인 교육 프

---

15) 보통 형식성의 정도에 따라 교육제도를 구분할 때, 형식교육(formal education)은 정규 학교교육을, 비형식교육(nonformal education)은 평생교육을, 무형식교육 (informal education)은 의도하지 않은 모든 학습을 가리킨다. 그런데 이 논문에서는 정규 학교교육은 형식교육으로, 방과후 조직과 활동은 비형식교육으로, 가정과 지역공동체에서의 일상적 삶에서 이루어지는 교육을 무형식교육으로 구분하고 있다. 이 논문에서 소개된 무형식교육의 내용도 비형식교육의 일종으로 볼 수 있다.

로그램을 소개했다. 그리고 지역의 물적 인적 자원을 지도화하기 위해 지원금을 받았고, 시위원회 위원들과 주의회 의원들을 만나 지역사회의 관심사에 대해 더 잘 알도록 촉구했다. 어떤 활동에는 어린이들과 어른들이 함께 협력하여 일을 했다. 어린이들이 마을 청소 프로그램에 참여하기도 하고, 부모와 교사들의 도움으로 시위원회 앞에서 야생동물의 서식지를 만드는 안을 발표하며 어른들을 설득하기도 했다.

4) 농촌지역 학교와 지역사회 협력의 내용과 방안

농촌지역에서는 학교와 지역사회의 연계가 더욱 중요하다. 농촌지역에는 교육적 인프라도 물적 인적 자원도 부족하여 학교가 지역사회를 위해 할 수 있는 일이 더 많다. 연구에 따르면, 농촌학교는 지역사회에 교육적 영향 외에 다섯 가지의 중요한 영향을 끼칠 수 있다고 한다(Salent, Waller, 1998; Kilpatrick et al., 2002).

첫째, 경제적 영향이다. 교직원들이 지역에서 돈을 쓰고, 학교가 지역주민들을 고용하고, 학교구성원들이 지역기업이 생산한 상품이나 서비스를 이용할 수 있다. 뿐만 아니라 학교시설이나 물적·인적 자원을 지역과 공유하는 것도 지역사회에 경제적 혜택을 주는 방법이다.

둘째, 사회적 영향이다. 학교에서 주관하는 연극이나 합창 공연, 미술 전시 등에 지역주민들을 초청하여 함께 문화생활을 함으로써 주민들과 학교구성원들과의 유대감이 견고해지고 지역사회의 공동체의식이 고양될 수 있다.

셋째, 학교는 지역 정치의 마당 역할을 한다. 학교의 회의실은 마을

주민들이 선거를 하거나 정치적 토론을 하는 장이 되기도 한다. 만일 농촌지역의 인구 감소로 학교가 폐교되거나 다른 학교와 통합되면 학교운영에 대한 권한이 지역사회로부터 정부의 행정가로 옮겨가게 되면서 지역사회는 사회적 무관심과 무기력에 빠질 수도 있다.

넷째, 학교는 지역주민들에게 의료 보건 서비스를 제공하고 가족계획이나 건강교육을 실시하기도 한다.

다섯째, 학교는 지역사회와의 상호작용을 통해 지역개발의 핵심이 되는 사회적 자본을 형성하는 역할을 한다. 학교는 청소년들의 자아정체감과 자아존중감을 향상시키고, 세대 간의 신뢰를 촉진하고, 성인에게는 지역발전을 위해 기술과 재능을 발휘할 기회를 제공함으로써 지역사회의 사회적 자본을 형성하게 한다.

이처럼 농촌지역에서는 학교와 지역사회 간 연계와 협력을 통해 지역에 사회적 자본을 형성하고, 이는 지역사회의 역량 향상으로 나타난다. 그래서 사회적 자본은 학교와 지역사회의 협력에서 빼놓을 수 없는 중요한 개념이 되었다. 미국의 중서부 지역의 농촌마을을 연구한 밀러(Miller, 1995)에 따르면 농촌사회의 사회적 자본을 형성하기 위해서는 학교와 지역사회가 긴밀하게 연계하는 것이 중요하다고 했다. 그는 농촌지역에서 사회적 자본을 형성하는 학교와 지역사회의 세 가지 협력 방안을 이렇게 제시했다.

첫째, 학교가 지역사회의 중심센터 역할을 해야 한다. 학교는 지역주민들을 위한 평생교육의 장이 되고 다양한 서비스를 제공한다. 학교가 보유한 시설, 기술, 훈련된 인적 자원 등을 활용하여 지역주민들에게 성인 문해교육, 어린이 돌봄, 건강검진 등의 서비스를 제공한다.

둘째는 지역사회를 학교의 교육과정으로 활용할 수 있다. 학생들은 지역의 필요를 조사하거나 환경과 토지의 사용 패턴을 모니터링하고 면담을 통해 지역의 역사를 기록함으로써 지역개발을 위한 정보를 생산할 수 있다. 학교의 교육과정은 지역사회의 가치, 전통, 필요 등을 반영해야 된다.

셋째는 학교와 지역사회는 학생들에게 지역을 기반으로 하는 기업가 정신을 가르친다. 지역사회에 필요한 것이 무엇인지 파악하여 그에 필요한 기술을 배워 일자리를 창출하게 한다. 학교기반 사업 개념을 농촌학교의 교육과정 속에 포함시켜 운영하여 학생들이 신발 수선, 식품 제조, 어린이 보육 등 지역에 필요한 서비스를 제공하는 일자리를 창출하기도 했다(Miller, 1995). 농촌지역 학교와 지역사회의 활발한 협력을 위한 세 가지 방안을 그림으로 나타내면 [그림 2]와 같다.

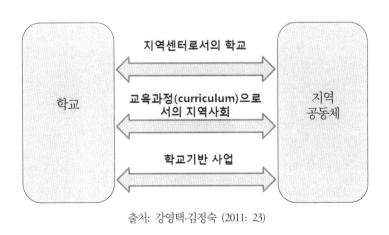

출처: 강영택·김정숙 (2011: 23)

[그림 2] 학교와 지역사회 협력에 대한 세 가지 접근 방법

5) 관계의 성숙도에 따른 협력 양상의 변화

학교와 지역사회의 파트너십에 대한 연구를 지속적으로 하고 있는 호주의 교육학자인 킬패트릭(Kilpatrick)과 동료들(2002)은 학교와 지역사회의 협력 활동이 모범적으로 이루어지는 사례들을 찾아 그들이 갖는 공통적 특성들을 12가지로 제시했다.

첫째, 학교장이 학교와 지역사회 간 협력 증진에 헌신한다.

둘째, 학교는 지역사회와 사용 가능한 자원에 대한 심도 있는 지식을 보유하고 있다.

셋째, 학교는 지역사회의 모든 영역을 포함할 수 있는 기회를 적극적으로 찾아 나선다.

넷째, 학교는 학교와 지역사회의 파트너십이라는 좋은 공적 관계의 가치와 중요성을 강하게 인식하고 있다.

다섯째, 학교장은 학교와 지역사회 내부에 있는 사람들에게 권한을 부여하고, 집단적 비전을 촉진하는 변혁적 리더십을 발휘한다.

여섯째, 학교와 지역사회는 다방면에 걸친 내부적, 외부적 네트워크에 대한 접근 기회를 가지며 그것을 활용한다.

일곱째, 학교와 지역사회는 지역사회의 청소년들에게 초점이 맞추어진 미래를 위한 비전을 공유한다.

여덟째, 학교와 지역사회는 그들의 비전에 필적할 만한 기회를 만들어 내고, 기꺼이 위기를 무릅쓰며, 새로운 아이디어에 개방적이다.

아홉째, 학교와 지역사회는 학교의 의사결정에서 능동적이며, 의미 있고 중대한 역할을 함께 수행한다.

열째, 학교와 지역사회는 모든 이들을 위한 학습에 기여함에 있어, 모든 이들이 보유한 기술을 가치 있게 여긴다.

열한째, 학교와 지역사회의 파트너십을 위한 리더십은 학교와 지역사회의 집단적 책임으로 간주된다.

열두째, 학교와 지역사회 모두 학교를 지역사회를 위한 학습센터, 즉 물적, 인적, 사회적 자본을 함께 제공하는 곳으로 간주한다.

위에 제시된 12가지의 특성들을 지역사회 자원 활용의 정도, 홍보, 의사결정, 권력이양의 수준, 공유된 비전, 위험 감수 등 여섯 가지 영역으로 나눌 수 있는데, 학교와 지역사회 간 협력 관계의 발전 수준에 따라 그 특성들이 변한다.

협력 관계가 성숙할수록 그 동력이 학교 중심에서 지역사회 중심으로 옮겨가는 것을 알 수 있다. 즉, 학교와 지역사회의 협력이 후기로 갈수록 학교 중심에서 지역사회 중심으로 변화한다. 예를 들면, 협력의 초기에는 중요한 의사결정이 학교 중심으로 이루어지다가 중기에는 학교와 마을이 협의를 거쳐 의사결정을 내리고 성숙기에는 지역사회가 중심이 되어 의사결정을 내린다고 한다. 비전에 대해서도 초기에는 학교의 비전이다가 중기에는 학교와 지역사회가 비전을 공유하고, 후기에는 학교가 지역사회 비전의 일부가 된다.

이에 대한 자세한 내용은 〔그림 3〕과 같다. 학교와 지역사회의 협력 관계의 발전 수준과 지표들과의 관계를 초기, 중기, 후기로 나누어 나타낸 것이다.

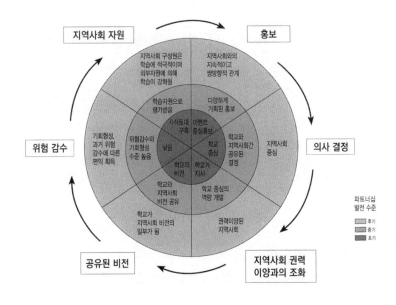

출처: Kilpatrick et al.(2003: 8)

〔그림 3〕 학교와 지역사회 협력의 변화

6) 평생학습 이론에 따른 학교와 지역사회의 협력활동

평생학습 이론에서는 지역공동체 학습(community learning) 개념을 '지역공동체를 위한 학습(learning for community)' '지역공동체를 통한 학습(learning through community)' '지역공동체에 관한 학습(learning about community)' 세 가지 형태로 제시한다. 지역공동체와 학습의 관계에 대한 이러한 세 가지 형태는 학교와 지역사회의 협력 내용과 밀접한 관계가 있다. 즉, 학교가 지역사회와 협력을 하는 것은 학생을 비롯한 지역사회 구성원들의 성숙, 그리고 지역사회 공동체의 지속가능한 성장을 위한 것이다. 그리고 학교와 지역사회의 협력을 통하여 지역사회의 인적 물적 자원을 발굴해 교육에 활용하고자 한다. 또한 학생과 주민들이 자신들의 지역사회를 이해할 수 있도록 돕기 위한 것이다(오혁진, 2006: 176-178). 이를 그림으로 나타내면 다음과 같다.

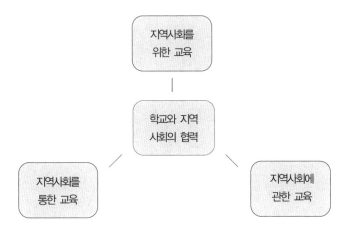

〔그림 4〕 평생학습 이론에 근거한 학교와 지역사회의 협력

7) 학교와 지역사회의 협력에 대한 학문적 논의의 네 범주

퍼만(Furman, 2002)은 지금까지 이 주제를 연구한 문헌을 검토하여 학교와 지역사회 협력에 관한 연구 영역을 네 가지 범주로 제시한다.

첫째는 학교교육에 대한 학부모의 참여다(Epstein; Henry, 1996). 이 분야는 연구와 실천이 가장 오랫동안 그리고 활발하게 이루어지고 있으며, 학부모가 자녀교육을 효과적으로 하기 위해서 학교와 어떤 협력 활동을 해야 하는지에 초점이 있다.

둘째는 아동을 위한 협력적 서비스이다(Cibulka & Kriteck, 1996). 이는 지역의 아동과 청소년들을 위해 병원, 도서관, 대학, 가족지원센터, 청소년 단체 등 지역사회의 여러 기관들이 협력하여 서비스를 제공하는 방안을 강구하는 것이다.

셋째는 거버넌스 즉, 협치에 관한 것이다(Murphy & Beck, 1995). 학교의 효과적인 운영을 위해 지역주민을 포함한 거버넌스 구조와 관련된 연구이다. 즉, 전통적인 개념인 학교 기반 경영과 관련된 영역이다.

넷째는 '커뮤니티 스쿨'이다(Skinner & Chapman, 1999). 이 학교는 지역사회가 학교를 사용하도록 열려 있고, 동시에 지역사회에 서비스를 제공하려고 노력한다(Furman, 2002: 8-9).

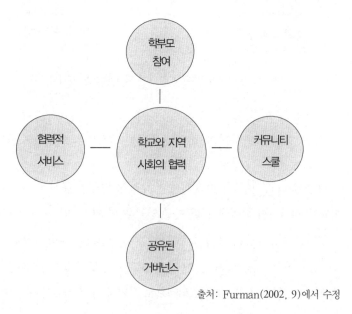

출처: Furman(2002, 9)에서 수정

〔그림 5〕 협력에 대한 학문적 논의의 네 범주

3. 학교와 지역사회의 협력 형태

이 책에서는 학교와 지역사회의 협력의 중요한 내용과 형태를 다음 네 가지로 제시하고자 한다. 이 네 가지 협력의 형태는 이후에 나오는 사례들을 분석하는 틀로써도 사용될 것이다.

① 지역사회의 교육·문화 중심센터로서의 학교
② 지역사회의 경제적 사회적 발전의 토대로서의 학교
③ 학교를 위한 인적·물적 자원 공급처로서의 지역사회
④ 학교의 교육과정으로서의 지역사회

네 가지 협력 형태 가운데 앞의 두 가지 즉, '① 지역사회의 교육·문화 중심센터로서의 학교'와 '② 지역사회의 경제적 사회적 발전의 토대로서의 학교'는 학교가 중심이 되어 지역사회의 성장과 발전을 위해 협력하는 활동들이다. 이 활동들은 지역공동체 학습의 개념에 따르면 '지역사회를 위한 교육'에 해당한다고 볼 수 있다. 그리고 뒤의 두 가지인 '③ 학교를 위한 인적·물적 자원 공급처로서의 지역사회'와 '④ 학교의 교육과정으로서의 지역사회'는 지역사회가 중심이 되어 효과적인 학교교육을 위해 협력하는 활동들이다. 물론 이 두 가지 역시 학교가 선도적으로 지역사회에 있는 자원을 발굴하여 활용하거나 교육과정의 지역화를 적극적으로 수행하는 경우도 있을 수 있다. 이중에서 '③ 학교를 위한 인적·물적 자원 공급처로서의 지역사회'는 '지역사회를 통한 교육'과 관계하고, '④ 학교의 교육과정으로서의 지역사회'는

'지역사회에 관한 교육'에 해당한다고 할 수 있다.

그리고 앞 두 가지 형태(①②)와 뒤의 두 가지 형태(③④) 가운데 각 그룹의 전자(①③)는 협력 초기에 주로 일어나는 활동들이며, 후자(②④)는 협력 관계가 성숙할 때 발생하는 활동들이다. 즉, 협력 초기에는 학교가 지역사회를 위해 교육과 문화의 중심센터 역할을 하고, 지역사회는 학교를 위해 지역의 자원들을 제공하는 활동을 한다. 이 협력 관계가 더 발전하게 되면 학교는 지역사회를 교육과정의 일부로 포함하여 지역사회를 보다 깊이 공부하게 되고, 이에 따라 지역에 필요한 것들을 탐구하여 지역사회를 위한 기술과 지식을 발전시키게 된다. 그리고 지역사회에서 주체적으로 살아갈 시민들을 양성하게 된다.

이러한 네 가지 활동의 관계를 도표화하면 〔표 2〕와 같다. 물론 이 네 가지 협력활동은 서로 영향을 주고받으면서 이루어지므로 명확하게 분리되기 어렵고, 학교와 지역사회의 협력 관계가 일방향이 아닌 상호 교호적으로 작용한다는 점을 기억할 필요가 있다. 그러나 여기서는 독자의 이해를 돕기 위해 이 네 가지 활동을 구분하여 좀 더 구체적으로 설명하고자 한다.

〔표 2〕 학교와 지역사회 협력 관계의 네 가지 형태

협력의 주도성 협력 단계	학교 —〉 지역사회	지역사회 —〉 학교
초기	교육/문화센터	인적/물적 자원 제공
성숙기	경제/사회 발전 토대	교육과정

1) 지역사회의 교육문화 중심센터로서의 학교

학교가 지역주민들을 위한 교육과 문화의 중심센터 역할을 수행해야 한다는 것은 학교와 지역사회의 관계를 말할 때 가장 빈번하게 등장하는 말이다. 오늘날 학교는 오직 학생들만을 위해 존재하는 것처럼 인식되고 있지만 학교의 역사에서 학교가 지역의 문제에 관심을 갖고 지역주민들을 위해 봉사했던 일들은 심심찮게 찾아볼 수 있다.

19세기 말에서 20세기 초까지 미국의 교육사에서 학교는 사회적 기관(social center)으로서의 역할을 요구받았고 학교는 이러한 역할을 적극적으로 수행했다. 1913년에는 미국의 788명의 전체 교육감 가운데 330명이 그들 교육구의 학교들이 사회적 기관으로서의 역할을 수행하고 있다고 보고한 바 있다(Spring, 2005).

이 당시 많은 학교들에는 지역주민들을 위한 방과후 레크리에이션 활동이 있었고, 지역 오케스트라나 합창단 활동을 할 때 학교시설을 이용했을 뿐 아니라 주민들의 저녁 회합도 학교에서 종종 이루어졌다. 어떤 학교의 로비에는 지역주민들의 아트 갤러리가 설치되기도 했고, 강당에는 지역의 드라마 클럽을 위한 시설을 갖추기도 했다. 또한 이민자들이 많은 도심의 학교에서는 이민자들을 위한 언어교육이나 미국사회 적응을 위한 사회화 교육이 실시되기도 했다. 당시 사회적 기관으로서의 학교는 주민들의 시민의식과 공동체의식 함양이라는 중요한 사회적 기능을 수행했다. 이러한 움직임에 따라 학교 건물을 신축할 때 지역주민들의 접근성과 활용도를 생각하여 설계가 이루어지기도 했다(Spring, 2005).

학교를 사회적 기관으로 인식하는 문화가 미국에서 일관되게 이어져왔다고 보기는 어렵지만, 최근 들어 다시 학교와 지역사회의 협력관계가 중요해짐에 따라 학교가 지역사회의 교육문화의 중심센터 역할을 하길 요구받고 있다. 오늘날 학교가 지역사회의 중심센터 역할을 하는 방법은 크게 두 가지로 나누어 설명할 수 있다.

첫째는 학교가 지역주민들을 위한 평생교육의 장이 되는 것이다. 학교는 교실이라는 물리적 여건과 전문지식을 갖춘 교직원이라는 인적자원을 갖추고 있어 주민들을 위한 평생교육기관으로서 역할을 수행하기에 유리하다. 평생교육은 대개 학생들을 위한 수업이 없는 저녁이나 주말을 활용하지만 계획을 잘 세우면 낮 시간에 학생들과 함께 교육이 이루어질 수도 있다. 일본의 일부 학교에서는 '수업 참관'이 아닌 '학습 참가'란 이름으로 학부모와 지역주민이 자신들에게 필요한 수업에 참가하여 학생들과 함께 교육을 받기도 한다(사토 마나부, 2008). 평생교육의 내용은 음악, 미술, 요리, 원예 등 취미생활과 관련된 것부터 외국어, 컴퓨터, 직업기술, 자녀교육 등 실용적인 것과 문학, 역사, 철학 등 교양에 이르기까지 다양한 분야가 될 수 있다. 지역에서 이루어지는 평생교육은 다음 네 가지 정도의 목적을 가질 필요가 있다(오혁진, 2006).

① 지역주민들을 위한 학습 욕구의 충족
② 지역공동체성의 회복
③ 지역 문화 및 환경의 보호와 발전
④ 주체적인 주민자치 능력의 강화

둘째, 학교는 지역주민들을 위해 다양한 문화적 기회를 제공할 수 있다. 학교에는 영화를 상영하거나 음악회를 열 수 있는 시설을 갖추고 있고 스포츠 경기를 치를 수 있는 운동장도 있다. 그러므로 학교가 학교 시설을 지역주민에게 개방하기만 해도 학교는 지역주민들 생활의 중요한 장소가 될 수 있다. 거기에 지역주민들을 위한 영화, 연극, 음악공연, 미술전시 등을 기획한다면 학교는 훌륭한 문화센터가 될 수 있을 것이다. 최근에는 우리나라에서도 지역주민들이 보다 편리하게 이용하도록 도서관이나 공연장 등 학교의 문화공간을 학교 주변에 짓는 경우도 생겨나고 있다. 또한 지역축제를 열 때 학교가 적극적으로 지역단체들과 협력하여 학교에서 축제를 개최하는 경우도 생겨나고 있다.

이처럼 학교가 지역주민의 평생교육의 장이 되고 지역문화의 중심지가 됨으로써 지역사회의 유대감과 공동체성 형성에 크게 기여할 수 있다. 이러한 노력은 학교가 지역사회에 봉사하는 측면이 강하지만 그 결과는 학교 발전의 중요한 토대가 되기도 한다. 지역주민과 학교의 긴밀한 관계는 세대 간의 친밀감과 신뢰감을 강화시켜주고, 이는 학생들에게 정서적 안정감과 긍정적인 교육적 영향을 주게 된다.

2) 교육자원 공급처로서의 지역사회

학교는 지역사회의 중요한 기관이기에 지역사회는 학교의 교육력 향상을 위해 최대한 노력한다. 무엇보다 지역사회는 학교에 부족한 인적 물적 자원을 보유하고 있는 경우가 많으므로 필요에 따라 이를 학교에 제공하여 교육활동을 도울 수 있다. 이는 오늘날 학교현장에서 쉽게 찾아볼 수 있는 보편적인 협력 형태이다. 지역사회의 주민 가운데 어떤 분야의 전문가가 학교에서 특강을 한다든지, 학생들의 동아리 지도를 맡을 수도 있다. 혹은 전문가가 아닐지라도 교사의 업무를 보조하며 도움을 줄 수 있다. 그리고 지역에 존재하는 다양한 시설과 자연환경, 예를 들면 도서관, 박물관, 공원과 산, 논, 강 등은 학생들에게 중요한 교육적 자료가 될 수 있다.

지역사회가 자원을 제공함으로써 교육활동을 돕는 또 다른 형태에는 협력적 서비스(coordinated services)[16]가 있다(Furman, 2002). 이는 아동을 중심에 두고 학교와 지역사회의 다양한 기관들이 협력하여 종합적인 서비스를 제공함으로써 아동의 성장을 돕는 활동이다. 학교가 아동의 양육과 교육에 책임을 지지만 학교의 역량에 한계가 있기 때문에 각 전문기관들이 학교와 협력하여 보다 효과적으로 아동을 돕는 것이다. 가족지원센터, 지역청소년조직, 상담센터, 지역 기업, 지역 대학 등이 아동의 필요에 따라 다양한 형태로 학교와 협력한다(Cibulka & Kritek, 1996).

마을의 교육생태계를 복원하여 학생들의 성장과 교육에 도움을 주고자 하는 경기도교육청의 '마을교육공동체' 정책도 지역의 교육 인프라와 인적 물적 자원을 교육적으로 활용하는 사례다. 지역의 다양한 가게와 NGO 단체들이 청소년들이 꿈을 찾고 진로와 직업을 탐색하는 데 도움을 주고 있다.

---

16) 기관 간 협력(interagency collaboration)이란 용어 역시 이와 유사하게 사용된다.

지역사회가 학교에 필요한 인적자원을 제공하는 외국의 좋은 사례로는 일본의 학교지원 지역본부사업이 있다. 2008년부터 시행된 이 사업은 학교와 지역의 교육력을 향상시키기 위해 지역과 학교를 연결하는 창구로서 학교지원 지역본부를 적극적으로 운영하는 사업이다(장지은·박지숙, 2014). 학교지원 지역본부를 기초지자체에 두고 지역주민들이 자원봉사자로 학교교육활동에 참여하도록 체계적으로 지원하는 한다. 학교지원 지역본부사업의 대표적인 내용은 학습지원, 독서활동지원, 도서실 정비, 교내 환경 정비, 아동의 안전 확보, 학교행사의 운영지원 등이 있다. 지역본부가 가장 중요하게 하는 학습지원 활동에는 게스트 교사로서의 수업 보조, 교사 보조로서의 수업 보조, 수업에서의 실험·실습·교외학습의 보조, 채점 보조, 주말 과외활동 지원 등이 있다.

　학교자원봉사자 프로그램은 학교지원 지역본부사업의 핵심 사업인데, 이는 지역사회의 교육자원 활용사업으로 일부 지역에서 교육적 성과를 거두었다고 평가된다. 우수사례 지역에서는 사업본부가 지역주민이나 각종단체를 대상으로 자원봉사자 양성과정을 열고, 학교 교직원을 대상으로 자원봉사와 관련된 요구조사를 하여 학교에 필요한 인적자원을 연결하는 일을 효과적으로 수행한다. 한 지역에서는 요구조사 결과 학교의 부서활동지원, 환경정비지원, 등하교안전지원, 학교행사지원, 부등교 대책지원 등의 영역별로 구체적인 항목을 작성하고 이를 지역에 홍보하여 지역주민들의 참여를 촉진하기도 했다.

　이러한 학교자원봉사자 프로그램의 성과로는 공식적 교육과정의 보완, 잠재적 교육과정의 확대, 지역 평생교육의 활성화 가능성 등을 꼽는다(장지은·박지숙, 2014). 공식적 교육과정 보완의 성과로는 학생들의 학습효과와 교육 및 지도조건의 향상을 들 수 있다. 자원봉사자 활동은 교과활동뿐 아니라 안전활동, 독서활동, 환경정비활동, 클럽이나 스포츠와 같은 특별활동 등 학교생활의 전 영역에서 이루어지므로 학생들에게 다양한 교육적 경험을 제공한다. 이는 잠재적 교육과정의 확대에 기여하여 학생들의 규범의식, 시민정신, 지역에 대한 애착, 협동능력, 학교에 대한 신뢰감 등을 높게 만드는 요인으로 작용한다. 또한 학교자원봉사자 사업을 효과적으로 하기 위해 자원봉사자의 양성과 그들의 역량강화를 위한 노력이 필요한데, 이러한 과정에서 자원봉사자를 준비하는 잠재적 성인학습자를 양성하는 등 지역평생교육의 활성화에 기여할 수 있다.

3) 지역사회 발전의 토대가 되는 학교

학교가 지역주민들을 위해 교육·문화의 중심센터가 되는 것은 지역사회의 발전을 위해 매우 중요하다. 그러나 지역산업의 쇠퇴로 인구유출이 심한 농산어촌 지역에서는 이러한 노력만으로는 학교와 마을을 존속시키기가 어렵다. 농촌지역 학교에 대한 연구들은 학교가 지역사회의 중요한 센터임에도 불구하고 학생 수의 감소로 어려움에 직면하고 있는 현상을 보여준다(강영택·김정숙, 2012; KIlpatrick et al, 2003).

그러므로 급격한 인구 감소로 농촌지역의 많은 학교들이 문을 닫는 상황에서 요구되는 학교와 지역사회의 협력하는 것은 학교가 지역사회의 중심센터가 되는 것을 넘어서 지역사회의 경제적 사회적 발전을 위한 토대를 마련하는 일이다(강영택·김정숙, 2012). 이를 위해 학교는 학생들에게 지역사회를 기반으로 하는 사업을 형성할 수 있도록 노력해야 한다. 학생들이 지역사회에서 필요한 잠재적 서비스가 무엇인지 이해하고 미래의 필요를 충족시킬 수 있는 사업을 구상하도록 도와야 할 것이다. 실제 지역기반의 사업 개념을 농촌학교의 교육과정에 포함시켜 운영한 결과 신발 수선, 식품 조제, 어린이 보육 등 그 지역에 필요한 서비스를 제공하고 일자리를 창출하는 등의 성과를 거둔 사례도 있다(Miller, 1995). 또한 학교가 지역사회의 경제적 발전에 이바지하는 적극적인 방안으로는 학교가 지역사회에 필요한 새로운 지식이나 기술을 제공하거나 혹은 그러한 지식과 기술을 지닌 졸업생들을 공급함으로써 지역에 새로운 산업 혹은 일자리를 창출하는 길이 있다. 새로운 지식의 소개로 인한 일자리 창출은 농촌지역의 인구유출을 막는 중요한 요인이 되어 지역과 학교의 상생에 이바지하게 될 것이다.

학교가 지역사회의 경제적 사회적 발전의 토대를 마련하기 위해서는 우선 학교가 지역사회에서 갖는 경제적 영향에 주목할 필요가 있다. 미국의 농촌지역 학교에 대한 연구(Salant & Waller, 1998)나 호주의 농촌 고등학교에 대한 연구(Nunn, 1994)들은 농촌지역의 학교가 지역사회에 끼치는 경제적 영향이 클 수 있음을 보여준다. 학교가 지역주민을 대상으로 고용을 창출하기도 하고, 학교 교직원들이 지역에서 돈을 소비하여 지역경제에 도움을 주기도 한다. 또한 학교가 지역 기업의 제품과 서비스를 이용함으로써 지역기업들의 활성화에 기여하기도 한다. 학교는 지역사회에 경제적 영향력뿐 아니라 사회적 영향력도 행사한다. 학교에서 정치적 이슈에 대한 공청회나 토론회를 열어 지역

정치를 위한 공론의 장으로서의 역할을 한다. 살란트와 왈러의 연구에 따르면 마을에서 학교가 문을 닫으면 마을에 대한 통제권과 권력이 지역주민으로부터 지역행정가에게로 옮겨가는 경향이 있다고 한다. 이는 폐교로 인해 지역주민들 사이에 무기력과 무관심의 정서가 널리 퍼지기 때문이라고 한다.

지역산업이 쇠퇴해가던 캐나다 한 작은 도시의 실업계 고등학교가 지역사회와의 긴밀한 협력을 통해 지역의 경제적 발전을 이루는 토대가 된 사례가 보고되기도 했다(Mawhinney, 2002). 그 학교의 교장과 교사들은 학습자의 요구에 부합하는 교육 프로그램을 개발하고, 산업현장에 필요한 기술을 지원하며, 노동시장의 중개인 역할을 수행함으로써 지역사회의 경제발전을 적극적으로 도모했다. 학교는 전통적인 고등학교와 달리 세 그룹의 학습자 집단을 고려하여 교육과정을 새롭게 조직했다. 첫째는 다양한 필요를 가진 지역사회의 성인들을 위한 성인 기술훈련 과목들을 개설했다. 둘째는 기초 문해교육, 외국어로서의 영어교육(ESL) 등 지역사회에 필요한 공동체교육 과목들을 개설했다. 셋째는 특정한 교사들이 원예, 음식, 레스토랑 운영 등과 같이 지역사회에서 가능한 산업에 필요한 지식과 기술을 가르치는 과목들을 학생들을 위해 개발했다(Mawhinney, 2002).

4) 학교 교육과정으로서의 지역사회

지역사회는 학교에 필요한 인적·물적 자원을 제공하여 학교의 교육활동을 돕는 보조적인 역할을 하지만 보다 적극적인 활동을 펼칠 수도 있다. 국가교육과정을 사용하는 우리나라의 학교에서는 학생들이 자신이 살고 있는 지역사회를 배울 수 있는 기회가 별로 없다. 학생들이 자신들의 삶의 터전이 되는 지역사회의 역사, 전통, 가치, 문화유적, 자연환경 등에 대해 배우지 않고 어떻게 자신의 정체성이나 공동체의식을 갖기란 어렵다. 대개 국가교육과정에서 다루는 지식의 성격과 범주가 대도시 중심으로 이루어져 있을 가능성이 크기 때문에 농산어촌의 학생들은 자신과 지역사회에 대한 자긍심을 갖기가 어려울 수도 있다(Miller, 1993). 그러므로 학교는 지역사회의 다양한 면들을 학교교육과정 속에 반영하기 위하여 지역사회와 협력해야 하고, 지역사회는 지역의 자연환경, 문화유적지, 사회시설 등을 학생들에게 적극적으로 제공하거나 가르쳐야 한다.

지역사회를 교육 현장으로 잘 연계할 경우 학생들은 지역의 환경 상태를 모니터링하거나 지역의 역사를 기록하는 활동 등을 통해 지역사회를 이해할 뿐 아니라 나아가 지역의 개발에 참여할 수도 있다. 또한 학생들과 지역의 사업을 연결시키는 학교 내 직업 훈련 프로그램도 지역사회를 교육과정에 반영한 결과이다. 최근 호주에서 증가 추세인 학교 내 직업 훈련 프로그램(VET-in-schools)은 지역사회에 다양한 긍정적인 영향을 끼치고 있다. 지역사회에 필요한 직업 훈련을 학교에서 받게 됨으로써 청소년들은 농촌지역에 더 머물게 되는 결과도 나온다. 성인들에게는 평생교육의 기회를 제공하여 교육과 배움에 대한 긍정적인 태도를 갖게 하고, 지역사회의 고용주들에게는 지역에 봉사할 수 있는 기회를 제공하게 된다. 제한된 시설을 가진 작은 농촌학교에서의 직업 훈련 프로그램은 학교, 지역 기업, 지역 내 다른 조직들과의 협력을 가져오게 하는 결과를 낳기도 한다.

커밍(Cumming, 1992)은 지역사회와 교육과정을 연결시키는 방식에
두 가지가 있다고 한다. 첫째는 단기적 활동으로 이는 특정한 한 지역
을 재생시키기 위해 설계된 일회적인 환경 프로젝트와 같은 하나의 커
리큘럼 영역에 초점을 두는 것이다. 둘째는 장기적 활동으로 이는 일
터의 교육프로그램에서 요구되는 바와 같이 의사소통, 문제해결, 대인
관계 기술 등과 같은 보다 포괄적인 기술들을 개발하는 데 초점을 두
는 것이다(Kilpatrick et al, 2002).

최근 들어 우리나라 학교에서도 교육과정의 지역화에 대한 관심이
증대하고 있다. 학교와 지역사회의 협력 관계를 중요시 하면서 지역사
회를 알기 위한 노력을 교육과정에 포함시키는 사례들이 늘고 있는 것
이다. 교육과정의 지역화는 학교교육의 심각한 문제점인 지식과 삶의
괴리를 극복하게 한다.

학생들의 구체적인 삶이 이루어지는 현장인 지역사회에 대해 배우
는 일은 추상적이고 관념적인 지식 주입이 아닌 구체적이고 생생한 지
식의 탐구가 될 것이다. 이는 학생들로 하여금 배움에 보다 적극적으
로 참여하도록 이끄는 방안이 되기도 한다. 또한 지역사회에 대한 학
습은 학생들로 하여금 자기 지역에 대한 자긍심을 높이는 데도 기여한
다. 그 결과 학교를 졸업한 뒤 지역사회를 떠나 대도시로 가던 비율이
줄어들기도 한다. 지역에 대한 학습을 토대로 지역적 특성을 살린 일
자리를 만들어 그 지역에 정착하는 경우가 생겨나고 있다. 따라서 지
역사회를 학교의 교육과정으로 삼는 일은 궁극적으로 학교와 마을의
지속적인 발전을 위해서도 매우 중요한 일이라 할 수 있다.

4. 학교와 지역사회의 협력 모형

학교와 지역사회는 서로 유기적 관계를 맺음으로써 앞에서 제시한 네 가지 활동을 수행할 수 있다. 그러나 학교와 지역사회의 상황에 따라 그 중 특히 강조되는 활동이 다를 수 있다. 또 학교와 지역사회의 관계에서 누가 주도적 역할을 하는지도 그 관계의 역사와 상황에 따라 달라진다. 여기서는 협력 관계에서 주도권을 누가 갖는가에 따라 학교 주도 협력 모형, 지역사회 주도 협력 모형, 상호 융합 모형 등 세 가지로 분류하고자 한다. 지역사회 주도 협력 모형에는 지역주민들이 협력 활동의 주체가 되는 경우와 지방자치단체가 주체가 되는 경우가 있다. 이 두 가지 경우는 마을공동체 형성의 방식에서 큰 차이를 가져올 수 있으나 여기서는 이들을 묶어 하나의 모형으로 보았다.[17] 세 가지 협력 모형을 살펴보면 다음과 같다.

1) 학교 주도 협력 모형

학교 주도 협력 모형은 학교와 지역사회가 협력적 관계를 갖되 학교

---

17) 김용련 외(2015)는 본 논의와 유사한 마을교육공동체 논의에서 주체에 따른 유형을 학교 주도형, 마을 주도형(학부모 및 지역), 센터 주도형(지자체, 교육청, 지역운영) 세 가지로 유형화하면서 풀무학교와 의정부여중은 학교 주도형에 포함시켰고, 일본 커뮤니티 스쿨은 센터 주도형에 포함시켰다. 그러나 여기서는 모형을 단순화할 필요가 있고, 센터를 마을의 일부로 볼 수 있다는 점에서 별도의 한 유형으로 구분하지는 않았다. 그러나 13장 '사례 종합분석'에서는 이와 달리 정부 주도를 하나의 유형으로 설정하여 분석했다.

가 주도적 역할을 하는 형태이다. 학교가 지역주민들을 위해 평생교육 프로그램들을 제공하거나 문화 혜택을 누리지 못하는 주민들에게 공연 관람 기회를 제공하고 전 주민들이 함께 어울릴 수 있는 체육행사를 주도하기도 한다. 이러한 형태의 관계는 학교와 지역사회가 함께할 수 있는 가장 보편적인 형태의 협력 모형이라 할 수 있다. 이 책에서는 우리나라의 이성초등학교와 미국의 알바니 프리스쿨을 이 모형의 사례로서 자세히 살펴보도록 하겠다.

학교와 지역사회의 관계가 긴밀해지면 지역사회에 대한 학교의 영향력은 더욱 커진다. 교육 기회와 문화 활동을 지역주민들에게 제공할 뿐 아니라 나아가 지역사회가 성장·발전하는 데 필요한 토대를 제공하기도 한다. 학교가 지역사회에 필요한 인력자원을 공급하기도 하고 새로운 산업에 대한 아이디어나 필요한 기술, 지식을 제공할 수도 있다. 이렇게 되면 지역사회가 학교로 인해 활기를 되찾게 되고 이는 또 학교의 발전에 영향을 주게 된다. 이러한 형태의 관계는 학교와 지역사회의 협력 관계 가운데서도 매우 발전한 형태라 할 수 있다. 이러한 모습의 초기 형태를 경남 산청군의 민들레학교와 그 마을에서 찾아볼 수 있다.

학교 주도 협력 모형은 대개 학교가 지역사회와 긴밀한 관계를 맺는 초기에 나타난다(강영택·김정숙, 2011; Kilpatrick et al, 2002). 어느 지역에서나 학교는 지역사회와의 협력 관계를 주도할 수 있는 인적·물적 자원을 어느 정도 보유하고 있다. 반면 대도시가 아닌 지역에는 그러한 자원이 부족하거나 혹은 체계화되어 있지 못해서 일정 기간 동안 학교에 의존하게 된다. 그러나 학교에서 교육받은 졸업생들이 지역에서 거주하게 되고 지역주민들의 의식과 역량이 증대됨에 따라 협력의 주도권은 학교에서 지역사회로 자연스럽게 넘어가는 경우가 많다.

2) 지역사회 주도 협력 모형

지역사회가 학교의 교육활동을 돕기 위해 지역사회가 보유한 인적·물적 자원을 주도적으로 학교에 제공하는 모형을 말한다. 물론 지역사회 주도 모형이라 해서 학교가 수동적인 태도를 취하는 것이 아니라, 양자가 함께 노력하되 지역사회가 적극적인 경우를 일컫는다. 지역사회라 할 때 그 주체는 지역의 공공단체가 될 수도 있고, 지역주민들이 될 수도 있다. 공공기관이 시작한 사업이지만 주민들의 적극적인 참여로 주민 중심 활동으로 자리 잡을 수도 있다. 일본의 시마마츠 커뮤니티스쿨이 이러한 특성을 띤다고 할 수 있다. 일본 홋카이도의 에니와시에는 지역사회와 시마마츠 커뮤니티 스쿨이 밀접한 관계를 갖고 있다. 처음 정부와 지역교육청에서 주도한 커뮤니티 스쿨이지만 지역주민들의 적극적인 참여로 주민 중심의 활동으로 자리를 잡아가고 있다. 지역주민들은 개방된 학교공간에서 다양한 교육을 받을 뿐 아니라 학생들의 지도를 위해 강사로 나서기도 한다. 또한 지역사회에서는 학생들이 지역의 시설들을 활용하여 교육적 경험을 갖도록 유도하고 있다. 일본과 미국에서 중요한 학교 유형으로 자리 잡아가는 커뮤니티 스쿨이 이러한 모형의 예가 될 수 있다.

학교와 지역사회의 연계가 심화되면 지역사회가 학생들의 교육이 이루어지는 장이 될 뿐 아니라 나아가 교육의 내용요소가 된다. 즉 학교교육은 그 학교가 위치한 지역을 탐구하는 것을 중요한 교육과정으로 삼는다. 이를 교육과정의 지역화라 할 수 있다. 지역사회는 그곳에서 살아갈 학생들에게 지역에 대한 이해뿐 아니라 지역에 대한 자긍심을 갖도록 교육한다. 이러한 지역화 교육과정은 궁극적으로 학생들이 미래에 자기 마을에서 살아갈 삶의 계획을 수립하도록 이끈다. 이러한 예를 충남 홍성군에 위치한 홍동중학교에서 찾아볼 수 있다.

이러한 교육과정의 지역화는 지역사회가 주도할 수도 있고, 학교가 주도할 수도 있다. 홍동중학교가 위치한 홍동마을에는 여러 기관과 사람들의 노력으로 이미 교육적 인프라와 자원이 체계화가 되어 있었다. 학교가 지역사회를 배우고자 하는 의지도 있었지만 마을이 학습할 만한 가치를 보유하고 있었던 점과 교육과정의 지역화를 학교에 요구한 측면을 고려하여 지역사회 주도적 모형으로 분류했다. 반면 의정부여중 역시 교육과정의 지역화를 지역과의 중요한 협동 방안으로 삼고 있지만 지역사회가 학교에 뭔가를 요구하기보다는 학교가 주도적으로 지역사회를 알기 위해 노력하고 있어 학교 주도적 모형으로 분류했다.

3) 상호융합 모형

상호융합 모형은 학교와 지역사회 중 어느 한쪽이 다른 쪽을 주도하기보다는 양쪽이 유기적 관계를 이루어 융합되어 있는 형태이다. 이 모형에서는 학교와 지역사회가 상하관계가 아니며 학교가 지역사회를, 혹은 지역사회가 학교를 도구적으로 이용하는 관계도 아니다. 학교는 지역사회를 위해 존재하고 지역사회는 학교의 기반과 토대가 되는 관계이다. 그러므로 이 모형에서는 학교와 지역사회의 네 가지 협력활동이 자연스럽게 나타난다. 대개 협력의 초기에는 학교가 지역사회를 이끄는 주도적 역할을 하지만 시간이 지남에 따라 지역주민들의 의식과 역량이 향상되면서 양쪽은 호혜적이고 융합적인 관계를 형성하게 된다(Kilpatrick et al, 2003). 이러한 모형은 홍성군의 풀무학교와 홍동마을에서 그 예를 찾아볼 수 있다.

앞에서 제시한 학교와 지역사회의 세 가지 협력 모형을 도표화하면 [표 3]과 같다. 앞에서 언급했듯이 사례로 나오는 학교들 대부분은 온전한 학교 주도형도 아니고, 지역사회 주도형도 아니다. 학교와 지역사회의 상호작용에 의해 협력 관계가 이루어진다. 하지만 주로 어느 쪽이 중요한 역할을 했는가에 따라 유형화했다. 협력의 내용에 따른 분류 역시 마찬가지이다. 학교와 지역사회의 네 가지 협력 활동들 즉, 교육과 문화를 제공하고, 사회 발전의 토대가 되고, 교육적 자원을 제공하고, 교육과정의 지역화를 이루는 일들을 사례 학교들이 대부분 하고 있지만, 중점적으로 하고 있는 활동이 무엇인가에 따라 분류했다.

[표 3] 학교와 지역사회의 협력 모형

협력 주체 및 내용	학교 주도			지역사회 주도		상호 융합적 관계
	교육/문화 제공	사회/경제 발전 토대	교육 과정	물적/인적 자원 제공	교육과정	통합적 활동
사례	이성 초등학교, 알바니 프리스쿨	민들레 학교	의정부 여중	일본, 미국의 커뮤니티 스쿨	홍동 중학교	풀무학교

II부

학교공동체의 다양한 모습들

5장. 홍동중학교[18)

1. 학교의 현황과 역사

홍동중학교는 충남 홍성군 홍동면에 있는 공립 중학교이다. 1971년
에 개교하여 1980년에는 18학급으로 증축되었으나 이촌 현상 등으로
학생 수가 점차 줄어 2015년 3월에는 6학급으로 감축되었다. 2015년
12월 현재 학생 129명, 교직원 27명의 소규모 학교이지만 특색 있는
학교 운영으로 농촌학교의 새로운 모델로 주목받고 있다.

홍동중학교를 이해하기 위해서는 학교가 자리 잡고 있는 홍동지역

---

18) 홍동중학교를 분석하기 위해 참고한 자료들은 '2015년 학교운영계획서'와 '2010년 학
교운영계획서' 그리고 학교 홈페이지에 나와 있는 많은 기록들이다. 그리고 신문기사
들과 충남교육청에서 발간하는 충남교육 소식지를 다수 참조했다. 홍동중학교는 필자
가 2010년 연구한 바가 있어 그때 수집한 인터뷰 자료들도 활용했다. 2016년 1월 다시
학교를 방문하여 2015년에 새로 부임한 교장을 만나 인터뷰를 했다. 2010년 지역사회
와의 협력을 강조했던 학교의 방향이 2016년에도 별 변화가 없었다. 그런 면에서 뒤에
소개하는 이성초등학교와 좋은 대비가 된다.

의 특성을 먼저 살펴보아야 한다. 홍동중학교는 지역과 밀접한 관련을 맺고 있기 때문이다. 충남 홍성군 홍동면은 전형적인 농업지역으로 우리나라 유기농업의 메카라 할 수 있다. 유기농업의 발달과 갓골어린이집, 홍동초등학교, 홍동중학교, 풀무학교 등 다양한 교육기관의 발달로 홍동지역에는 귀농과 귀촌인구가 꾸준하게 증가하고 있다. 이 지역에는 생태적 삶과 자주와 연대적 삶의 방식에 관심을 갖고 실천하고자 하는 사람들이 많아 홍동농업협동조합, 홍성환경농업교육관, 풀무신용협동조합, 풀무생활협동조합, 홍동여성농업인종합지원센터, 느티나무 헌책방, 밝맑마을도서관 등 농촌지역의 경제, 사회, 문화, 교육과 관련된 다양한 기관과 단체들이 활발히 운영되고 있다.

학교교육이 지역사회와 무관하게 이루어지는 현실을 비판하며 교육과정이 지역의 특성을 반영해야 한다고 생각한 홍동중학교 교사들이 중심이 되어 홍동지역의 여러 학교 교사들과 홍성환경농업교육관 사람들은 2005년 4월 '홍동지역 범교과 교육과정연구회'를 결성했다. 이 연구회는 학생들을 위해 지역의 다양한 시설들과 인적자원을 활용하여 생태 친화적 체험학습 프로그램들을 개발하고 이를 실행에 옮기기도 했다.

2007년 9월에는 학교운영위원회가 교장 공모에 적극 개입하여 지역사회에 대한 이해가 깊고 학교와 지역의 연계에 적극적인 이정로 교사를 교장으로 초빙했다. 이에 의해 학교와 마을과의 협력 관계는 더욱 활발해졌다. 2015년 부임한 현 박용주 교장 역시 홍동중학교를 "해 밝고 물 맑은 홍동지역 마을의 생태적 삶을 함께 누리면서 지속가능한 농촌형 공교육의 비전 제시를 꿈꾸는 작지만 참 좋은 온 커뮤니티 스쿨"(http://hongdong.cnems.kr/)이라고 소개할 만큼 학교와 지역사회의 연계를 중요시하고 있다.

홍동중학교의 모토는 '배움이 즐거운 온 마을학교'이다. 이를 구현하기 위해서는 다섯 가지의 중점과제가 있다고 한다. 첫째, 미래핵심역량 중심의 특성화교육, 둘째, 더불어 살아가는 공동체 의식 함양, 셋째, 공감과 소통능력을 기르는 문화 예술 체육 교육, 넷째, 돌봄과 나눔의 행복 교육, 다섯째, 지역사회와 함께하는 온 마을학교이다.

2. 학교와 공동체

홍동중학교가 무엇보다 중요하게 여기는 부분은 공동체성이다. 여기에는 학교와 지역사회의 긴밀한 연계를 통한 마을공동체성도 있고, 단위 학교 내에서 추구하는 내적 공동체성도 있다.

먼저 학교 내부의 공동체성에 대해 살펴보자면, 홍동중학교는 학교가 추구하는 가치 중 '더불어 살아가는 공동체 의식 함양'을 두 번째 중점 사항으로 삼고 있다. 2015년 충남형 혁신학교로 채택된 '행복나눔학교'의 추구 이념에서도 '소통과 협력의 공동체 학교'와 '교사의 학습공동체'를 중요한 소목표로 제시하고 있으며, 학교 리더십의 변화에 따라 성격이 조금씩 변하기는 했지만 공동체적 삶을 강조하는 태도는 일관되게 이어져오고 있다.

공모교장이었던 이정로 전 교장은 학교 거버넌스에 관심을 갖고 학교 구성원들의 자발적 참여를 강조했다. 기존의 권위적이고 폐쇄적인 조직구조가 학교 구성원들의 자발적인 참여와 구성원들 간의 소통을 가로막는다고 보고, 교사와 학부모들의 자율성을 토대로 한 새로운 거버넌스를 정착시키는 것을 학교운영의 중요한 목표로 삼았다. 교사들에게는 업무수행을 위해 팀별 체제를 적용해 안건이 제출될 경우 그 일을 추진할 사람들만 교무회의에서 정하면, 기획에서 운영, 평가에 이르기까지 모든 과정을 그 팀에서 책임지고 관리하게 했다.

학부모들이 자발적으로 결성한 학부모회 또한 학교 구성원들을 위해 자율적으로 활동을 기획하고 실행한다. '자녀와의 의사소통' '요즘 우리 아이들의 특성 이해' 같은 주제로 정기 강좌를 열어 학부모 교육을 하기도 하고, 가족과 함께하는 책 읽기 프로그램을 기획하거나 학교에서 영화를 함께 영화를 보거나, 격주 토요일에 아버지와 아들이 함께하는 축구 경기에 음식을 마련해주기도 한다. 학부모들은 이러한 활동을 통해 "내 자식만이 아니라 우리 지역의 모든 아이가 소중하다"는 생각을 갖게 된다(김성천 외, 2010: 217).

학교 구성원들의 자발적인 참여와 소통, 협력을 중시하는 분위기는 학생들에게도 동일하게 적용된다. 학교의 중요 행사들을 교사가 아닌 학생회에서 전체 학생들의 의사를 반영하여 기획, 진행하고 있다. 교무부장은 학교를 비유하기를 "학부모, 학생, 교직원은 물론 마을이 함께 가는 사륜자동차"라고 말한다(오마이뉴스, 2015.12.11.). 홍동중학교는 학교를 구성하는 네 주체인 학부모, 학생, 교직원, 마을주민들이 학교교육을 위해 각자의 역할을 수행하면서 상호간의 소통과 협력이 원활하게 이루어지는 공동체의 모습을 갖고 있다고 할 수 있다.

재임 중인 박용주 교장은 수업혁신에도 관심을 갖고 수업의 변화를 위한 배움의 공동체 형성을 강조하고 있다. 우리나라에 널리 알려져 있는 '배움의 공동체' 개념은 일본의 교육학자 사토 마나부에게서 나온 것인데, 그는 배움의 공동체로서의 학교를 "아이들이 서로 배우면서 성장할 뿐 아니라 교사들도 교육의 전문가로서 함께 배우면서 성장하고 부모와 지역주민도 배우면서 성장하는 장소"라고 설명한다(사토마나부, 2008: 182). 홍동중학교에서도 이 개념을 수용하면서, '학생들의 행복한 배움이 일어나는 수업을 위해 서로 배우고 성장하는 교사들의 동료성 구축'을 제일 중요하게 보고 있다. 교사의 동료성 구축을 위해 전체 교사연구회, 교사 동아리, 수업친구 모임을 운영하고 있는데 격주 월요일 오후에는 전 교사들이 수업개선을 위한 발표와 토론을 하는 학습공동체를 운영하고 있다(홍동중학교, 2015). 동시에 교사들은 교실을 개방해 서로의 수업을 관찰하고 상호토의를 통해 전문성을 높여가는 노력을 하고 있다. 이러한 노력들은 자연스럽게 학생들에게는 '더불어 살아가는 공동체 의식'을 함양하기 위한 교육으로 이어지고 있다. 공동체 의식에 대한 교육은 지역사회와의 관계에서 보다 분명하게 드러난다.

3. 학교공동체와 지역사회

홍동중학교에서는 (온)마을학교라는 용어가 종종 사용된다. 이정로 전 교장은 '학교가 마을로 나가야 하고 마을이 학교로 들어와야 한다'고 강조했다(김성천 외, 2010: 202). 박용주 현 교장은 본교를 일컬어 온마을학교라 부른다. 이 학교에서 오랫동안 근무한 교무부장 교사는 홍동중학교의 독특한 문화로 가장 먼저 '지역과 함께하는 마을학교'를 손꼽았다. 학교를 둘러싼 모든 환경을 교육적 요소로 받아들이고 마을 전체를 교실로 활용하는 학교라는 것이다(오마이뉴스, 2015.12.28.).

홍동중학교가 공립학교로서는 이례적으로 마을학교의 정체성을 갖게 된 데는 학교장들의 뚜렷한 목표의식과 리더십이 작용한 측면도 있지만 홍동마을이라는 지역사회의 독특한 성격이 중요하게 작용했다. 홍동마을은 오래전부터 생태와 자치를 추구하는 마을공동체로 농촌마을로서는 예외적으로 교육적 자원이 풍부한 곳이다. 교육자원을 학교에 제공하면서 학교와 협력하고자 하는 마을의 요구와 마을학교에 대한 중요성을 인식한 학교장의 뜻이 만나 홍동중학교를 모범적인 마을학교로 변모시켰다고 할 수 있다. 그런 면에서 다음 장에 소개될 이성초등학교와 좋은 대비가 된다고 할 수 있다.

홍동중학교는 지역사회와 협력 관계를 맺고 있는 양상을 네 가지 방향에서 살펴보면 다음과 같다.

1) 교육자원 공급처로서의 마을

마을학교로서의 홍동중학교는 가장 먼저 마을에 있는 많은 자원들을 교육적으로 활용하는 데 열심이다. 마을 전체가 학교요, 교실인 셈이다. 이정로 전 교장은 교사들에게 필요한 교육기획력은 "지역의 인적·물적 자원을 조직하고 활용할 수 있는 능력"(김성천 외, 2010: 202)이라고 보았다. 지역사회가 교육의 현장이 되기 위해서는 지역의 휴먼네트워크와 교육적 인프라를 적극 발굴하여 활용하는 교사들의 역할이 중요하다는 것이다. 홍동중학교에서 지역의 자원들을 활용하는 방식은 다음 세 가지로 분류할 수 있다.

첫째, 학교의 교육활동에 필요한 인력을 마을에서 구하는 것이다. 방과후학교에 필요한 예체능·문화 분야의 다양한 강사와 동아리 지도교사를 마을주민들 중에 찾기도 하고, 최근에는 학교의 도덕교사가 몸이 아파 병가를 냈는데 마을주민 가운데 한 명을 추천받아 수업을 맡겼다고 한다. 학부모가 교육기부로 참여하는 건축 프로젝트에 학생들이 참가하여 학교운동장에 정자를 짓기도 하고, 텃밭에서 이루어지는 학교의 특성화교과 '생태와 인간'은 마을주민이 교사이기도 하다. 이 수업에서 학생들은 농부가 아니면 알려주기 어려운 자연과의 친화적 관계를 배우게 된다. 생태와 인간 수업을 진행한 마을주민 교사는 수업에 대한 소감을 다음과 같이 말했다.

처음엔 호미질을 어떻게 하는지, 텃밭에 오면 무엇을 해야 할지를 몰라 꿔다 놓은 보릿자루처럼 가만히 서 있던 아이들이 차츰 흙을 만지고 조그만 씨앗 하나와 교감하더니 생태감수성이 조금씩 꿈틀거리기 시작했다. 교실 안 수업과 달리 충분히 떠들면서도 가능한 텃밭에서는 묵혀둔 고민도 나오면서 마음이 정화되기도 했고, 공동작업을 통해서 관계성이 발달한 아이들이 생겼다는 것도 텃밭교육의 큰 부분이라 할 수 있다. (중도일보, 2015.11.12.)

둘째, 마을을 학교 삼아 지역의 물적 자원들을 수업에 활용한다. 학생과 교사들은 모내기철이면 마을 논에서 손모내기를 한다. 지역에서의 농사체험은 지속가능한 생태적 친환경 농업의 체계를 이해하고, 농업의 소중함을 느끼는 기회가 된다. 지역의 논 생물 조사활동을 통해 유기농업의 중요성을 새롭게 배우기도 하고, 마을도서관인 밝맑도서관에서 홍동중학교 학생들은 학교도서관에 없는 책을 빌리기도 하고 강좌에 참여하기도 하며 좋은 교육의 장으로 활용하고 있다.

셋째, 지역사회의 기관이나 단체와 협약을 맺어 교육적 지원을 받고 있다. 홍동중학교는 지역사회의 인프라를 교육의 장으로 활용하고자 지금까지 15개 기관들과 업무협약(MOU)을 체결하고, 충남교육연구소와는 환경교육과 다양한 체험활동 같은 협력과제를 수행했다. 특성화교과 '생태와 인간' 수업을 지역 마을에 있는 생태농업교육관에서 1박 2일로 실시하거나, 학생 뮤지컬팀을 운영하면서 인근 대학인 청운대학교 공연영상예술대학에서 강사 지원을 받기도 한다. 풀무신용협동조합이 학생들이 기획한 '홍성군 역사문화유적 답사' 프로그램을 위한 비용을 제공하여 학생들이 지역의 역사와 문화를 이해하는 활동을 지원하는 사례도 있었다.

2) 지역사회 교육문화센터로서의 학교

마을학교로서의 홍동중학교는 교육활동을 위해 지역의 자원을 활용하는 동시에 지역사회의 주민들을 위해 교육과 문화센터로서의 역할을 하고 있다. 주민들을 위해 평생교육 프로그램을 제공하고, 문화 사랑방을 개최하여 주민들을 위한 영화를 상영하거나 학부모 아카데미를 열어 초청강연을 갖기도 한다. 2015년에는 '부모와 자녀의 의사소통', '미래사회 아이의 행복한 진로', '학습습관 코칭', '부모가 만드는 희망의 진로교육' 등의 주제로 아카데미가 진행되었다(홍동중, 2015).

학교에서 개최되는 국악관현악단 공연이나 작은 음악회에 주민들을 초청하여 문화생활 기회를 제공하고, 학생들이 기획, 진행하는 가을의 동녘제는 학생, 교사, 학부모, 주민이 함께 즐기는 축제의 장이다.

홍동중학교 학생 뮤지컬팀은 연말에 큰 공연을 한다. 2014년에는 인근 대학의 강당을 빌려 '페임(Fame)'이란 작품을 올렸는데, 학부모, 동문, 지역주민 등 3백여 명이 관람했다. 농촌지역 주민들이 접하기 어려운 뮤지컬이라는 문화공연 관람의 기회를 제공한 것이다.

홍동중학교는 전원학교 사업으로 받은 돈으로 지역주민들이 평생교육과 문화적 공간으로 이용할 수 있도록 지역교육문화센터(해누리관)를 건립했는데, 이 시설은 이용하는 주민들을 배려하여 학교 울타리와 마을의 경계에 자리를 잡았다. 해누리관은 학생들의 공부방으로 이용될 뿐 아니라 주민들을 위한 공연 공간으로 이용되기도 한다. 홍동을 방문하는 방문객에게 마을을 설명하는 장소로 쓰이거나, 때로는 주민들이 참여하는 마을세미나 장소가 되기도 한다. 최근 마을세미나는 '원자력발전과 먹거리' 주제를 다루었는데 이 세미나의 결과는 학교 식당의 메뉴에 영향을 주기도 했다고 한다(박용주 교장 인터뷰).

홍동중학교가 지역사회의 교육과 문화를 위해 기여한 독특한 방식이 있는데, 앞서 언급한 홍동중 교사들이 중심이 되어 결성한 '홍동지역 범교과 교육과정연구회'가 그것이다. 이 연구회는 2006년 지역화 교육과정의 실천 사례로 홍동지역 방과후학교와 마을축제를 기획했고, 지역의 아동들에게 미술, 음악, 체육, 외국어, 원예, 농업 등 다양한 배움의 기회를 제공하기 위해 홍동면 지역의 초중고가 협력해 '햇살배움터'라는 방과후학교를 운영하는 데 기여하기도 했다.

방과후학교에서 배운 다양한 재능들을 부모와 주민들 앞에서 발표할 기회를 찾게 되며 연합 방과후학교는 마을축제로 이어졌다. 홍동중학교 교장이 면내 기관장 회의에서 제안하고 범교과연구회의 교사가 사무국장을 맡아 홍동거리축제를 기획하여 개최된 행사였다. 홍동거리축제는 지역화 교육과정이 교과와 학교를 벗어나 지역의 문화를 재생산하는 공간으로 발전한 좋은 사례라고 할 수 있다.

3) 교육과정으로서의 지역사회

현재 홍동중학교는 지역사회의 특성과 가치를 분석하여 '마을을 학교로, 논과 하천은 교과서로' 활용하는 지역화 교육과정을 편성, 운영하고 있다. 지역화 교육과정은 농촌이라는 환경과 홍동이라는 특정한 지역을 학교교육에 반영해야 한다는 필요성을 인식한 결과이다. 지역화 교육과정을 통해 학생들이 장차 지역의 주체로 성장할 가능성을 높일 수 있다(김성천 외, 2010). 지역화 교육과정의 실천은 십 년 전부터 꾸준하게 기울인 노력의 결과이기도 하다. 홍동지역 범교과 교육과정 연구회는 지역의 학교들이 서로 협력하여 지역의 아동들에게 홍동지역의 특성을 반영한 교육과정을 가르치는 것을 시도했다.

이 지역에서 볼 수 있는 생태 건축, 생태 에너지, 생태 친화적 농수산물 생산 가공시설 등 물적 인프라와 생태, 공예, 건강 등 인적 인프라에 주목하고, 이러한 교육적 인프라를 토대로 농사 체험, 숲 체험, 천체 관측 등의 '자연영역', 유기축산, 생태건축, 대체에너지, 심신수련, 대체의학 등 '생태적 삶의 영역', 천연염색, 전통음식, 전통놀이,

전통악기, 전통공예, 들소리 배우기 등 '전통 영역 마을 이야기 듣기', 마을 그림지도 그리기, 상여 소리 배우기 등 '마을 알기 영역' 등이 지역화 교육과정의 학습 주제로 등장했다(김성천 외, 2010).

1학년 학생들을 대상으로 하는 특성화 교과인 '우리 마을 탐구'는 홍동마을의 특성, 지리, 단체, 기관 등 마을을 이해하기 위한 탐방 및 체험활동을 하는 시간이다. 학생들은 이러한 활동을 통해 마을에 대한 이해를 높일 뿐 아니라 마을에 대한 자긍심을 기른다. 2학년 학생들을 대상으로 하는 특성화 교과 '생태와 인간'에서는 학교 텃밭 고르기, 쌈채소 씨앗 파종하기, 교육농장 체험, 묘목 심기, 홍동천 일대의 조류 및 어류 탐사 등을 진행하고 모내기가 끝난 후에는 논 주변 생물 생태를 조사하며 지역의 친환경 농업 관련 인프라를 교육자원으로 활용하고 있다. 홍동중학교는 이외에도 손모내기, 향토역사 탐방, 교육농장 체험 등 지역사회와 연계하는 교육활동을 연중 추진하고 있다(충남교육소식, 2014.06.19.).

홍동중학교는 교육협약 체결 기관인 지역에 있는 홍동농협의 협조를 받아 '로컬 푸드, 농장에서 식탁까지'를 주제로 교과통합 교육과정을 집중 운영했다. 학생들은 학급별, 모둠별로 홍동농협 로컬 푸드 직매장을 탐방하며, 로컬 푸드 전반에 대한 설명을 듣고, 마을의 로컬 푸드 종류와 생산량, 유통과정과 소득 등에 관해 조사했다. 지역농업인의 로컬 푸드의 참여 현황 등을 정리한 강의를 바탕으로 학생들이 모둠을 구성해 직접 확보한 재료로 먹거리를 만드는 실습에 참여했으며, 활동 과정을 보고서로 작성하고 발표하는 시간을 갖기도 했다(충남교육소식, 2014. 06.20).

홍동중학교 학생들은 하루 동안 지역의 역사문화 유적을 답사하는 '온고지신' 현장체험 활동을 하기도 했다. 2학년 63명이 참가한 이 프로그램은 홍성지역의 역사화유적을 탐방하며 배우고, 역사적 인물들의 발자취를 되새겨보는 시간이었다(충남교육소식, 2014.06.21.).

공립 중학교인 홍동중학교는 지역화 교육과정을 편성, 운영하기에 많은 제약을 갖는다. 그럼에도 창의적 체험활동이나 자율과정, 방과후학교, 동아리활동 등을 적극 활용해서 지역의 특성과 가치를 반영한 교육을 실시하고자 노력한 결과 최근 마을에 대한 학생들의 이해가 조금씩 달라지고 있다고 한다. 이들은 농업과 농촌을 부정적으로만 보지 않게 되었고, 농업이 생명을 중시하고 평화를 추구하는 공동체적 삶과 관계가 있음을 인식하기 시작했다. 이러한 인식의 변화는 농촌을 지속가능한 마을공동체로 만드는 중요한 발판이 될 수 있을 것이다.

4) 지역사회 발전의 토대가 되는 학교

홍동중학교는 중학교라는 성격상 마을의 발전을 위해 직접적인 활동을 하기가 쉽지 않다. 그러나 마을과의 긴밀한 연계를 갖고자 하는 홍동중은 지역공동체의 지속가능한 성장을 위해 작은 노력들을 기울이고 있다.

홍동마을에는 장애청소년들을 위한 '꿈이자라는뜰'이라는 공간이 있다. 처음에는 홍동중학교 학생들이 마을로 나와 마을주민 교사와 함께 원예활동을 하던 것이 방과후수업으로 자리를 잡았고, 2009년에는 특수교육 대상 학생들의 직업교육과정으로 변화했다. 이러한 과정에는 홍동중학교와 홍동초등학교가 전원학교사업으로 받은 예산을 지원한 공로가 있었다. 지역의 학교인 홍동초등학교, 홍동중학교, 풀무학교에 재학 중인 발달장애학생들이 매주 정기적으로 학교의 특수교사와 마을주민교사와 함께 만나 이곳에서 농사일, 목공, 어울림 활동을 하며 교육을 받고 있다. 2013년에는 학생 15명과 학교의 특수교사와 보조원 5명, 마을주민교사 7명이 '꿈이자라는뜰'이라는 작은 울타리 안에서 함께 어울려 공부도 하며 일을 하고 있다. (홍동마을사람들, 2015).

2014년 7월에는 홍동중학교 교사와 학생들이 지역주민들과 함께 지역에 있는 하천인 홍동천을 살리기 위한 활동을 벌이기도 했다. 하천을 정화하는 한 방법으로 EM 미생물 흙공을 만들어 개천에 넣고, 물고기 서식 현황을 조사하여 강의 오염 정도를 파악하기도 했다.

학교는 학생들에게 지역의 지속가능한 성장을 위해 무엇을 할 수 있을지 생각하도록 교육한다. 홍동중학교의 봉사동아리는 지역의 마을회관과 노인회관을 찾아가서 어르신들에게 준비한 음식을 드리고 안마를 해드리거나 함께 놀이를 하며 여가생활을 돕는다. 지역의 지체장애인 시설인 하늘공동체와도 협약을 맺어 학교 발표회 때 이들을 초청하기도 하고, 학교학생들이 정기적으로 하늘공동체를 찾아가 봉사활동을 하기도 한다.

홍동중학교가 마을의 사회적 경제적 발전을 위해 기여할 수 있는 직접적인 일들이 별로 없어 보이지만, 최근 들어 마을의 성장을 위해 매우 중요한 변화가 나타나고 있다.

최근까지 홍동중학교 졸업생들은 가능한 홍성 시내의 대규모 고등학교로 진학하거나 대도시로 나가기 위해 애썼다. 그런데 최근 큰 변화가 있었다. 2014년에는 홍동중 졸업생 중 무려 10명이나 농업학교인 풀무학교로 진학했다. 과거에는 매년 한두 명에 불과했다. 이 학생들은 (고등)학교를 졸업하고 농사를 짓거나, 지역사회에 남아 정착할 가능성이 높다고 볼 수 있다. 이러한 변화에는 여러 가지 요인들이 복합적으로 작용했겠지만 홍동중학교의 교육이 학생들에게 생태 농업과 공동체적 삶과 진로개척 등에 대해 새롭게 생각하게 하는 계기가 되었기 때문이라고 볼 수 있다. 한 학생은 꿈이 '쓴바귀를 연구하는 것'이라 했고, 또 다른 학생은 '막걸리 전문가가 되겠다'고 한다. 농사를 지으며 시골에서도 하고 싶은 일을 하며 행복하게 살 수 있다는 생각이 학생들 가운데 확산되고 있는 것이다(오마이뉴스, 2015.12.28.; 홍순명과의 인터뷰).

마을을 교육과정 삼아 공부한 결과, 장차 자신의 미래를 도시가 아닌 농촌마을에서 펼쳐갈 것을 계획하는 학생들이 생겨나는 것은 마을의 발전을 위해 매우 중요한 일이라 할 수 있다.

6장. 이성초등학교[19)]

1. 학교의 현황 및 역사

이성초등학교는 도시 근교 농촌지역의 공립 초등학교이다. 1946년 개교하여 70년 역사를 지닌 학교이다. 행정구역상으로는 전라북도 완주군 이서면 이성리에 위치하지만 실제로는 완주군과 전주시, 김제시의 접경 지역에 있다. 학교 주변 인구가 도시로 이사를 가면서 학생 수가 줄어들어 2007년에는 유치원생을 포함한 전교생이 29명에 불과하

---

19) 2011년에 1차 연구를 하면서 이성초등학교 교장, 교감, 교사, 마을주민과 인터뷰한 자료와 문서 자료들을 일부 활용했다. 그리고 당시와 지금 학교의 변화에 주목하여 현재의 학교를 분석하기 위해 2015년 학교운영계획서와 홈페이지에 나와 있는 다양한 자료들을 수집했다. 또한 2016년 1월 학교를 재방문하여 교감과 교사를 인터뷰하고 마을 이장을 인터뷰했다. 인터뷰한 교감과 교사는 근속 연수가 8년, 7년이어서 학교의 변화에 대해 잘 알고 있었다. 마을 이장 역시 6년 전에도 이장으로 있어 당시 인터뷰와 최근 인터뷰를 비교하며 학교와 마을의 변화상을 볼 수 있었다.

여 폐교 위기에 처하기도 했다. 그러다 2007년 새로 부임한 교장의 리더십으로 교직원, 학부모, 지역주민들이 힘을 합쳐 학교를 활성화시키는 데 성공했다.

당시 교장이 내세웠던 학교의 비전은 '지역공동체와 함께하는 농촌학교의 새로운 모델 만들기'였다. 학생들을 위한 교육활동을 내실화하는 동시에 지역주민들을 위한 다양한 평생교육 프로그램을 개설하여 학교는 학생은 물론 지역주민을 위한 교육의 장이 되었다. 당시 이성초등학교는 학교와 마을이 매우 긴밀한 관계를 맺는 독특한 농촌학교 모델로 평가받았다. 이런 노력의 결과 인근 도시에서 학생들이 전입해 2011년 3월에는 전교생이 184명으로 증가했다. 이러한 학교의 변화는 '평생교육 대상' 수상, '대한민국 좋은 학교 박람회' 초청 같은 결실로 나타나 전국적인 유명세를 타게 되었다.

하지만 그 이후 교장과 교사들이 전근을 가면서 이성초등학교는 지역사회에 대한 관심이 조금씩 줄어들어 지금은 학교 내부의 교육활동에 더 집중하고 있다. 학교의 비전에서 지역공동체란 단어가 사라진 만큼 현재 학교와 마을의 관계가 이전보다 소원해진 측면이 있지만 그럼에도 여전히 공동체와 지역사회는 이 학교의 주요한 관심사이다. 학생 수가 급격하게 늘었던 2010년 이후 학생 수는 지금까지 일정하게 유지되고 있다. 현재 재학생들 가운데 지역마을 학생이 전체의 20% 정도이고, 나머지 80%는 인근 도시인 전주에서 통학하고 있다.

현재 학교는 수업혁신을 중점사항으로 하는 전북 혁신학교 모델을 추구하고 있다. '신뢰와 소통으로 더불어 성장하는 행복한 학교'란 비전 아래 학교의 운영 목표를 네 가지로 정하고 있다. 1)행복한 배움이 일어나는 수업혁신과 전문적 학습공동체 구축, 2)성장과 배움 중심의 미래지향적 교육과정 편성 운영, 3)민주적이고 개방적인 학교운영 문화 조성, 4)교수-학습 중심의 학교 운영 시스템 구축 등이다(이성초등학교, 2015).

2. 학교와 공동체

이성초등학교는 소통과 참여가 활발한 민주적 학교공동체를 지향한다. 교사들은 아침에 학생들을 따뜻하게 맞이하고 학생들이 학급별 특성에 따라 활동할 수 있도록 안내하는 역할을 한다. 또한 아침 산책을 통해 학생과 교사의 친밀감과 신뢰감을 높이기도 한다. 학생 자치회 활동과 동아리 활동은 공동체 의식을 기르는 중요한 통로다. 학생이 주도하는 전교생 전체 모임과 전교생 독서발표회 역시 학생들의 자치 능력과 상호간의 연대감을 높여준다. 학교는 민주적인 학교공동체를 위해 협의회를 민주적으로 운영하며, 교육과정 운영 평가회를 통해 교육활동을 계획하고 필요한 경우 수정한다. 업무 경감 협의회를 통해서는 효율적인 업무 수행을 위한 방안을 모색한다.

이성초등학교는 민주적 학교공동체를 지향하면서 특히 교사들의 전문성을 키우는 학습공동체를 강조한다. 교육과정 운영의 목표 가운데 하나가 '행복한 학교 만들기'인데, 이를 위해 소통과 협력의 학교문화를 바탕으로 한 학습공동체 형성이 필요하며, 교육목표인 수업혁신을 이루기 위해서도 마찬가지로 교사들의 전문성을 키우는 학습공동체가 필요하다고 본다.

이처럼 교사들의 학습공동체는 이성초등학교가 가장 강조하는 공동체 가운데 하나이다. 이를 위해 매주 전 교사 수업 토론회와 독서 토론 교사동아리를 운영한다. 격주 수요일 5,6교시에는 전체 교사 연수를 통해 교원의 전문성 신장을 꾀하고 있다. 또한 다른 격주 수요일에는 교직원 독서토론 동아리와 운동 동아리를 운영하며, 이러한 활동을 통해 교사들의 학습공동체가 강화되기를 기대한다. 이 외에 수업 개선을 위해 다양한 장학 활동이 '수업 나눔'이라는 이름으로 이루어지고 있다. 자기 장학, 동료 장학, 컨설팅 장학은 수시로 이루어지고, 연간 교육지원청의 장학 1회, 임상 장학 2회, 학부모 수업 공개도 2회 이루어지고 있다.

이처럼 수업혁신을 위한 학교의 노력이 매우 적극적이지만 그러한 노력이 학교가 의도하는 학습공동체 구축에 직접 기여하는지에 대해서는 의문이 있다. 교사들이 자신의 수업을 자발적으로 공개하고 수업 나눔이 자유롭게 이루어질 때 시간이 지나면서 자연스럽게 학습공동체가 구축될 수 있다고 본다(사토 마나부, 2008). 그런데 이성초등학교에서는 수업 나눔이나 수업 공개 횟수가 줄고 교사들의 자발성 혹은 공동체적 문화가 약화되고 있는 점이 눈에 띈다. 전문적 학습공동체가 보다 견고하게 구축되려면 교사들 사이에 긴밀한 동료성과 공동체 의식이 더 필요할 것이다.

3. 학교공동체와 지역사회

이성초등학교와 지역사회의 협력체제의 특징은 학교가 주도적으로 마을을 지원하는 형태를 취했다는 점이다. 학교가 주민들을 위해 평생교육 프로그램을 운영하고, 지역의 아동들을 위해 적절한 교육과 돌봄을 제공했다. 지역의 인적·물적 자원을 활용하는 면에서도 지역사회에서 먼저 적극적으로 제공하기보다는 학교의 요청에 의해 제공되는 측면이 강했다. 공립 초등학교가 갖는 한계 때문에 지역사회의 사회·경제적 발전에 학교가 직접 기여할 수 있는 여지는 그다지 많지 않다. 그러나 이성초등학교로 인해 지역의 아동들이 타지로 가지 않는다거나, 많지는 않지만 몇몇 가구가 이곳으로 전입하는 것은 마을의 발전에 기여하는 점이라 할 수 있다.

1) 협력 관계의 변화

2015년 학교 운영계획서에 따르면 이성초등학교는 학교와 지역사회의 협력 네트워크를 활용한 교육공동체 구축을 비전으로 삼고 있다. 그리고 구축된 교육공동체의 협조체제를 활용하여 기초학력 부족이나 교육격차 심화와 같은 학생들의 교육 문제를 해결하고 다양한 교육적 기회를 제공하고자 한다. 그런데 오늘날 지역사회와의 협력 관계는 과거 6~7년 전의 모습과는 상당히 달라졌다.

2010년 전후, 급격한 성장의 시기에 이성초등학교는 지역사회와의 협력 관계를 통해 지역주민들에게 평생교육의 기회를 제공하고 지역의 발전에 기여하는 다양한 노력들을 기울였다. 그러나 현재는 지역사회 네트워크를 통해 학생들을 교육하는 데 초점을 두고 있다. 그러다 보니 지역사회와 교류가 조금씩 축소되어 지금은 학교와 지역을 연결하는 끈이 느슨해져 있는 상태이다. 필자가 방문했을 2010년 당시 만난 마을주민들은 학교가 제공하는 다양한 봉사와 교육기회에 대해 고마워하는 경우가 많았다. 그러나 2016년에 다시 만난 마을 이장은 어르신들이 학교에 별 기대나 관심이 없다고 했다. 몇 년 전 학교에서 어르신들을 위해 열었던 요가교육, 웃음치료, 발마사지 봉사, 사물놀이 등 다양한 활동에 대한 기억이 주민들 사이에서는 조금씩 잊혀지고 있는 셈이다.

이러한 학교의 변화를 보는 시각은 두 가지다. 먼저 학교의 변화에 대해 매우 아쉬워하는 시각이다. 당시 평교사로서 평생교육 활동을 직접 담당했던 현재의 교감은 당시를 이렇게 회상한다.

그때는 정말 열심이었죠. 주말이면 프로그램 강사와 함께 경로당을 찾아다니며 할머니, 할아버지에게 노래도 가르치고 마사지도 해드리고⋯. 몸은 무척 힘들었지만 보람 있는 시간이었죠. 시골에 계신 우리 어머님 생각도 했어요. 그곳에서도 학교에서 이런 봉사 해주면 좋겠다고요. 어르신들로부터 고맙다는 말 많이 들었죠. 하지만 다 지난 일이죠.

두 번째 시각은 변화를 긍정적으로 수긍하는 관점이다. 과거 교장의 헌신으로 학교가 지역사회로부터 인정받고 활기를 띤 것은 사실이지만 교장에 따라 학교가 변하는 것을 어쩔 수 없는 것으로 본다. 여건이 되면 학교가 지역주민들까지 신경을 쓰지만 그렇지 않을 때는 우선 순위가 당연히 학생이 되어야 한다고 본다. 그러므로 지금 이성초등학교가 학생 교육에 전념하는 것은 당연한 선택이라는 것이다.

그런데 이성초등학교는 왜 지역주민까지 끌어안던 마을학교에서 학생들에게만 초점을 두는 일반적인 학교로 변화하게 되었을까? 그 변화의 과정과 원인을 탐구하는 것은 중요하다. 공립학교는 개방체제로 내적 외적 요인에 의해 끊임없이 변화하는 속성을 지니고 있다. 그러므로 변화의 원인을 정확하게 파악하는 일은 학교의 변화가 긍정적인 방향으로 나아가게 하는 데 도움을 줄 것이다. 이성초등학교의 변화에도 학교의 내적 요인과 외적 요인이 작용한 것으로 보인다.

먼저, 내적 요인으로는 교장의 교육철학과 리더십을 들 수 있다. 2010년 당시 학교가 '지역과 함께하는 학교'로 전국적인 명성을 얻게 된 것은 무엇보다 당시 교장의 확고한 비전과 리더십 때문이었다(강영택·김정숙, 2011). 평생교육을 학교교육에 접목한 농촌학교 모델에 대한 분명한 비전과 그것을 실현할 수 있는 열정이 교장에게 있었다. 교장의 헌신적인 리더십은 당시 교사들 대부분을 그 일에 참여하게 만들었다. 그의 리더십으로 교직원들은 한마음으로 학교를 변화시켜 나갔다. 그리고 교장은 지역사회와 관련된 업무를 효과적으로 할 수 있도록 업무분장에 평생교육부를 따로 두었다. 그래서 평생교육부 담당교사는 주말에도 마을을 돌아다니며 주민들과 대화하고 프로그램 진행을 관리했다.

그런데 학교가 평생교육을 중심으로 마을과 함께하는 학교로 성장하던 중 2011년에 새로운 교장이 부임했고 교사들이 일부 교체되면서 학교는 지역사회를 위한 프로그램들을 조금씩 축소시켜갔다. 새로 부임한 교장은 학교 바깥보다는 학생들에게 중점을 두고자 했다. 그렇지만 그동안 학교가 쌓아왔던 전통은 쉽게 사라지지 않고 이어졌다. 그러다가 2015년 또 다른 교장이 새로 부임하면서 이성초등학교는 더욱 일반적인 학교의 모습을 띠게 되었다. 혁신학교로서 수업 개선을 위해 많은 노력을 기울여 학생과 학부모의 신뢰를 얻었지만 지역주민들과는 거리가 멀어져갔다.

학교의 변화에 영향을 준 외적 요인으로는 재정지원과 관련이 있다. 지역사회와 협력 관계를 맺고 평생교육 프로그램을 제공하는 등 다양한 활동을 하기 위해서는 상당한 비용이 든다. 다행히도 2010년 당시에는 농촌지역 학교에 대한 정부지원이 적극적인 편이었다. 더구나 이성초등학교는 '평생교육 대상' '전원학교' '지역과 함께하는 학교'로 선정되어 다양한 평생교육 프로그램을 운영할 예산을 확보할 수 있었다. 그러나 지금은 그런 명목의 정부지원 예산이 거의 없다고 한다. 2014년까지는 완주군에서 평생교육 분야에 지원된 금액이 조금 있어서 그 예산으로 주민 대상의 프로그램을 할 수 있었는데 2015년 이후에는 예산이 책정되지 않았다고 한다. 필자가 인터뷰한 한 교사는 예산 부족이 학교가 지역주민들에게 관심을 쏟지 못하게 되는 주요한 요인이라고 했다.

그러나 필자가 보기에는 교장과 교사의 교육관과 헌신적인 삶의 태도가 더 중요하게 보인다. 마을을 단지 학교를 위한 교육적 자원으로 보는 관점을 넘어서 아이들의 참된 배움터요 아이들이 장차 살아갈 삶의 터전으로 이해하면 마을에 대한 관심과 애정을 더욱 갖게 될 것이다. 이런 관점의 변화는 재정의 뒷받침이 없다 할지라도 마을과의 유기적 관계 형성을 위해 수고를 아끼지 않게 할 것이다.

2) 협력 관계의 형태

① 마을의 교육자원을 활용하는 학교

이성초등학교는 지역사회의 인적자원을 활용하여 배움과 성장이 있는 문화예술 및 스포츠 체험 활동을 운영한다. 지역에 있는 인적자원의 도움으로 연극, 수영, 스케이트, 눈썰매, 신문 활용 수업 등이 이루어진다. 또한 완주군과 완주교육청의 지원으로 원어민을 활용한 중국어와 영어 팀티칭 수업을 한다.

과거에는 지역사회의 전문가들을 활용한 전문가 특강이 자주 있었다. 가까운 지역의 상공회, 신문사, 은행, 박물관 사람들이 학교에 와서 강의를 했다. 인근의 대학 신문방송학과 대학생들이 와서 미디어교육의 일환으로 신문 활용 교육을 하기도 하고, 인근의 군부대와 협약을 맺어 부대 장병들이 토요학교에서 학생들에게 축구를 가르쳐주기도 했다. 인근 교회에서는 멀리서 오는 학생들의 등하교와 수영교육 때 차량을 운행해주었다. 이러한 활동들은 대부분 학교에서 먼저 지원을 요청해서 이루어졌다.

학교는 마을의 인적자원 뿐 아니라 자연환경을 이용한 교육활동도 하고 있다. 학급별로 텃밭을 분양받아 텃밭 가꾸는 날을 운영하며 친환경 농산물을 재배하고 있다. 학생들이 직접 재배한 농산물을 수확하여 요리실습에 사용하고 가을에는 김장 체험도 한다. 지역의 자연환경 연수원과 연계하여 학교 주변의 숲, 들, 하천에서 생태체험 활동을 하기도 했다. 매주 월요일 아침에는 학생들이 교사와 함께 아침산책을 하며 사계절의 변화를 느끼는 시간을 갖는다.

② 마을 교육문화센터로서의 학교

이성초등학교는 수년 전부터 지역사회의 평생교육기관 역할을 적극적으로 수행해왔다. 최근 들어 그 기능이 약화되긴 했지만 여전히 지역주민들을 위한 다양한 교육 프로그램이 운영되고 있다. 학교는 평생교육의 목적으로 "학부모, 지역주민, 소외 계층 전체가 프로그램의 주체가 되는 평생학습사회 구축"과 "지역의 인적·물적 자원의 네트워크 조성" 등을 들고 있다.

이를 추진하기 위해 토요학교 프로그램을 운영하는데, 온 가족이 함께 할 수 있는 학습, 교양, 취미 분야를 중심으로 특기 계발, 가족 친화적 학교 분위기 정착을 도모하고자 한다. 학부모 아카데미는 농촌지역 주민과 학부모들을 위한 교양과 취미교육을 진행한다. 매주 화요일에는 독서교실이, 토요일에는 우쿨렐레 교실이 운영되고 있다. 학부모들은 그렇게 배운 것을 학교에 재능기부로 환원하고 학부모와 담임교사가 협력수업을 하여 학생에게 창의적이고 다양한 학습 기회를 제공한다. 학교에서는 일 년에 두 차례 전교생과 학부모들이 학교에 모여 영화 관람을 한다. 학부모들을 대상으로 재능기부단과 봉사기부단을 구성하여 학생들의 교육에 참여하도록 하고 있다.

학교는 학생들을 위한 교육에 더 많은 관심을 갖고 집중하고 있지만 6~7년 전 이성초등학교가 급격한 변화와 성장을 하던 시기에는 마을의 교육·문화 중심기관으로서 역할을 하기 위해 많은 노력을 기울였다. 마을을 위한 지역봉사 프로그램과 평생교육 프로그램을 적극적으로 운영했다. 주민들을 찾아가서 혈압 체크를 하고 사물놀이 공연을 하거나 지역교회와 협력하여 웃음치료, 발마사지 봉사를 하기도 했다.

주민들을 위한 평생교육 프로그램의 운영은 '이성 평생학습마을 만들기 사업' 이름으로 이루어졌는데, 토요학교, 일요학교, 야간학교, 찾아가는 학교 등 다양한 형태가 있었다. 지역주민과 학부모들을 대상으로 요리 교실, 독서 교실, 컴퓨터 교실, 바둑 교실, 풍선아트 교실, 도예 교실 등을 개설하여 교육 이수 후 자격증을 따거나 완성된 작품을 가져갈 수 있도록 했다. 그리고 문화답사 동아리를 만들어 학부모와 주민들이 인근 지역의 문화를 이해하는 기회를 갖기도 했다. 지역주민들이 사물놀이를 배워 사물놀이패를 만들어 공연도 다니고 학교발표회에서 발표도 했다.

이처럼 다양하게 이루어졌던 교육 문화 활동은 농촌지역의 주민들에게 삶의 활기를 불어주는 역할을 했다. 당시 지역주민의 말을 들어보자(강영택·김정숙, 2011).

이곳이 활성화가 안 되었을 때는 어르신들도 농사만 짓고 취미생활이라는 것이 전혀 없었잖아요. 근데 이성초등학교에서 복지관에 와서 장구도 국악도 가르쳐주시고 교회 가서도 활동을 많이 해주시더라고요. 어르신들이 좋아해요. 잘됐다는 소리를 듣고요. 농촌에 사시는 분들 오로지 일만 하시고 이러는데 일도 하고 취미생활도 하게끔 만들어주었던 것 같아요.(지역주민 학부모)

③ 교육과정으로서의 마을

지역사회를 교육과정으로 삼아 학과 수업시간이 운영되는 경우는 많지 않다. 다만 학교 주변에 있는 숲, 들, 하천에서 생태체험을 통해 자연과 지역사회를 알아가는 시간을 갖는다. 이때에는 인근에 있는 전북자연환경연수원의 도움을 받는다. 그리고 연중 한 번씩 지역문화 탐방 기회를 갖는다. 2015년에는 같은 지역에 있는 완주 고산자연휴양림에서 열리는 와일드 푸드 축제에 전교생이 참가해 학생들이 지역문화를 체험하고 지역사회에 대한 이해와 애향심을 기르는 기회를 가질 수 있었다.

또한 교육과정에 따라서 2학년 학생들은 '우리 마을 알아가기' 시간에 학교 인근 지역의 문화유산과 자연환경을 탐구한다. 3학년 학생들은 전주시와 완주군에 대해 탐구하기 위해 프로젝트 수업을 실시한다. 4학년 학생들은 전라북도의 역사와 문화 예술에 대해 공부한다.

④ 마을 발전의 토대가 되는 학교

이성초등학교가 마을의 사회적·경제적 발전에 직접 기여하고 있다고 보기는 어렵다. 그러나 점차 쇠퇴해가는 농촌 마을에 활기를 불어넣어 새로운 가능성을 모색하는 계기를 제공한 것은 사실이다. 무엇보다 지역의 아동들에게 우수한 교육 기회를 제공함으로써 아이들이 도시학교로 가지 않아도 되게 되었다. 지역사회의 학부모들이 자녀들을 인근의 도시에 보내다 보면 결국 그곳으로 이사를 가는 경우가 많다. 이는 지역의 인구를 감소시키는 원인이 된다. 그러나 학교가 변하면서 다른 지역의 학부모들이 자녀를 이 학교에 보내기 위해 이사를 오는 경우가 늘어나는데, 이는 마을에 큰 활력이 된다. 요즘도 매년 한두 가구가 학교 인근 지역으로 귀촌 혹은 귀농을 하는데 자녀가 있는 가정의 경우는 아이들을 보낼 좋은 학교가 있다는 점이 중요하게 작용한다. 그런 면에서 이성초등학교는 여전히 마을의 발전에 중요한 발판이 되고 있는 셈이다.

학교교육의 내실화와 지역사회와의 연계가 성공적으로 수행되면서 학교가 전국적으로 좋은 평가를 받은 것은 마을주민들에게 큰 자부심과 희망을 갖게 했다. 쇠퇴해가던 농촌지역의 주민들은 자기 지역에 전국적으로 알려진 학교가 있다는 사실에 긍지를 느꼈다. 또한 이웃들이 도시로 떠나면 남은 이들은 패배 의식을 갖곤 했는데 이제 새로운 희망을 갖게 된 것이다. 이처럼 주민들이 갖는 마을에 대한 자부심과 희망은 마을의 발전을 위한 토대가 될 수 있다. 2010년 마을 이장과 마을주민 학부모와 했던 면담 내용을 인용하면 다음과 같다(강영택·김정숙, 2011).

서울에서 전국에 있는 몇 개 안 되는 초등학교가 발표를 했을 텐데 이성초등학교가 거기에 나와서 학교 동창회 회장님이 감격해서 저를 불러서 이야기 하시더라구요. 우리 이성초등학교가 서울 전국 방송에 나왔는데 하면서…. 이성초등학교가 이서면 이성리에 있구나 하는 자부심이 있죠.(마을 이장)

삶의 질이 높아지면서 지역에 대한 소속감도 높아지지 않을까 싶어요. 특히 이제 도시 못지않게 이곳도 교육이 잘 되고 있잖아요? 개인적으로도 예전에 아이들 학교 보내기 전에 걱정을 했어요. 시골에 사는 것이 아이들 교육에 걸림돌이 되는구나 생각했는데. 이곳에 사는 젊은 엄마들도 저와 같은 생각을 했을 거예요. 그런데 이제 학교가 그것을 해결해줬잖아요? 전학을 안 가도 되고 따로 사교육을 안 시켜도 되고. 예전에는 도시 친구들과 대화를 하다 보면 뒤처진다는 느낌이 있었는데 이제 그런 것들이 좀 해소가 돼서, 지금은 삶의 질도 높아질 뿐더러 이곳 주민이라는 소속감도 생기고 그래요. 이전에는 지역사회와 나는 별개라고 생각했는데 학교로 인해서 지역사회에 대한 소속감이 강해졌다고 해야 하나.(지역주민 학부모)

7장. 의정부여자중학교

1. 학교의 현황

경기도 의정부시에 자리한 의정부여중은 1955년에 개교한, 역사가 오래된 공립 중학교이다. 학생 수는 2016년 기준 532명이고 교직원 수는 지역사회교육 전문가 1인을 포함하여 총 56명으로 중간 규모의 학교라 할 수 있다. 2009년에는 교육복지투자 사업에 선정되어 학교에 교육복지사가 들어오게 되어 학교와 마을을 연계하는 활동을 할 수 있게 되었다. 2011년에는 혁신학교로 지정되어 그 이후로 계속 혁신학교로 운영되고 있다. 2013년에는 경기도교육청으로부터 혁신학교 우수학교로 선정되었고, 2016년에는 경기도교육청 모범혁신학교로 지정되었다(www.ujbg.ms.kr). 혁신학교 지정은 학교 문을 마을을 향해 활짝 여는 주요한 계기가 되었다.

의정부시는 경기 북부의 중심 도시로 경기도 북부청사와 경기도교육청 북부청사가 소재하고 있고, 인구는 2016년 기준으로 43만 명 정도이다. 의정부 지역의 각급 학교는 규모가 크고, 학급당 학생 수, 교원 1인당 학생 수가 전국 평균에 비해 높은 편으로, 교육 여건이 열악하다고 할 수 있다.

의정부 지역에 대한 주민들의 인식은 부정적인 경향이 있다. 서울에서 사업에 실패한 사람들이 들어온 경우가 많고, 특히 의정부여중이 있는 가능동에는 그런 세대가 많다고 한다. 그래서 의정부시는 살고 싶은 곳이라기보다 되도록 빨리 떠나고 싶은 곳이라고 한다.

그럼에도 불구하고 의정부시에는 마을과 교육에 대해 고민하고 실천하는 단체들이 많다. '초록우산우리마을의정부' '꿈틀자유학교' '교육희망네트워크' '동화 읽는 어른들의 모임' '참교육학부모회' 등이 교육연대 조직으로 모여 지역의 아동, 청소년, 성인 교육을 위해 열심히 활동하고 있다. 또한 의정부시에는 경기도의 혁신학교와 혁신교육지구 사업에 참여하여 학교를 개혁하려고 노력하는 학교들도 있어 마을과 학교의 변화를 이루어내고 있다. 그 결과 의정부시는 열악한 여건에도 불구하고 경기도의 성공적인 마을교육공동체 사례가 되고 있다 (김용련 외, 2015; 김현주 외, 2015; 서용선 외 2016). 이 중에서 '초록우산우리마을의정부'는 의정부 지역에서 마을교육공동체를 형성하는 데 매우 중요한 역할을 했을 뿐 아니라 지역과 연계하는 데도 중요한 역할을 했다.

초록우산우리마을의정부는 일 년의 지역 조사와 준비 끝에 2013년 최빈곤 지역이자 아동 밀집도가 높은 의정부 가능동에 자리 잡았다.

아동복지사업에서 시작해 지금은 마을주민들과 함께 마을의 공동체성을 회복하기 위해 다양한 활동을 하고 있다. 무엇보다 지역주민들이 마을의 주인이 되어 스스로 지역의 문제를 해결해갈 수 있도록 주민 역량을 강화하는 활동을 지원한다.

활동은 크게 두 가지로 나뉜다. 첫째는 소통과 활동의 장을 제공하는 일이다. 주민들이 편하게 이용할 수 있는 도서관과 카페를 운영하고, 아동과 성인의 동아리 활동에 필요한 지원을 한다. 둘째는 교육활동과 관계된 일이다. 주민의 필요를 조사해 부모 교육과 인문학 교육을 실시하고 있다. 또한 아동, 청소년, 주민 리더를 양성하기 위해 리더십 교육을 하기도 한다(서용선 외, 2016: 180-187).

의정부여중은 도시 외곽 재개발로 학교 주변 지역이 슬럼화 되어가면서 어려움을 겪고 있다. 학생들 가운데는 조손가정, 결손가정, 맞벌이부모 가정이 많아 다수의 학생들이 문화적, 교육적 혜택을 누리지 못하고 있으며, 기초학력과 생활습관에 문제를 안고 있다. 특히 학생들 가운데는 낮은 자존감으로 학교생활에 어려움을 겪는 학생들이 많다(손민아, 2013). 이러한 상황에서 2011년 경기도교육청이 추진하던 혁신학교에 선정되면서 커다란 변화를 겪고 있다. 먼저 학교 모토를 '배움으로 세우는 자존감, 실천으로 완성하는 배려'로 정했고, 이를 위해 학교는 네 가지의 교육목표를 갖고 있다. 자신의 삶을 사랑하는 사람(자존감), 세상과 소통하는 사람(배려), 생태적 삶을 실천하는 사람, 문화·예술적 소양을 갖춘 사람을 양성하는 것이다.

혁신학교 지정 이래 학교에서 중점적으로 수행하고 있는 것 중에 주제중심 통합교육과정이 있다.

통합교육과정을 운영하는 목적은 교육이 삶과 분리되지 않도록 하기 위함이다. 통합교육과정에 따라 시행되는 교과통합 프로젝트 수업은 삶과 교육의 통합을 지향하는 동시에 각 교과목들의 분절적 사고를 지양하고자 한다. 삶에서 겪는 문제들을 이해하고 해결하기 위해 학교에서 배운 여러 교과 지식들을 종합적으로 활용하는 능력을 프로젝트 수업을 통해 배양하고자 한다.

교과통합 프로젝트 수업은 먼저 학교에서 교과수업을 하고 당일 오후 관련 현장으로 가서 체험활동을 한다. 예를 들어, 2012년 1학기에 1학년은 '생태'를 주제로 광릉수목원에 가서 수업을 진행했고, 2학년은 '친구와 함께하는 음식여행'을 주제로 지역시장에서 프로젝트를 진행했다. 3학년은 '근현대사의 역사공간을 찾아서'란 주제로 국회의사당, 서대문형무소, 역사박물관을 방문해 수업을 진행했다.

또 다른 통합교과 프로젝트의 좋은 예가 뮤지컬 수업이다. 뮤지컬은 다른 사람의 삶을 경험해보는 좋은 방편이다. 학교는 이 프로젝트 수업을 통해 학생들이 새로운 자신의 모습을 발견하고 탐색하는 것을 목표로 하고 있다. 음악, 사회, 국어, 역사 과목의 통합교과 프로젝트의 일환으로 '뮤지컬 만들기' 수업을 진행했는데, 사회와 역사과 수업 시간에는 근현대 문제를 주제로 콘티를 작성하고, 국어 시간에 시나리오를 다듬고, 음악 시간에는 시나리오 각 장면에 어울리는 음악을 선정했다. 그렇게 완성된 시나리오로 연기와 노래, 안무 등 전반적인 뮤지컬 수업을 진행했다. 그리고 기술가정 시간에는 뮤지컬에 쓸 의상을 제작하기도 했다.

2. 학교와 공동체

　의정부여중은 '배움과 돌봄의 책임교육공동체'를 학교의 기본철학으로 삼고, '민주적 학교공동체 실현'을 학교의 5대 핵심과제 중 첫 번째로 꼽고 있다. 다시 말해 배움, 돌봄, 민주성을 중시하는 교육공동체 형성이 중요한 교육목표인 셈이다. 이러한 교육공동체 형성을 위해 세 차원에서 노력을 기울이고 있다.

　첫째, 민주적이고 서로 배려하는 교사 문화를 만들고자 한다. 공동체 형성을 위해 필수적인 요소는 구성원 상호간 신뢰의 문화이다. 의정부여중의 경우, 학교에 신뢰의 문화를 정착시키기 위해 먼저 교장이 앞장서서 노력을 해왔다. 학교장과 교사들은 학교혁신의 방향과 방법에 대해 여러 차례 토의를 거쳐 그 방안을 정했다. 학교의 문제점에 대해 논의하고 해결 방안을 찾기 위해 '교사대토론회' '교장-담임 회의' '교장-학생 회의'를 열기도 했다. 학생생활에 대해서는 전교생이 참여하는 '학생생활 대토론회'를 갖고, 교직원회의는 단순 전달식 방식을 지양하고 중요한 안건에 대해 교사들이 자신의 의견을 개진한 뒤 함께 결정하는 방식으로 진행했다. 또한 교장은 권한을 위임하여 교사에게 자율성을 보장하고 자발적으로 수업과 교육과정의 변화를 위해 노력하는 교사들을 격려하고 지원했다. 이러한 교장의 신뢰와 섬김의 리더십에 영향을 받은 교사들은 자발적으로 교사연구회를 만들어 교육과정의 재구성을 위한 노력을 기울였다. 의정부여중이 혁신학교로 지정된 뒤 학교가 달라진 점 가운데 자신의 마음가짐이 달라진 것이 가장 큰 변화라고 많은 교사들은 말했다(손민아, 2013).

둘째, 소통과 교육 중심의 학교조직의 혁신을 통해 교사들의 학습공동체를 만들고자 노력한다. 공동체 형성에 필요한 문화를 만드는 것은 필요한 작업이지만 충족 조건은 아니다. 신뢰의 문화 형성과 함께 공동체 활동에 부합하는 실제 조직의 변화를 만드는 일이 필요하다. 의정부여중은 혁신학교를 시작하면서 행정업무가 아닌 교육활동을 중심으로 교사들이 협력할 수 있도록 학교조직의 변화를 추구했다. 담임교사와 교과교사가 교육활동에 전념할 수 있도록 학년부 중심으로 조직을 바꾸고 교사들의 잡무를 경감했다. 이에 따라 교사들은 학교의 교육목표에 맞게 동료들과 교육과정을 재구성하고 수업 전문성 개발에 힘쓰는 학습공동체를 형성할 수 있었다.

학교조직이 학년부 중심으로 재편되면서 수시로 이루어지는 학년협의회를 통해 교사들은 함께 교육활동을 계획하고 실행하는 공동체적 활동을 하게 된다. 학년협의회는 교사들의 협력을 통해 학생들에 대한 학습지도와 생활지도를 효과적으로 하기 위해 노력한다. 구체적 내용으로는 "수업 진행이 어려운 학급의 경우 1주 동안 학년부를 중심으로 그 해당 학급의 전교과 교사가 수업을 공개"하고 "학년의 교사들이 함께 수업을 관찰하면서 문제의식을 공유하고 학년협의회를 통해 수업에서 나타난 문제점과 개선 방안을 논의"하게 된다(손민아, 2013). 의정부여중에서 시행한 '교육중심의 학교조직에 대한 혁신'의 예를 들면 〔그림 6〕과 같다.

셋째, 수업혁신을 통해 학생들이 상호 배려하는 배움의 공동체를 만들고자 한다. 교원들 사이에 형성되는 교육공동체는 필연적으로 학생들에게 영향을 미치게 된다. 무엇보다 학생들 사이에서 이루어져야 하

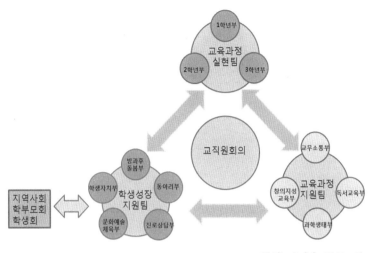

〔그림 6〕 2013학년도 의정부여중 학교조직 운영계획

는 공동체는 참된 배움이 중심이 되는 공동체이다. 의정부여중은 '미래형 참된 학력 향상'을 5대 핵심과제 가운데 하나로 선정한 바 있다. 즉, 의정부여중에서 강조하는 교육은 단편적인 지식의 암기 교육이 아니고 미래사회에서 요구하는 역량교육이다.

　이러한 역량교육을 위해서는 전통적인 수업방식에 혁신이 있어야 하고, 공동체적 배움이 필수적이다. 이를 위해 토의와 토론, 프로젝트 학습, 교과별 체험 프로그램 같은 수업 방식을 도입하고, 회복적 생활지도와 생활협약을 통한 공동의 가치 구현과 같은 혁신적인 생활지도 방식을 실시하고 있다. 또한 뮤지컬 통합수업, 시낭송 축제, 종이로 만든 패션쇼, 생태캠프 등을 통해 다양한 주제, 내용, 방식의 교육을 다양한 공간에서 학생들은 경험하게 된다. 이런 학습 경험들은 학생들에게 다른 사람들과의 적극적인 상호작용을 통해 배움이 일어나는 배움의 공동체를 경험하게 한다. 학생들은 이러한 경험을 다음과 같이 표현했다. "공부하는 방식이 달라졌다." "모둠 수업을 통해 협동심을 기를 수 있게 되었다." "모둠활동이 많아 지식을 공유하게 되었다." "이전까지는 혼자 힘으로 학습을 해결해야 했는데 중학교에 와서 애들과 힘을 합쳐서 해결할 수 있게 되었다."(손민아, 2013)

3. 학교공동체와 지역사회

1) 교육자원 공급처로서의 마을

의정부여중은 2009년 이후 '교육복지 우선지원사업'을 하고 있다. 교육복지 우선지원사업이란 "청소년들의 건전한 성숙을 위해 학교가 중심이 되어 지역교육공동체를 구축하고 학생들의 삶 전반에 대한 복합적인 지원을 하는 사업"이다. 교육복지 지원사업은 여섯 가지 중점 사항을 갖는데 그 중 네 가지가 지역사회와의 연계를 중시하는 것이다. 첫째, 지역에서 학생의 정서적 지지자를 발굴하여 학생을 위한 멘토링을 실시한다. 둘째, 졸업생과의 연계 프로그램을 통해 지역사회 교육공동체를 형성한다. 셋째, 교내 돌봄 시스템을 활성화하여 지역사회 연계를 통한 통합적 사례 관리 체계를 확립한다. 넷째, 학교 간 공동사업과 지역사회 연계를 통한 마을배움터를 실현한다. 이러한 중점 사항들은 마을에 있는 교육적 인프라와 인적·물적 자원을 발굴하고 체계화하여 학생들의 교육을 위해 활용하는 방안들을 내포하고 있다.

의정부여중은 교육복지 지원사업의 일환으로 마을과 함께 다양한 프로그램들을 운영한다. 그 대표적인 것이 '마을학교 열린교실'으로, 의정부 지역에서 교육복지 지원사업을 하는 다른 중학교 네 곳과 함께 진행하는 지역의 공동사업이다. 열린교실은 '마을 내 좋은 이웃 만들기'와 '체험활동을 통한 흥미 발견 및 진로 탐색'을 목표로 하고 있다.

지역의 다양한 기관과 단체들이 마을학교 열린교실에서 아이들 교육에 참여하고 있다. 동네카페, 초록우산의정부마을, 한들도예공방, 토론공교육화운동본부, 복장히어로, Wood & Life, 자작나무 예술, 의정부협동조합, 흙 놀이 창작 숲, 현대동물병원 같은 곳들이다. 학생들은 이 기관들과 다양한 직업을 가진 주민들을 통해 도예, 바리스타, 재활용공예, 분장 및 네일아트, 토론, 웹툰, 사회복지사, 상담사 등 다양한 분야의 진로에 대한 이해를 넓히고 진로를 선택하는 데 도움을 얻고 있다. 마을학교 열린교실 외에도 교육복지지원사업으로 하는 다양한 프로그램들이 학교 홈페이지(www.ujbg.ms.kr) '교수-학습 마당'에 소개되어 있다.

2) 마을의 교육문화센터로서의 학교

의정부여중은 지역사회와의 연계를 매우 중요하게 여기지만 관심의 대상은 주로 청소년들이다. 그래서 지역의 성인들을 대상으로 하는 활동은 찾기가 어렵다. 하지만 지역에 사는 학부모들을 위한 프로그램은 일부 실시되고 있다. 특히 학교 도서관에서는 학부모의 역량 강화에 관심을 갖고 학부모들의 독서동아리 운영을 지원하고 있다. 학부모들은 자발적으로 북클럽을 운영하고 있고, 이를 토대로 학부모들이 기획하여 독서 이벤트를 열기도 한다. 또한 도서관에서는 자녀교육에 도움이 되는 독서교육 프로그램을 학부모 대상으로 실시하기도 한다.

이 외에 민주시민 교육의 일환으로 기술가정 교과 성평등 캠페인을 진행하기도 했다. 2학년 학생들은 교과통합프로젝트로 성평등에 대해 공부한 뒤 의정부 중심거리로 나가 성평등 캠페인을 벌이고, 이를 주제로 플래시몹 활동을 전개하기도 했다.

3) 교육과정으로서의 마을

의정부여중에서는 혁신학교 지정 이후 교육과정을 재구성하면서 수업을 학생들의 삶과 연결시키려는 노력을 해왔다. 그런데 학생들의 삶이 이루어지는 현장이 마을이기 때문에 교육과정에 마을의 요소가 포함될 수밖에 없다. 한 교사는 이렇게 말한다. "교과가 삶과 연계된다 하면 내가 살고 있는 지역과 마을을 볼 수밖에 없죠. 자연스럽게 마을에 대한 이야기가 나올 수밖에 없어요."(김용련 외, 2015: 158)

의정부여중은 2014학년도 2학년의 교과통합 프로젝트의 주제를 여덟 가지로 정했다. '환경에 대한 원리 이해하기' '유기농에 대한 이해' '마을공동체 탐험하기' '한국의 전통적인 삶 엿보기' '자연과 벗 삼아 놀기' '생태하천 복원하기' '아낌없이 주는 나무 찾기' '사회적 기업 탐방' 등이다. 이 주제들 모두 지역사회와 관계있지만 특히 '마을공동체 탐험하기' '생태하천 복원하기' '사회적 기업 탐방'은 지역과 밀접하게 연계되어 있어 세부 내용을 소개하자면 다음과 같다.

탐구 주제	세부 내용
마을공동체 탐험하기	남보다 잘 되기 위해 나 먼저 일어서려는 현실에서 스스로 돕고 서로를 살리려는 의지. 더불어 살아가는 태도를 가지려는 시도. 지역을 중심으로 일상적인 삶의 공간을 회복하는 마을 만들기. 보육시설도, 학교도, 가게도, 게다가 축제도 마을주민들끼리 뜻을 모아 만들 수 있다고? 더 많이 갖지 않아도 행복하고, 남에게 나누어주면 더 행복한, 소소한 일거리들이 가득한 마을공동체를 탐험해보자.
생태하천 복원하기 (물 따라 길 따라)	물 따라 길 따라 같이 걸으면서 하천생물들과 만나본다. 하천복원 사례들의 추진 현황을 조사하고 복원 결과가 하천 환경 및 생태계에 어떤 영향을 주었는지를 파악하는 데 목적을 두고 있다. 생태하천 복원하기의 긍정적 혹은 부정적 측면에 대한 향후 개선 및 보완 방안을 생각해보고 실천 가능한 일들을 찾아본다.
사회적 기업	사회적 기업(사회적 목적을 우선으로 추구하면서 영업활동을 수행하는 기업 및 조직)이 무엇인지 알아보고 우리 주변에 있는 사회적 기업을 조사해보고 체험해본다.

(출처: 김용련 외. 2015: 159)

4) 마을 발전의 토대가 되는 학교

마을의 교육력을 높이는 일은 마을의 지속가능한 성장을 위해 필수적이다. 마을학교는 마을의 교육력을 높이는 효과적인 방안이 될 수 있다. 그런 면에서 의정부시는 지속가능한 성장을 위한 좋은 토대를 갖추었다. 의정부시에는 '꿈이룸학교' 외에 6개의 마을학교가 있다. 꿈이룸학교는 경기도교육청이 중점적으로 추진하고 있는 마을공동체 사업의 하나인 '꿈의학교' 프로젝트의 좋은 사례로 평가받는다. 경기도교육청은 "경기도 내 학교 안팎의 '아동과 청소년들'이 상상력을 바탕으로 무한히 꿈꾸고 질문하고 스스로 기획, 도전하면서 삶의 역량을 기르고 꿈을 실현해가도록 학교와 마을공동체 주체들이 지원하고 촉진하는 학교 밖 교육활동"으로 개념 지어진 꿈의학교 사업을 통해 마을교육공동체를 이루기 위해 노력하고 있다(경기도교육청, 2016:1). 꿈의학교는 학생들로 하여금 자기 삶의 주인이 되고 더불어 사는 사람이 될 수 있도록 교육하며 장기적으로는 마을 안에서 일자리를 만들고 함께 살아갈 수 있도록 노력하는 정책이다(임아영, 2015).

의정부시에는 학교 안팎에 있는 아동과 청소년들이 꿈이룸학교라는 마을학교를 통해 음악, 영화, 소품 공예, 마을 지리, 공정여행, 마을 책, 노인의 인생 등에 대해 배우며, 멘토링, 진로 카페, 외국인 노동자에게 도시락 배달, 익명 우체국, 소식지 발간 등의 활동들을 한다. 2015년 꿈이룸학교에서는 일반학교, 대안학교, 홈스쿨 등 다양한 아이들이 '마을'이라는 대주제 아래 공간, 길, 사람이라는 세 개의 소주제를 정해 23개의 프로젝트를 수행했다. 2016년 상반기 프로젝트는 '마을을 배우다' '마을에서 놀다' '마을을 만들다'라는 세 주제 아래 23개 프로젝트가 진행되었다. 23개 마을 프로젝트는 〔표 5〕와 같다.

공간 프로젝트는 경기도교육청 북부 구청사를 자기들의 공간으로 만드는 프로젝트이고, 길 프로젝트는 의정부 곳곳의 길을 다니며 유적지를 탐방하는 프로젝트다. 사람 프로젝트는 다양한 직업군의 사람을 만나 진로를 탐색해보는 프로젝트이다.

이 꿈이룸학교가 탄생하는 데 의정부여중 교사와 학생들의 역할이 매우 중요했다. 혁신학교 프로젝트로 교육과정 재구성을 고민하며 삶을 위한 교육을 지향하던 교사들은 교육의 장을 학교를 넘어 마을로 확대해야 할 필요성을 느꼈다. 학교교육을 혁신하는 것만으로는 부족하며 학생들이 살아가는 마을에서 스스로 기획한 프로젝트를 통해 배울 수 있는 공동체가 필요하다는 인식을 갖게 된 것이다.

이들은 의정부 지역에 있는 대안학교인 꿈틀자유학교 교사들과 함께 마을학교 만들기를 구상하고 학생들의 의사를 알기 위해 30명 규모의 작은 토론회를 개최했다. 그곳에서 '비몽사몽토론회' 기획단이 만들어졌고, 그 학생들이 주체가 되어 준비하여 2014년 12월 250명의 아이들이 참여한 대토론회가 열렸다. 여기에 참여한 청소년들은 23개의 프로젝트를 만들어 수행하면서 마을학교의 형태를 만들어갔다. 그 다음 토론회에서는 550명의 청소년들이 모여 '꿈이룸 배움터 프로젝트'를 선정해서 수행했다. 이들은 자신들이 이루고 싶은 꿈과 만들고 싶은 마을에 대해 고민하고 토의했다. 청소년들의 이러한 활동을 돕기 위해 마을주민 88명이 '마을 서포터즈'를 만들고 마을학교의 지속성을 고민하며 꿈이룸 배움터를 사회적 협동조합으로 발족시켰다.

꿈이룸학교는 학생들이 주체가 되어 운영하고, 지역의 어른들은 이들을 지원하는 역할을 한다. 학교, 길잡이교사, 마을교육공동체 서포터즈, 마을학교 운영팀, 청소년팀 대표가 위원으로 참석하는 학교운영위원회가 매월 1회 열려 운영에 대한 평가와 발전방안을 모색한다. 꿈이룸학교 조직도는 〔그림 7〕과 같다.

마지막으로 특기할 점은 꿈이룸학교라는 마을학교로 인해 의정부 지역의 발전을 위해 고민하고 실천하는 청년들이 생기고 있다는 점이다. 마을 프로젝트를 하면서 청소년들이 자기 지역에 대한 애정을 갖고 지역의 발전을 생각하게 되면서 이들이 청년이 되었을 때 지역에

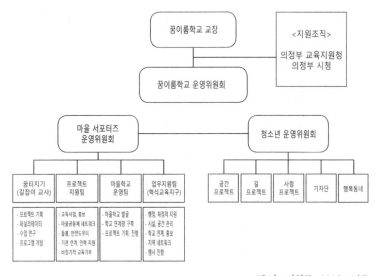

꿈이룸학교 교장	**<지원조직>** 의정부 교육지원청 의정부 시청
꿈이룸학교 운영위원회	

마을 서포터즈 운영위원회 | 청소년 운영위원회

| 꿈터지기 (길잡이 교사) | 프로젝트 지원팀 | 마을학교 운영팀 | 업무지원팀 (혁식교육지구) | 공간 프로젝트 | 길 프로젝트 | 사람 프로젝트 | 기자단 | 행복동네 |

- 프로젝트 기획
- 퍼실리테이터
- 수업 연구
- 프로그램 개발

- 교육사업, 홍보
- 마을공동체 네트워크
- 돌봄, 안전도우미
- 기관 연계, 인력 지원
- 비정기적 교육기부

- 마을학교 발굴
- 학교 연계망 구축
- 프로젝트 기획, 진행

- 행정, 재정적 지원
- 시설, 공간 관리
- 학교 연계, 홍보
- 지역 네트워크
- 행사 진행

(출처: 김현주, 2015: 146)

〔그림 7〕꿈이룸학교 조직도

남을 가능성이 높아지는 것이다. 2015년에 꿈이룸학교에 참여했다가 고등학교를 졸업한 청년들 중 일부는 꿈이룸학교에서 길잡이교사로 학생들을 지원하고 있다. 또한 일부 청년들은 고등학교 졸업 후 서울 같은 대도시로 가지 않고 의정부에 남아 경제적 자립을 위한 방안을 찾기 위해 노력하고 있다. 이들은 의정부를 살기 좋은 도시로 만들 것을 고민하며 의정부 시민을 위한 마을대학과 협동조합, 사회적 기업 등을 구상하기도 한다(이병곤, 2016). 이와 같이 마을 출신의 청년들이 공부를 마친 후 더 큰 도시로 나가지 않고 그 지역에 남아 지역의 발전을 도모하는 일은 농촌지역이나 중소도시의 지속가능한 성장을 위해서 매우 중요한 요소라 할 수 있다.

작은 마을	번호	마을 프로젝트	내용
마을 을 배 우 다	1	UFO	의정부시 의료 시스템을 홍보하고 더 나은 방향을 찾기.
	2	위아래	드론 제작, 꿈터 항공 촬영, 프로젝트 항공 촬영.
	3	셰프	함께 음식을 만들고 주변과 나누기.
	4	보.배	학교공부 멘토링과 더불어 학생들에게 흥미와 공부하는 이유를 일깨워주기 위한 프로젝트.
	5	딜레마지션	꿈터의 애매한 선택상황을 토론함으로써 의사소통 능력 함양과 다양한 경험 얻기.
	6	또래올래	상대방을 대하는 법과 자신의 안 좋은 습관을 고치고 먼저 상대 방에게 다가감으로써 발전하는 나의 모습 만들기.
마을 에 서 놀 다	7	공연기획 (플리마켓)	꿈이룸 학교의 행사 및 마을의 행사나 공연들을 청소년이 주체 적으로 기획하고 진행하기.
	8	놀.뛰.웃	남녀노소 누구나 함께할 수 있는 체육활동을 통해 나이와 성별 의 담을 허물고 협동심과 공동체 의식 기르기.
	9	빨간 극장	영화를 통해 소통하고 함께 사는 마을 만들기(영화 만들기, 꿈터 영화제, 청소년 영화관 운영).
	10	공방 살리기	미술(예술)에 관심이 있거나 작업할 장소가 필요한 꿈터 학생들에게 지속적으로 이용 가능한 자유 창작 공간 마련.
	11	Cambiar	연극을 통해 세상을 바라보는 시각 바꾸기.
	12	히스토리 트래블	근현대사 역사를 배우고 관련된 지역에 답사를 간 후 기행문 및 영상 제작을 통해 다른 사람들과 함께 나누기.
	13	립덥	뮤직비디오 형식의 지역 홍보 영상을 제작하여 의정부의 브랜드 가치를 올리기 위한 프로젝트.
	14	평화 만들기	개인적인 평화, 공동체의 평화를 공부하고 알리는 프로젝트.
	15	Politics People(PP)	학생과 청년, 시민들에게 현재 우리나라 정치의 실태를 알림으로 써 보다 더 나은 사회로 만드는 데 기여하기.

	16	WE ♥ 의정부	우리가 살고 있는 곳에 변화를 주어 곳곳에 즐거움이 숨어 있는 마을 만들기.
	17	당신의 전단지	평소 해보지 못했던 미디어 제작에 도전하고 의정부 전통시장과 소통하고 나누기.
마 을 을 만 들 다	18	마스코트 2	꿈터 안에 식물, 동물을 키우며 꿈터 마스코트 만들기.
	19	베프	베트남전 한국군의 민간인 학살에 관련된 진실을 공부하고 많은 사람들에게 알리기.
	20	누리나눔 기자단	각 팀들의 활동을 취재, 기록하여 소식 공유하기.
	21	인문학, 빛나는마음	세상 만나기, 건강한 마음으로 나와 세상을 바라보기.
	22	작업장학교	실제 창업을 통해 지역에서 지속가능한 경제활동 실험하기.
	23	공동체여행	공동체에 대한 공부를 하고 탐방을 계획, 실행하기.

8장. 민들레학교[20]

1. 학교의 현황과 역사

  민들레학교는 경남 산청군 신안면 갈전마을에 있는 기숙 대안학교이다. 2007년 3월에 15명의 신입생과 함께 개교했다. 2015년 기준 재학생은 중등과정 22명, 고등과정 31명으로 총 53명이다. 교사들은 15명이 함께하고 있다. '가난한 자들의 친구'가 되는 것이 학교의 교육목표이다. 소박하고 뿌리를 깊이 내리며 씨앗을 바람에 날려 번식하는 민들레처럼 소박하고 단순한 삶, 뿌리 깊은 삶, 생산적이고 개척적인 삶을 추구한다고 한다.

---

[20] 민들레학교를 분석하기 위해 사용한 자료는 학교의 철학과 교육과정 등이 소개되어 있는 〈2015 민들레학교 자료집〉과 민들레공동체에 관한 많은 정보들이 담겨 있는 〈민들레공동체 20주년 자료집〉 등이다. 그밖에 민들레공동체 김인수 대표가 쓴 글들을 모아서 분석했고, 신문기사, 연구물들을 수집했다. 2015년 학교를 방문하여 교육활동을 돌아보고, 전 교장(공동체 대표), 졸업생 부모이자 강사로 일하는 분을 면담했다. 2016년 8월에는 다시 학교를 방문하여 새 교장, 교사와 마을주민을 만나 내용을 보완하고 미진한 부분들을 확인했다.

민들레학교는 학교의 정체성을 '기독교 대안학교'로 규정했다. 이 말은 민들레학교가 일반 공교육에 대안인 동시에 기존의 기독교 학교에 대안인 학교를 추구한다는 의미다. 민들레학교는 우리나라 공교육이 갖는 문제점으로 자유와 공동체성의 결핍을 든다. 그래서 학생의 자율성을 중요하게 여기고 공동체 정신을 삶의 원칙으로 삼고 있다. 이러한 가치를 근거로 학교의 모토를 '더불어 사는 자유인'이라 정했다. 또한 기존의 기독교 학교가 갖는 문제점으로 배타성, 엘리트주의, 가난한 자에 대한 무관심, 물질주의, 분열된 복음 등을 들고 있다. 그래서 민들레학교는 우리 사회의 가난하고 낮은 자들을 포용하고 그들을 위해 섬기는 삶을 추구하며 물질적 풍요보다는 정신적 가치를 중시하는 온전한 기독교 복음의 정신 위에서 가르치고자 한다. 민들레학교는 기독교 학교이지만 기독교인이 아닌 학생이라도 학교의 방향에 동의하면 받아들이는 개방성을 보인다.

이러한 설립 이념을 기반으로 민들레학교는 학교교육의 방향을 다음 여섯 가지로 제시하고 있다.

1) 공동체 정신

참된 공부는 공동체 속에서 공동체를 통해 완성된다고 믿는다. 학습공동체, 생활공동체, 생산공동체 성격을 지닌 학교생활을 통해 더불어 배우고, 더불어 살아가며, 더불어 만들어가는 정신과 습관을 배운다.

2) 자기주도적 학습

참된 스승은 학생 내면에 있다고 본다. 교사는 단지 그들의 잠재력과 희망을 이끌어내고 함께 미래를 꿈꿀 따름이다. 학생들이 학습의 주체자로서 공부하도록 돕는 역할을 한다.

3) 자급적인 생활

떳떳하고 씩씩한 삶은 제 손으로 의식주를 해결하는 과정을 통해서 주어진다고 본다. 그래서 농사, 옷 짓기, 건축 등 기본적인 생활기술을 중시한다.

4) 가난한 자를 섬기는 교육

예수의 핵심 가르침은 가난한 자에게 복음을 전하는 일이다. 그래서 우리 부와 행복을 이 땅의 더 많은 사람들과 나누어야 함을 믿는다.

5) 국제화교육

한 학기 해외수업(인도, 태국, 캄보디아/미국)과 방학을 이용한 해외방문 그리고 일상적 외국어 학습을 통해 국제적인 일꾼을 기르고자 한다.

6) 생태적이고 대안적인 생활양식

현대 문화와 문명의 한계에 직면하여 지속가능한 사회를 만들기 위해 가능한 생태적이고도 대안적 생활을 배운다. 이를 위해 자연에너지와 대안기술을 교육과정에 포함시킨다.

무엇보다 학교의 특성을 잘 보여주는 활동이 민들레공동체와 함께하는 자급자족을 추구하는 생활이다. 먼저 식량 자급을 위해 벼농사와 텃밭 가꾸기, 양돈과 양계를 한다. 경제의 자급자족을 위해 생태적 집 짓기를 배우고, 옷 짓기와 천연염색을 배우기도 한다. 나아가 사회적 기업으로 베이커리를 운영하고, 농축산물 유통에 관심을 갖고 있다. 에너지 자립을 위해 대체에너지 시설을 학교에 설치하고 에너지교육을 실시한다. 문화, 예술, 교육의 자급자족을 위해 문화와 예술의 사대주의와 소비주의를 경계하며 심미적 감수성을 키우고 표현능력을 기르기 위한 활동들을 한다.

학교의 일과는 아침 7시 전체 성경 읽기로 시작해, 오전에는 국어, 영어, 수학, 과학 등 지식교과 수업을 하고, 오후에는 농사, 축산, 건축 등 노작활동을 주로 하는 자립교과 수업을 하며, 이후에는 예체능과 동아리 활동을 한다. 국토순례 행군(매년 열흘간), 해외이동학습(중학교 4개월, 고등학교 3개월), 에너지 자립 주간, 연구 프로젝트 수업 및 졸업논문 쓰기 등이 주요 교육과정이다.

2. 학교와 공동체

민들레학교는 민들레공동체라는 단체의 한 기관으로 운영되고 있다. 민들레공동체는 농촌지역 선교를 주요 사역으로 하던 학사모임을 모태로 경남 진주시 화동마을에서 1991년 4월에 설립되었다. 민들레공동체는 "더불어 함께 살며, 가난한 자들을 섬기며, 이 땅의 평화를 위해서 인재를 길러내는 사명"을 목적으로 하고 있다(민들레공동체, 2011: 78).

현재 민들레공동체에는 민들레학교를 비롯하여 (사)대안기술센터, 민들레베이커리, 민들레아트센터, 민들레농장, 민들레교회 그리고 목공실과 출판부가 있다. 이 기관들은 모두 민들레공동체 내에서 운영되고 있다. 해외 사역으로는 인도의 Mt.T.T.C(Mt. Terogvü Theological College)와 네팔과 부탄, 벵골 지역에 건립한 교회와 학교들이 있다. 캄보디아에는 농촌지역개발사역을 위해 '지속가능한 농업과 공동체개발 연구소(ISAC)'를 설립하여 운영하고 있다. 해외사역은 현지에 있는 사람이나 기관이 민들레공동체와 관계를 맺고 그 일을 전담하고 있다.

민들레학교는 삼중의 공동체와 연결되어 있다. 학교의 학생과 학부모, 교사들로 이루어진 학교공동체, 학교의 모판이 되고 학생들과 함께 생활하는 공동체 식구들이 포함된 민들레공동체, 그리고 민들레공동체가 있는 지역사회인 갈전마을 공동체가 중첩되어 있다. 여기서 학교공동체와 민들레공동체는 구분이 안 될 만큼 밀접한 관계다. 반면 학교공동체와 지역의 마을공동체는 느슨한 관계를 유지하고 있다. 먼저 학교공동체와 민들레공동체에 대해 설명하고 그 다음 마을공동체와의 관계에 대해 논의하도록 하겠다.

〔그림 8〕 민들레학교의 삼중적 공동체

1) 학교공동체

민들레학교는 공동체를 지향한다. 학교의 설립 이념에도 명시되어 있고, 교육 방향에도 첫 번째로 제시되어 있다. 민들레학교에서는 참된 배움이 공동체 내에서 공동체를 통하여 이루어진다고 믿기 때문에 공동체성은 학교의 핵심으로 자리 잡고 있다. 민들레학교의 공동체성은 다양한 형태로 나타나는데, 학습공동체, 생활공동체, 생산공동체를 지향하고 있다.

먼저 민들레학교는 학습공동체이다. 민들레학교에서는 수업이 교사의 일방적 설명으로만 진행되지 않는다. 학생과 교사의 자유롭고 활발한 토론과 학생들의 조사 발표가 중요한 교수학습 방법이 된다. 활발한 상호작용은 학습공동체의 토대가 된다. 학생들 간의 상호작용, 교사와의 상호작용, 나아가 실생활과 노작활동 속에서 환경과의 상호작용을 통해 참된 배움을 얻고 있는 셈이다. 배움은 공동체적 관계에서 제대로 이루어진다고 믿는다.

그리고 민들레학교는 생활공동체이다. 학생과 교사는 24시간 함께 생활한다. 기숙사 생활은 친밀도를 높이지만 서로를 힘들게 하기도 한다. 민들레학교는 기숙사 생활을 하면서 겪는 상호간의 갈등과 긴장을 중요하게 생각한다. 갈등과 긴장을 다스리고 해소하는 법을 배우면서 공동체적 삶을 경험하기 때문이다. 국토순례도 생활공동체의 경험을 하게 하는 프로그램이다. 국토순례는 민들레학교의 핵심 교육프로그램 중 하나이다. 중학생과 고등학생을 나누어 매년 열흘 정도 진행된다. 중학생들은 지역사회를 중심으로 순례를 하고, 고등학생들은 제주 올레길을 걷거나 더 먼 길을 걷는다. 열흘 동안 배낭을 지고 걸으며 야영을 하는 일은 힘들다. 동료들과 함께 고통과 기쁨을 나누며 남을 배려하는 자세를 배우게 되는 경험은 생활공동체를 더욱 공고하게 하는 요인이 된다(민들레학교, 2015).

마지막으로 민들레학교는 생산공동체이기도 하다. 농사는 중요한 교육과정의 일부이다. 벼농사와 밭농사 모두 학생들이 많은 몫의 일을 한다. 5, 6월에는 볍씨 소독, 묘판 만들기, 싹 틔우기를 하고 전교생이 함께 모내기를 한다. 10, 11월에는 벼 베기, 탈곡, 건조, 도정 등 추수의 전 과정을 함께한다. 12월에 있는 김장도 공동체 의식을 경험하는 중요한 행사이다. 학생들이 직접 키운 배추와 무로 김장을 담가 겨우 내 먹는다. 이러한 노동을 함께 하는 가운데 학생들은 공동체 의식을 갖게 된다.

2) 민들레공동체

민들레학교의 설립과 운영 주체가 되는 민들레공동체는 1991년 경남 진주시에서 시작해 1997년 현재의 산청군 갈전마을에 자리 잡았다. 2011년에 20주년 기념행사를 하며 기념 자료집을 발간했는데, 그 표지에 '사인화천(事人和天) 건향경세(建鄕經世)'라는 문구가 적혀 있다. '사람을 섬기고 하늘과 화친하여 마을공동체를 건설하고 세상을 경영하라'는 의미로 민들레공동체가 추구해온 이념이 담겨 있다.

민들레공동체는 설립 후 지금까지 섬김의 정신과 공동체적 삶의 중요성은 변함없이 이어져오지만 그 가치를 실현하는 방법에는 변화 혹은 성장이 있었다. 정지영(2012)에 따르면 민들레공동체는 3단계의 변화를 겪었다. 1991년 설립에서 1996년까지 진주에서 활동하던 민들레공동체는 농촌 선교와 제3세계 지원을 주로 하던 기독교 · 영성공동체였다. 산청군 갈전마을에 자리 잡은 1997년부터 2005년까지는 공동체와 마을의 자립을 모색한 전환기였고, 대안기술센터가 설립된 2006년부터는 지속가능한 마을 만들기를 주요 목표로 한 생태공동체로서의 성격이 강화되었다. 물론 기독교·영성공동체로서의 정체성은 지속적으로 유지하고 있다.

정지영(2012)은 민들레공동체가 '사회화와 견고화의 선순환 발전 과정'을 겪고 있다고 본다. 대체에너지 관련 기술 개발은 민들레공동체의 시민사회에 대한 영향력을 키웠고 이는 책임감과 결속력을 강화하여 견고히 하는 결과를 낳았다. 그리고 2009년 이후 정부의 행정·재정적 지원을 통한 민들레공동체의 견고화는 시민사회와 갈전마을로 나아가는 사회화의 토대가 되었다는 것이다.

민들레공동체에 소속된 기관으로는 민들레학교, 대안기술센터, 아트센터, 베이커리, 농장, 공방, 교회 등이 있다. 이들은 독립적으로 운영하되 서로 협력한다. 대안기술센터는 지속가능한 공동체 건설을 위해 대안기술을 보급하고 교육하며 제3세계 빈곤 퇴치에 기여하고자 2006년 설립되었다. 민들레 아트센터는 공예품 생산, 전통염색 교육 등 생태문화 예술교육 및 개발을 하고 있다. 민들레베이커리는 재생에너지와 지역에서 생산한 밀을 이용해 친환경적 지역 순환경제를 구축하고자 2011년 설립되었다. 민들레농장은 유기농사와 친환경 가축 사육으로 식량 자급자족과 교육을 목적으로 설립 운영되고 있다.

민들레공동체 건물들은 하나하나가 생태건축물이다. 마당 한편에 있는 민들레공방은 흙벽돌로 지어졌고, 공동체가족 주택, 학교 건물, 대안기술센터 사무실은 스트로베일하우스(Strawbalehouse)로 지어졌다. 스트로베일하우스란 황토, 볏짚, 천연페인트 등 친환경 자재로 시공되어 항아토피 효과가 있고, 건축비도 절감되고, 단열 효과가 뛰어난 생태건축 공법이다. 그리고 식구들이 함께 사는 공동주택의 지붕이나 외벽에는 대안기술을 적용한 태양열 난방 시스템, 풍력발전기, 바이오매스 발생장치가 붙어 있다.

2015년 현재 경남 산청군 갈전마을에 있는 민들레공동체는 여섯 가정과 미혼 남녀, 그리고 이제 갓 태어난 아기부터 구순 노인까지 40명의 식구들과 53명의 학생을 포함해 총 93명이 함께 살고 있다. 공동체 식구들은 평생가족, 공동체생활가족, 마을가족, 생활보호가족, 훈련가족, 교회가족, 업무가족, 협력가족 등으로 구분된다. 여기서 교회가족과 협력가족은 공동체 내에 거주하고 있지 않기 때문에 위의 숫자에 포함되지 않았다. 평생가족은 반드시 기독교인이어야 하고, 재산의 공동소유를 실천한다. 하지만 공동체생활가족부터는 공동체의 철학과 원칙에 동의한다면 기독교인이 아니어도 공동체 식구로 받아들이는 포용성이 있다. 그러나 공동체가족 모두는 기본적으로 일과 식사, 예배 세 가지 삶을 공유하는 것을 중요하게 여긴다.

공동체의 의사결정과 회의는 공동체가족들이 참석하는 정회원회, 정기총회, 월례회, 주간회의, 일일모임 등에서 이루어지고 있다. 정회원회는 평생가족으로 이루어진 회의로, 공동체의 목적과 생활양식에 따라 공동체를 운영하며 공동체의 인사, 조직과 부서 운영, 재정, 선교사 파송, 정책 결정 등 제반 사항에 책임을 진다. 정기총회는 매년 개원기념일에 갖는 모임으로 신앙부흥과 상호친교를 중심으로 하되, 공동체의 연간 사업과 재정을 보고하고 참석 가족들의 의견을 수렴한다. 월례회는 매월 1회 가족 전원이 참석하여 한 달간의 삶과 사역을 보고하고 격려하는 시간이다.

마을연구소 소장 정기석(2008)에 따르면 민들레공동체는 우리나라

에서 찾기 어려운 '생태공동체마을'의 성공 사례라고 한다. 생태공동
체마을이란 "인간의 활동이 자연과 조화를 이루며 건강한 인간성이 계
발되는 미래 지속가능한 마을공동체"이다(정기석, 2008: 144). 생태공
동체마을은 대개 유기순환농업, 생태건축, 대체에너지, 공동생산과 공
동분배, 민주적 회의체, 영성수행 프로그램 등의 방법으로 세워진다고
한다. 이런 면에서 볼 때 민들레공동체는 이러한 방법들이 폭넓게 사
용되는 생태공동체마을이라 할 수 있다.

3. 학교공동체와 지역사회

현재 민들레학교가 있는 경남 산청군 갈전마을은 둔철산 동쪽 자락
에 위치한 전형적인 산촌마을이다. 이 마을도 다른 농산촌 마을처럼
인구가 감소하고 있고 주민들이 노령화되어 주민들은 대부분 60, 70대
이상의 노인들이다. 현재 마을에는 75호 가구에 200여 명의 주민들이
쌀농사를 짓고 감나무와 밤나무를 재배하며 살고 있다. 1998년 민들
레공동체가 갈전마을 맨 뒤편 야트막한 동산에 자리를 잡았고, 비슷한
시기에 마을과는 떨어진 곳에 간디학교 공동체가 작은 마을을 이루며
자리를 잡았다. 그러나 한동안 이들 대안학교 공동체들은 갈전마을 주
민들과 적극적인 교류가 없었다. 그러다 민들레공동체가 에너지 자립
운동으로 마을에 영향을 주면서 교류가 이루어졌다. 마을 가까이 있는
민들레공동체는 마을주민들과 가까워지기 위해 다양한 노력을 기울이
고 있다.

민들레학교는 '세상과 함께하는 공동체학교'를 추구한다. 이는 네

가지 측면에서 설명된다(민들레학교, 2015). 첫째, 마을이 교육공동체로서 기능하도록 한다. 마을이 학교와 더불어 성장할 때 이상적인 교육환경이 된다는 것이다. 마을주민이 교사가 되기도 하고 학교에 와서 배우기도 할 때 마을과 학교가 하나의 교육공동체가 된다. 둘째, 학교와 마을이 함께 어울려 세대 간의 통합을 형성한다. 여러 세대가 어울리는 공동체 속에 진정한 성장이 있다. 그런 면에서 마을은 학생들이 참된 배움을 얻을 수 있는 소중한 공간이 된다. 셋째, 생산적인 삶을 추구한다. 마을의 과제는 자립경제 시스템을 구축하는 것이다. 학교역시 소비뿐 아니라 생산적인 삶을 살아야 한다. 마을경제와 학교경제가 상부상조함으로써 자립경제를 이루고자 한다. 넷째, 인류를 섬기는 봉사의 삶을 추구한다. 학교는 섬기고 나누는 정신으로 인류의 가난과 고통을 줄여가는 일을 사명으로 생각한다. 이러한 정신과 사역을 마을주민과 함께하기를 기대한다.

학교의 이념과 정신이 중요하지만 바른 이념을 갖는 것과 그 이념을 현실에서 구현하는 것은 다른 문제다. 민들레학교는 마을에 관심을 갖고 노력하고 있지만 아직은 마을과 깊은 관계를 맺지 못하고 있다. 민들레학교와 마을의 관계는 시간에 따라 조금씩 변화해왔다. 처음 민들레공동체가 갈전마을에 들어왔을 때는 기독교인들의 모임이라는 이유로 주민들이 배타적으로 대했다고 한다. 이런 시각은 지금까지도 마을에 일부 남아 있다.

주민들의 이러한 시선에도 불구하고 민들레공동체는 처음부터 꾸준하게 마을주민들을 돕기 위한 활동들을 해왔다. 특히 민들레학교의 에너지재생 활동이 널리 알려지면서 이것이 마을을 활성화하는 계기가 되기도 했다. 그 영향으로 마을에서도 민들레공동체 사람들을 주민의 일원으로 인정하기 시작했다고 한다(정지영, 2012: 75). 민들레공동체 구성원 가운데 일부가 마을의 새마을지도자와 녹색체험마을 사무장을 맡아 마을 일을 하기도 했다. 지금은 민들레학교와 갈전마을이 접촉점을 찾아 관계를 맺어가는 초기 단계에 있다고 할 수 있다.

필자가 만난 한 마을주민은 대체로 주민들이 공동체를 좋지 않게 본다고 하면서, 학교에 밭을 빌려줬더니 농사를 제대로 짓지 않아 논에 풀이 무성한 것을 보고 하는 말이라고 했다. 하지만 그 주민은 공동체 사람들, 특히 공동체의 대표가 자신을 많이 도와주었고, 공동체에 식사 초대도 몇 번 받았다고 하면서, 다 좋은 사람들인데 왜 주민들이 싫어하는지 이해가 되지 않는다고 했다. 민들레공동체와 학교는 마을과의 관계에서 상호 도움을 주고받는 호혜적 관계라기보다는 학교가 적극적으로 마을을 지원하는 학교 주도적 형태를 띠고 있다. 하지만 갈전마을은 민들레공동체가 자리를 잡고 지금과 같이 발전하는 데 중요한 환경이 되어주었다.

1) 교육자원 공급처로서의 마을

마을에서 적극적으로 학교교육에 관심을 갖고 인적·물적 자원을 제공하는 경우는 많지 않다. 그러나 민들레학교에서 제일 중요하게 여기는 자립적인 인간이 되기 위해 공부하는 자립교과 즉, 농사짓기, 집짓기, 옷 짓기 등의 노작활동은 마을의 자연환경을 이용하는 경우가 많다. 이는 마을의 자연환경이 학교교육의 중요한 교육적 자원이 되고 있음을 보여준다. 또한 민들레공동체 식구들이 농사를 짓기 위해 필요한 농지를 마을주민들로부터 빌리기도 한다. 그리고 학생들은 마을에서 청소나 농사일을 돕는 등 봉사활동을 종종 하는데, 이런 활동은 사람을 섬기는 법을 배우는 중요한 교육활동이 된다. 요약하면, 마을은 민들레학교에 구체적인 자원들을 직접 제공하지는 않지만 학교의 중요한 교육활동이 가능한 것은 학교를 둘러싼 마을이 있기 때문이라 할 수 있다.

2) 마을의 교육문화센터로서의 학교

민들레학교는 마을에 대한 관심을 꾸준히 가져왔다. 틈틈이 마을주민들을 대상으로 의료봉사, 유기농업 교육, 집짓기 실습을 하고, 미술교사는 인근 사천 지역의 다문화가정 자녀를 위한 문화교육 프로그램을 지원하고 있다. 학교에서 한 해를 마무리하는 추수축제 때는 다양한 발표회를 갖는데, 거기에 마을주민들이 초대되기도 한다.

민들레공동체에서 마을주민들에게 가장 정성을 들인 일은 재생에너지와 생태적 삶에 대한 교육이다. 대안기술센터의 활동으로 민들레공동체의 중요성이 부각되면서 일부 마을주민들이 이에 대한 교육의 필요성을 느끼게 된 것이다. 그렇지만 이런 교육활동들은 지역주민의 필요에 부응해서 하는 것이라기보다는 공동체의 사역의 일환으로 이루어지는 경향이 짙다. 마을주민들이 대개 연로하기 때문에 기존의 관념을 바꾸어 지속가능한 생태적 마을에 대한 생각을 갖도록 교육하는 일은 매우 어려운 일이다. 이런 상황에서도 학교는 주민들의 의식 변화를 도모하는 동시에 주민들의 요구를 외면하지 않는 교육을 하기 위해 노력하고 있다.

3) 교육과정으로서의 마을

농사는 민들레학교의 중요한 교육과정 중 일부이다. 학생들이 모내기와 추수 등 농사일을 배우고 직접 하는 것은 농촌지역인 마을을 이해하는 데 필수라 할 수 있다. 또한 학생들은 마을에서 자라는 식물들을 조사, 탐구하여 식용식물과 약용식물을 찾는 활동을 하기도 한다. 그럼으로써 학생들은 마을의 일상인 농사의 고됨과 중요성을 깨닫고 자연환경의 가치와 소중함을 배우게 된다.

지역사회를 공부하는 또 하나의 방법인 국토순례 역시 민들레학교의 중요한 교육 프로그램이다. 중학생들은 대개 지역사회를 중심으로 순례를 하는데 이러한 활동은 지역사회에 대한 바른 이해와 애향심을 갖게 하는 데 도움이 된다. 국토순례는 마을을 공부하기에 좋은 방법이기도 하다. 학생들은 마을의 여기저기를 걸어 다니며 구석구석 관찰한 뒤 마을지도를 만들기도 한다. 지도를 만드는 일은 마을을 보다 적극적으로 이해하는 방법이 될 수 있다. 학생들은 마을 이장을 만나 마을의 역사와 전통, 특산물, 자연환경, 주민들에 이르기까지 다양한 주제에 대해 대화하는 기회를 갖는다.

고등 과정에서는 마을에 대한 공부가 좀 더 심화된다. 교육과정 가운데 핵심교과인 연구 프로젝트 수업은 다양한 주제를 다루는데, 한번은 농촌의 심각한 문제인 노인 복지를 주제로 삼아 연구 프로젝트를 진행했다. 학생들은 마을을 돌아다니며 노인들을 만나 인터뷰를 하면서 노인 복지 문제를 피부로 느낄 수 있었고, 마을을 더 잘 이해할 수 있게 되었다.

이처럼 민들레학교는 학생들이 마을을 이해할 수 있도록 여러 가지 노력을 하지만 이것이 교육과정 속에 체계화되어 있지는 않다. 그래서 마을 학습 활동이 지속적이고 효과적으로 운영된다고 보기는 어렵다. 그렇지만 학교가 가장 중요하게 가르치고자 하는 공동체적 삶이나 자립은 학생들이 살고 있는 민들레공동체를 이해함으로써 이루어진다고 할 수 있다. 다시 말해 학생들이 살고 있는 민들레공동체는 교육과정 속에 잘 녹아 있지만, 공동체 밖에 있는 큰 지역인 갈전마을은 학교의 교육과정에 매우 느슨하게 담겨 있다고 할 수 있다. 학교가 아직 갈전마을에 관심을 쏟을 여력이 없기 때문이기도 하지만, 작은 마을에 교육적 자원이 풍부하지 않기 때문이기도 할 것이다.

4) 마을 발전의 토대가 되는 학교

민들레공동체는 지속가능한 마을 만들기를 중요한 사역 목표로 삼고 있기 때문에 마을의 발전에 많은 관심을 가지고 있다. 공동체가 마을에 직접 영향을 주게 된 것은 에너지자립 운동과 관련해서이다. 민들레공동체가 운영하는 대안기술센터의 활동으로 갈전마을은 2009년 농림부가 시행하는 '녹색농촌체험마을'로, 2011년에는 '스마일농어촌운동마을'로 선정되어 정부로부터 행정·재정적 지원을 받게 되었다. 2010년에는 행안부가 시행하는 '마을기업 만들기' 사업으로 민들레베이커리를 시작할 수 있게 되었다. 2009년에는 경상남도로부터 갈전마을이 '녹색마을'로 선정되어 재정지원을 받아 재생에너지교육관을 지을 수 있었다.

이러한 정부의 도움으로 민들레공동체는 마을주민들에게 쉐플러 태양열 조리기를 무상보급하고 사용법을 가르쳐주기도 했다. 또한 게스트하우스 운영을 통해 얻는 순이익의 90%를 마을공동기금으로 적립하고, 주민들이 생산한 농산물들을 소비함으로써 지역순환형 경제를 구축하고자 노력하고 있다.

민들레공동체의 노력으로 갈전마을이 생태마을로 알려지게 되었다. 한 신문은 갈전마을이 우리나라에서 에너지자립의 좋은 모델이 되었다고 보도했다(이일균, 2015). 이 신문보도에 따르면 민들레공동체에 설립된 대안기술센터에서 지방자치단체, 환경운동단체, 학교, 일반 시민을 대상으로 태양광에너지와 풍력발전기, 바이오디젤과 바이오가스 같은 재생에너지와 대안기술을 보급하면서 우리나라 에너지 자립운동의 본산 역할을 하게 되었다고 한다. 민들레공동체에서 보급하는 대체 에너지와 대안기술로 인해 마을주민들은 직접적인 도움을 받기도 하고, 마을에 대한 자부심과 긍지를 갖는 계기가 되기도 했다(정지영, 2012). 농촌마을 주민들이 자기 마을에 자부심을 갖게 된 것은 마을의 발전을 위해 중요한 토대가 된다고 할 수 있다. 그러나 얼마 전 재생에너지와 대안기술을 담당하던 민들레공동체 회원이 개인적인 사정으로 공동체를 떠나게 되면서 관련 활동이 매우 약화되었다.

민들레학교와 공동체가 마을에 기여하는 또 한 가지는 교사들이 마을 일을 하는 것이다. 한 교사는 갈전마을의 '농촌체험마을' 사업 사무장을 맡고 있다. 한 해 5천여 명이 에너지 재생, 공동체 생활, 대안학교 등을 보기 위해 마을을 방문하는데, 이들을 데리고 마을을 다니며 설명해주는 일이 사무장의 주된 일이다. 이 외에도 민들레학교와 공동체는 틈나는 대로 마을의 바쁜 농사일을 돕고 주민들이 도움을 필요로 하면 가서 해결해주는 역할을 하고 있다. 특히 전 교장인 공동체 대표는 한결같이 마을주민을 위해 일을 해오고 있다.

이처럼 민들레학교는 갈전마을의 발전을 위해 다양한 노력을 기울이고 있지만 아직 학교가 표방하는 만큼 깊은 관계를 맺지는 못하고 있다. 학교의 역사가 오래되지 않았다는 것을 감안하면 이 정도도 주목할 만한 성과로 볼 수 있다. 민들레공동체 초창기부터 함께해온 교감은 이렇게 말했다.

아직 시간이 더 필요하죠. 1회 졸업생들이 이제 대학 4학년이거든요. 우리에게는 마을에 대한 관심이 있고 사명이 있지만 여력이 없죠. 10년, 20년 후에 졸업생들이 돌아와서 이 마을에 정착해 살면 마을도 달라지겠죠.

9장. 풀무학교[21]

1. 학교의 현황 및 역사

풀무농업고등기술학교(이하 풀무학교로 약칭)는 1958년 충남 홍성군 홍동면에서 오산학교 출신인 이찬갑과 홍동 토박이인 주옥로에 의해 학생 18명의 작은 학교(중학부)로 문을 열었다. 개교식에서 발표한 설립 취지문에는 "그리스도인, 농촌의 수호자, 세계의 시민을 양성하기 위해 지역과 국가의 백년대계인 학교를 세운다"라고 적고 있다. 풀무학교의 설립에는 오산학교, 무교회 운동, 그룬트비의 사상과 실천 등이 사상적 기원으로 작용했고, 1950년대 가난했던 농촌의 현실이 중

---

[21] 여기서는 풀무농업고등기술학교와 성인 교육기관이 풀무 전공부를 풀무학교로 묶어서 소개한다. 필자는 2011년 풀무학교와 마을에 관한 연구보고서를 낸 바 있다. 그동안 수집한 다양한 자료들과 교장, 교사, 학부모, 학생, 졸업생, 마을주민들과의 인터뷰 자료들을 참고했고, 2016년 1월에 마을을 다시 방문하여 풀무학교 전 교장을 만나 인터뷰를 진행했다.

요한 계기가 되었다고 볼 수 있다(이영남, 2008).

1963년 이후 풀무학교는 홍동면의 마을학교로 자리를 잡아갔다. 마을에서 필요로 하는 고등부의 증설, 마을과 더불어 사는 공동체적 마을문화 형성, 유기농업 전수 등으로 학교가 마을의 일원으로 마을의 발전에 기여하는 마을학교의 성격을 분명히 했다. 2001년에는 대학교육과정인 전공부를 증설하여 생태주의와 인문학의 가치를 내걸고 유기농업을 가르침으로써 우리 사회의 새로운 문명을 모색하고 있다.

풀무학교는 '더불어 사는 평민'을 학교의 교훈으로 삼고, '하나님과 이웃, 지역과 세계, 자연과 모든 생명과 함께 더불어' 조화롭게 살아가는, 건강한 의식을 가진 사람을 기른다는 목적 아래 10가지 교육목표를 가지고 있다. 1)성서 위의 학원, 2)기본층의 평민, 3)머리, 가슴, 손의 조화, 4)작은 학교, 5)전원 생활관 생활, 6)무두무미(無頭無尾), 7)밝은 학교생활, 8)더불어 사는 지역과 학교, 9)국제이해, 10)사학의 책임 등이다.

풀무학교의 교육과정은 전인교육을 지향하여 인문과목과 농업계열 전문과목으로 나누어 편성되어 있다. 농촌학교답게 농업을 중시하여 1학년은 채소, 2학년은 과수와 원예, 3학년은 벼농사와 축산을 배우고 실습한다. 특히 2학년 때는 2주 동안 유기농사를 짓는 농가에 가서 현장실습을 한다. 조사, 발표, 현장 견학 등의 체험학습을 중시하고, 지역주민들과의 교류, 일본 자매학교와의 교류를 중시하여 다양한 지식과 가치관을 배우도록 한다.

현재 풀무학교 고등부는 한 학년 한 학급씩 모두 3학급으로 구성되어 있고, 학생 수는 학년 당 28명으로 전교생이 84명이다. 여학생이

47명으로 남학생보다 많으며, 교직원으로는 교장을 포함한 교사가 13명, 직원이 7명, 강사가 11명 근무하고 있다.

2001년 개설된 풀무학교 전공부는 생태농업 전공으로 2년제 대학 교육과정이다. '마을학교' '지역에 열린 학교' '풀뿌리 주민대학'을 표방하는 전공부는 "학교 자체가 농사로 자급하는 생태적인 마을이 되어, 마을생활을 통해 생산, 가공, 유통, 문화 등 농사짓는 마을의 모든 기능을 배우는" 마을학교를 추구한다. 학교의 모든 강의를 주민에게 개방하고 주민이 현장 교사가 되고 지역의 여러 기관이나 농장이 교육현장이 된다. 지역발전에 필요한 과제를 연구, 보급하고 지역의 종합적 발전을 주민, 기관과 함께 모색하는 지역에 열린 학교를 추구한다. 또한 마을 후계자를 길러 전국 농촌의 재생에 희망을 주는 풀뿌리 주민대학이 되고자 한다.

2016년 현재 10여 명의 학생과 전임 교사 5명, 강사 10여 명이 함께 생활하며 배우고 있다. 하루 일과는 오전의 교실 수업과 오후의 현장 실습으로 나뉜다. 오전에는 종교, 역사, 농민 교양 국어, 예술 수업 등 인문 교양 과목이 60%를 차지하고, 나머지는 유기 논농사, 유기농업, 원예 등 생태농업의 기초 지식을 배우는 전공 과목이다. 오후 실습 시간에는 학교 실습지에서 논농사와 다양한 작물을 재배하는 밭농사를 배운다.

학교와 긴밀한 관계를 갖고 있는 홍동면에는 현재 14리가 있고, 인구는 4천여 명이 거주하고 있다. 지역 내에 갓골어린이집, 홍동초등학교, 금당초등학교, 홍동중학교, 풀무농업고등기술학교, 풀무학교 전공부 등 다양한 교육시설들이 있다. 홍동지역은 우리나라 최초로 오리농

법을 실시하여 유기농업의 중심지가 되었다. 또한 매우 이른 1969년에 풀무학교에서 시작한 풀무신협은 현재 홍동지역 주민들을 위한 여수신 사업과 사료 판매 사업, 교육 사업 등을 실시하는 탄탄한 신용조합으로 자리를 잡았다. 1980년대 초반에는 생산조직인 홍성풀무생협을 설립해 도시 소비자들과 농산물 직거래를 시작하기도 했다. 그리고 지역 내에는 지적장애 학생들을 위한 꿈뜰, 생태환경 전문 출판사인 그물코와 느티나무 헌책방, 토양과 미생물을 분석하는 갓골생태농업연구소, 장애인과 함께 사는 하늘공동체, 마을주민들의 가구를 제작하며 목공수업도 진행하는 갓골목공실, 마을주민들의 회비를 모아 문을 연 문화복합공간인 마을카페 뜰 등 60여 개 민간단체들이 활발하게 활동하고 있다.

2. 학교와 공동체

풀무학교는 더불어 사는 삶, 달리 말하면 공동체적 삶을 추구한다. 이는 학교뿐 아니라 학교를 둘러싸고 있는 지역사회에도 적용되지만 여기서는 단위 학교 내부에서 일어나는 공동체적 모습에 초점을 두기로 한다. 풀무학교는 다양한 형태로 학교 내에 공동체성을 확보하기 위해 노력하고 있다. 먼저, 학교는 공동체성을 잃지 않기 위해 작은 학교를 지향한다. 작은 학교란 단순히 작은 규모만을 의미하지 않는다. 즉, 작은 학교는 "한 사람 한 사람을 소중히 여기고 배울 수 있게 각자의 다양한 소질과 능력의 발달을 돕고 그들이 창조적 힘을 발휘하며 그들이 대화와 인격적 만남을 할 수 있는 학교"를 의미한다. 공동체가 유지되기 위해서는 무엇보다 구성원 상호간에 인격적 만남과 대화가 가능해야 한다고 보고 학년당 27명 내외, 전교생 80여 명 규모를 유지하고 있다. 1990년대 들어 풀무학교가 전국적으로 유명세를 타면서 입학 희망자가 증가했을 때도 작은 학교 원칙을 고수했다. 학교의 재정 상태가 매우 어려운 현실에서 작은 학교를 유지한다는 것은 학교공동체에 대한 분명한 철학이 있지 않으면 어려운 일이다.

풀무학교는 학생들에게 공동체적 삶을 교육하는 것을 무엇보다 중요한 사명으로 삼고 있다. 다음 세 가지는 풀무학교에서 공동체교육을 위해 채택하고 있는 원칙들이다. 먼저, 생활관(기숙사) 생활이다. 풀무에서는 모든 학생들이 생활관에서 생활한다. 풀무에서 생활관은 단지 학생들의 숙소라는 의미를 넘어선다. 생활관은 풀무학교 교육의 핵심적인 역할을 한다. 생활관 생활을 통해 학생들은 건강하고 조화로운 공동체를 만들어가는 과정을 배우게 된다. 학생들은 대개 처음 경험하는 공동생활에서 상호간의 생각과 습관의 차이로 힘들어하기도 하지만 서로를 이해하고 협력하는 삶의 태도를 배운다고 한다.

그리고 학우회와 전교회의를 통해 학생들이 공동체의 주체가 되는 자치공동체를 추구한다. 학우회는 학생들이 선출하는 회장을 비롯한 집행부가 있고, 환경, 교지, 기아헌금, 봉사, 도서, 저축, 학생소비조합 같은 위원회가 있다. 위원회별로 돌아가면서 주간 목표를 정하고 이에 따라 각 부서의 주간활동이나 연간활동이 실행된다. 전학생과 교사가 모두 모이는 전교회의는 한 달에 한 번 개최된다. 회의 전에 안건을 학우회 게시판에 미리 공표해 학생들이 미리 안건을 생각해보게 한다. 학생회장이 진행을 하고, 위원회 보고가 있은 뒤 토의할 주제가 상정된다. 토의 뒤에 자유로운 건의, 질문, 제안이 나온다. 한번은 3학년 학생이 하급생을 폭행한 사건이 일어나 긴급히 학급회의와 전교회의가 연속으로 열렸다. 폭력이 공동체에 미치는 영향에 대해 학급회의에서 토의한 내용을 전교회의에 보고하고, 전교회의를 통해 3학년 학생은 자신의 잘못을 인정하고 교칙을 따르기로 했다. 풀무학교는 교사들에 의한 일방적인 교칙 적용 방식을 취하지 않는다. 학생들 간의 토의 과정과 내면적 깨달음의 시간을 가진 뒤 결정하는데, 이는 자치적 생활공동체의 특성이라 할 수 있다(홍순명, 1998).

세 번째로 풀무학교에서 공동체성을 강화하는 중요한 방식이 공동학습이다. 학교 강당의 전면 휘장에 적혀 있는 '진리의 공동추구'라는 문구는 학교에서 이루어지는 더불어 하는 배움의 과정을 함축하는 표현이다. 공동학습은 학생들이 주제를 정하고 모둠을 만들어 여러 교과를 넘나들며 조사, 방문, 토의를 한 뒤 결과물을 발표, 게시하는 방식이다. 학생들이 협력하여 탐구함으로써 경쟁이 아닌 협동을 통한 진리의 발견이 어떻게 이루어지는지를 경험하게 한다. 이 과정에서 교사 역시 진리탐구의 동반자로서 참여하여 배우기도 하고 학생들을 돕기도 한다. 예를 들어, 2015년의 공동학습 주제는 '해'였다. 1학년은 다섯 그룹으로 나누어 광합성의 원리와 엽록소의 구조, 기후 변동, 빛의 근원, 태양력의 원리와 역사, 태양열을 이용한 발전의 원리 등을 각 그룹별로 탐구했다. 2학년은 네 그룹으로 나누어 한국과 서양의 고대 태양관, 태양에 얽힌 민속과 절기, 태양에 대한 시, 온수 태양열 보일러 자료 수집을 했고, 3학년은 다섯 그룹으로 나누어 '태양이 없다면' 상상하기, 태양 사진 수집, 프리즘 만들기, 해의 구조, 크기, 무게, 흑점

활동, 저녁놀 무지개 현상, 집열판 설치 가정 조사 같은 활동을 했다 (홍순명, 2009c).

이처럼 풀무학교에서는 정규 교과에서부터 동아리 활동 같은 교과 외 활동이나 기숙사 생활에 이르기까지 학교의 전 생활에서 공동체적 삶의 자세를 배우도록 기획되어 있다. 풀무에서 공동체적 삶은 공동체 외부에 대해 폐쇄적인 태도를 전혀 갖지 않는다. 오히려 풀무학교가 추구하는 공동체성은 지역사회를 향해 적극성을 띠고 있다. 다시 말해 풀무학교가 추구하는 공동체성은 학교 내부의 긴밀한 유대감을 넘어 지역주민과 함께 더불어 살아가는 평화로운 마을공동체를 만드는 것 이다. 다음 장에서 학교공동체와 지역사회와의 연계에 대해 자세히 살 펴보도록 하겠다.

3. 학교공동체와 지역사회

풀무학교에서 강조하는 '더불어 사는 삶'에서 더불어 살아야 하는 중요한 대상에 지역주민이 있다. 그래서 풀무학교는 지역사회와의 긴 밀한 연계를 학교의 중요한 방향으로 삼고 있다. 풀무학교는 우리나라 의 대표적인 마을학교라 불린다. 이 학교에는 마을과 학교의 경계가 불분명하다. 마을이 학교이고, 학교가 마을이다. 학교는 마을을 위해 교육하고 마을은 학교를 위해 협력한다. 전공부 개교 이후 마을학교로 서의 정체성은 더욱 뚜렷해졌다.

그런데 학교와 지역사회가 갖는 협력적 관계의 성격은 조금씩 변하 고 있다. 즉, 초창기에는 학교가 마을에 유기농을 소개하고 농사일에

〔그림 9〕 홍동지역 마을지도

필요한 새로운 지식과 기술을 제공했을 뿐 아니라 졸업생들이 지역에 살면서 중요한 역할을 수행하여 마을에 대한 학교의 영향력은 지대했다. 그러다가 지역주민들의 의식수준이 높아지면서 마을의 역할이 중요해지고 학교와 마을이 호혜적 관계를 맺게 되었다. 이러한 관계의 변천을 풀무의 졸업생인 한 지역주민은 이렇게 말했다. "과거에는 학교가 주도적으로 이끄는 역할을 했지만 지금은 오히려 지역이 이끄는 역할을 할 때도 많죠. 그런데 서로가 돈독해요." 풀무학교 전 교장은 이러한 관계의 변화에 대해 보다 세심하게 분석하고 있다.

> 초창기에는 학교가 마을에 가서 농작물을 심어주거나 농약을 뿌려주는 단계였다면, 그 다음 단계는 신협 등을 통해서 유통 문제, 가공 문제 같은 것을 해결해주는 것이었다면, 지금은 그보다 한 단계 더 올라간 정보가 필요한 거지요. 그게 전공부 설립 이유 중의 하나인데, 고등부가 지역을 교육적으로 잘 활용하는 곳이라면 전공부는 지역에 도움을 주는 곳으로 인식되어가고 있죠.(풀무학교 전 교장)

풀무학교에서 발견되는 학교와 지역사회의 연계성을 앞에서 제시한 네 가지 틀로 살펴보면 다음과 같다.

1) 교육자원 공급처로서의 마을

풀무학교는 교육의 장을 학교 울타리 안으로 한정하지 않는다. 마을 전체가 교육의 장으로 활용된다. 지역사회 역시 적극적이다. 지역의 여러 기관들이 학생들의 교육을 지원하기 위해 다양한 활동을 한다. 지역의 신용협동조합인 풀무신협은 학생들이 지역사회의 역사, 문화, 인물들을 탐방하도록 지역탐방 프로그램을 지원한다. 학생들은 이 프로그램을 통해 지역의 역사를 알게 되고 자긍심을 갖게 된다. 지역에 있는 출판사 그물코는 풀무학교에서 지금까지 진행된 특강 강의록을 모아 책으로 출판하고, 학교 50주년 기념 책자를 기획하여 발간하기도 했다. 마을도서관인 밝맑도서관은 풀무학교 학생들에게 중요한 교육의 장이 되고 있다. 학생들은 밝맑도서관의 책을 이용할 뿐 아니라 매주 수요일에는 지역 아카이브 수업을 도서관에서 진행하고 있다.

풀무학교 전공부에서 농사 실습지가 필요할 때 지역주민들 가운데 농사짓기가 어려운 사람들은 학교에 토지를 위탁한다. 또한 풀무학교 학생들이 목공이나 도자기 공예, 혹은 한지 공예 등을 배우는 동아리를 만들어 마을에 사는 장인들을 찾아가 삶의 현장 한가운데서 기술을 배우기도 한다. 제빵 기술, 비누 만들기도 마을 빵공장, 비누공장에서 배운다. 마을주민이 강사가 되어 풀무학교 고등부나 전공부에서 학생들을 가르치는 것은 홍동지역에서는 낯선 모습이 아니다. 마을에는 다양한 분야의 전문가들이 있고, 학교는 그들을 교육적으로 활용하는 데 주저하지 않는다.

2) 마을 교육문화센터로서의 학교

풀무학교는 다양한 방식으로 지역주민들에게 학습의 기회와 문화를 향유할 기회를 제공한다. 풀무학교에서 주민들을 위해 개최하는 평생교육 프로그램으로 대표적인 것이 '평민강좌'이다. 농민들이 일이 끝난 저녁 시간에 풀무학교 또는 마을도서관에서 열리는 강좌다. 지금까지 역사 강좌, 교양사, 농민국어, 고전 읽기, 독일어 성경 읽기 등이 진행되었다. 풀무학교가 공간을 제공한 느티나무 헌책방도 주민들이 꾸준히 이용하고 있다.

풀무학교가 지역주민들의 평생교육을 위해 기울이고 있는 가장 큰 노력은 전공부와 마을도서관이다. 전공부는 개교 때부터 지역의 평생교육기관으로서의 성격을 천명했다. "울타리 없는 풀뿌리 주민지역대학"인 전공부는 교실의 문을 열어 주민들이 수업에 참여하기도 하고, 주민들을 강사로 세워 학생들이 배우기도 한다. 때로는 교사들이 현장으로 나가 농업조사나 연구를 하거나 농업기술을 전수하기도 한다. 현재 홍동지역에는 농사를 지으며 마을공동체 만들기에 주력하는 젊은 이들 가운데 전공부 출신들이 다수 있다.

2010년 개관한 마을도서관인 밝맑도서관은 지역의 평생교육기관으로 중요한 기능을 수행하고 있다. 풀무학교 설립자인 밝맑 이찬갑 선생을 기념하여 건립한 밝맑도서관은 풀무학교가 중심이 되고 주민들의 성금과 지자체의 지원으로 건립되었다. 풀무학교 개교 50주년 기념사업으로 추진된 이 도서관을 학교 내에 두지 않고 마을의 중심부에 둔 것은 도서관에 지역사회 평생교육기관으로서의 성격을 부여했기 때문이다. 현재 도서관은 지역 어린이들의 책 읽기 장소로, 주민들의 모임 장소, 지식저장고, 문화공간으로 활발하게 이용되고 있다. 도서관에는 1만 2천 권 이상의 장서가 소장되어 있고, 2015년에는 연간 5천 권이 대출될 정도로 주민들이 많이 이용하고 있다. 밝맑도서관에는 홍성군 도서관에도 없는 양서가 많아 홍동지역을 넘어 다른 지역에서도 도서관을 이용하기 위해 오는 사람들이 있다고 한다.

밝맑도서관의 교육적 기능은 책을 주민들에게 제공하는 것으로 그치지 않는다. 다양한 공부 모임, 책읽기 모임, 연수과정, 토론회가 도서관에서 개최되고, 가끔씩 영화가 상영되기도 한다. 젊은 농부 인문독서학교가 수요일, 문학 공부가 금요일에, 세계문학전집 읽기 모임이 월요일에, 어린이책 읽기 모임이 수요일에, 일본 무교회 간행물 읽기 모임이 화요일에, 한자공부와 한시 읽기 모임이 주말에 이루어지고 있다. 홍순명 이사장은 이미 책으로 포화 상태가 된 도서관을 증축하여 지역주민을 위한 평생교육기관으로서의 역할을 더욱 체계적으로 할 계획이라고 밝히고 있다.

이처럼 풀무학교의 주도로 만들어진 밝맑도서관은 주민들의 지식저장고와 교류의 장소를 넘어 지역 발전을 위한 전략적 거점 역할을 한다. 지역 의료생협인 홍성우리마을의료생협이 2015년 시작되었는데, 그 준비도 도서관에서 이루어졌다. 의료조합 관련 자료를 도서관에서 찾고, 의료조합 관련 영화를 주민들에게 상영하고, 외국의 의료조합 시찰 보고회를 갖는 등 의료조합에 관한 지식의 종합과 실천 과정이 도서관에서 이루어진 것이다.

3) 교육과정으로서의 마을

풀무학교는 고등부와 전공부 모두 교육과정이 인문교양 분야와 실업·농업 분야로 구성되어 있다. 이 중에서 실업·농업 분야 과목을 중요하게 교육하며, 이론보다 실습을 중시한다. 실습은 학교와 더불어 마을에서도 이루어진다. 단순히 마을이 실습지 역할을 하는 것을 넘어 마을 자체가 교육과정이 되고 있다. 홍동마을에서 이루어지는 중요한 활동인 농업, 축산, 원예, 농기계, 유통 등을 배우면서 농촌 마을이 어떻게 기능하는지를 배우게 된다. 특히 전공부는 인문교양 분야에서도 농촌지역과 관련된 과목들을 개설하고 있다. 농민교양국어, 농부와 인문, 농요, 일본어, 종교, 시각소통 같은 과목들이 있다. 실업 전문교과의 경우는 거의 모든 과목들이 지역사회와 깊은 관련을 갖는다. 생명현상·농업과 미생물, 사람과 환경·파머컬처·농촌마을, 농업과 경제, 유기농업, 논농사, 밭농사·정원 만들기, 농사계획 같은 과목들이 개설되어 있다. 이런 과목들은 농촌마을인 지역을 이해하게 하고, 이를 바탕으로 바람직한 마을공동체에 대해 깊은 탐구를 하게 한다. 이처럼 마을이 학교의 교육과정이 되는 현상은 풀뿌리 주민대학과 지역에 열린 학교를 교육 방향으로, 지역 이해를 교육 내용으로 삼고 있는 풀무학교의 지향점과 일치한다고 할 수 있다.

4) 마을 발전의 토대가 되는 학교

학교가 지역사회의 발전에 직접 기여하는 경우는 흔치 않다. 더구나 국가교육과정으로 지역의 특수성이 교육의 내용에 반영되기 어려운 우리나라에서는 더욱 그러하다. 이런 상황에서도 풀무학교는 지역사회의 경제적, 사회적 발전에 다양한 방식으로 기여를 해오고 있다. 풀무학교가 마을의 발전에 공헌한 방식은 세 가지로 정리할 수 있다.

첫째, 지역사회에 필요한 새로운 지식과 기술과 나아가 정신을 제공했다. 풀무학교는 우리나라에 유기농이 소개되기 전 일본 자매학교로부터 배운 유기농업의 필요성과 방법을 홍동지역에 전수했다. 그래서 지금은 홍동지역이 유기농의 중심지 역할을 하고 있다. 최근에는 전공부에서 설립한 생태농업연구소를 통해 논생물 조사를 하여 농사에 유용한 정보들을 농민들에게 제공하고 있다. 지역의 주민과 단체들은 전공부를 신뢰하며 농사에 대한 문제를 문의한다. 풀무학교는 지역에서 농사일에 필요한 지식과 기술을 제공할 뿐 아니라 마을이 장기적으로 발전하는 데 토대가 되는 자주정신이나 민주주의 정신을 함양하는 데도 기여한다. 풀무학교가 설립한 신협과 생협 등 협동조합을 지역주민들이 운영하면서 주인의식과 민주정신을 체득하게 된 것이다. 이점에 대해 지역주민들은 이렇게 말한다.

> (학교가 준 것은) 민주주의 정신인 것 같아요. 높은 사람이나 뛰어난 한 사람에게 모든 게 쏠리는 게 아니라 모든 낮은 사람들이 같이 연대하는 것이 민주주의지 다른 게 민주주의가 아닌 것 같거든요. 주식회사는 주식을 많이 가지고 있는 사람이 대주주가 되고 의결권을 더 많이 갖지만 여기서는 투자를 많이 했다고 의사결정권을 많이 가지지 않아요. 출자금에 상관없이 모두가 (공평하게) 의사결정권이 1인 1표예요.(풀무생협 직원)

둘째, 풀무학교는 지역사회의 발전에 필요한 기관과 단체를 설립하는 데 중요한 역할을 했다. 현재 홍동지역에서 주민들의 생활에 중요한 역할을 하고 있는 홍성풀무생협, 풀무신용협동조합, 풀무학교생활협동조합 등은 풀무학교가 처음 설립하여 운영하다가 지역으로 나와 지역주민들이 운영하게 된 기관들이다. 이런 기관들은 주민들의 생활 향상에 도움을 주었을 뿐 아니라 주민자치를 구현하는 중요한 역할을 했다. 풀무학교에서 시작한 갓골어린이집 역시 지금은 마을주민들이 신뢰하고 어린 자녀들을 맡길 수 있는 마을기관이 되어 지역사회의 발전에 크게 기여하고 있다. 또한 전공부에서 세운 생태농업연구소 역시 농민들에게 필요한 지식과 정보를 제공해주어 주민들의 생활에 도움을 주고 있다. 농민들이 수질검사를 외부 공인기관에 의뢰할 경우 큰 돈이 들지만 연구소에서 사전검사를 해줌으로써 비용을 절감할 수 있다고 한다.

2015년 현재 홍동지역에는 이러한 마을기관, 단체들이 60여 개에 이를 정도로 활발하다. 이들 기관, 단체들은 마을의 사회적 경제적 발전을 견인하는 역할을 하고 있을 뿐만 아니라 이들은 홍동지역을 생명과 평화를 존중하는 지속가능한 마을공동체로 만드는 데 각자 중요한 역할을 하고 있다.

이 단체들을 네 가지 유형으로 분류할 수 있다.[22]

1) 마을사업: 풀무신협, 풀무학교생협, 그물코출판사, 로컬푸드 직매장, 얼뚝생태건축조합, 원예조합 가끔 등 15개 단체

2) 마을지원기관: 동네마실방 뜰, 마을활력소, 장애인 공동체 하늘공동체, 홍성우리마을 의료조합 등 15개 기관

3) 마을교육기관: 갓골목공실, 갓골어린이집, 교육농연구소, 발달

---

22) 여기서 사용한 기관명과 분류는 홍동지역의 공식적 안내기관인 마을활력소가 2015년 제작한 리플릿 '우리마을입니다'에 근거했다.

230 | 마을을 품은 학교공동체

장애 청소년들의 작업장 꿈이자라는뜰, 햇살배움터 네트워크, 홍동밝 맑도서관 등 14개 기관

4) 환경농업단체: 은퇴농장, 젊은협업농장, 씨앗도서관, 풀무환경 농업영농조합 등 10개 단체

이들 단체와 기관들 가운데 풀무학교가 직접 시작했거나 학교 졸업 생들이 주축이 되어 운영하고 있는 단체들이 여럿 된다. 그렇지 않다 하더라도 풀무학교의 정신에 영향을 받아 운영되는 경우가 많다. 이 단체들이 갖는 중요성에 대해 한 주민은 이렇게 말했다.

> 보통 시골에서는 기관장회의가 중요한 역할을 하는데 홍동에서는 기관장회 의가 큰 힘을 발휘하지 못합니다. 대신 주민단체, 시민단체, 협동조합, 작목 반 등이 중요한 역할을 해요. 그것이 바로 풀무교육의 힘이지요.(지역주민)

셋째, 풀무학교는 지역사회에 필요한 인력을 양성하여 배출했다. 학교가 마을의 발전을 위해 할 수 있는 일이 여러 가지 있겠지만 가장 기본적이고 중요한 것은 지역사회에서 필요로 하는 인력을 양성하는 것이다. 이러한 교육적 역할이 학교의 본질적 사명이지만, 우리나라 학교들은 국가가 정한 일반적 지식만을 교육하여 지역사회가 요구하 는 인력을 배출하는 역할을 하지 못하고 있다. 이에 비해 풀무학교는 학생들에게 홍동지역에서 필요한 실제적인 지식과 기술을 가르칠 뿐 아니라 학생들로 하여금 농업과 농촌에 대한 깊은 자각을 갖게 하여 농촌지역에서 자신의 꿈을 설계하게 한다. 이러한 교육을 받은 풀무학 교의 졸업생들은 지역에 남아 많은 어려움 속에서도 유기농업을 실천

하고, 농산물의 유통과 판매를 위해 생활협동조합이나 신용협동조합 등에서 중요한 역할을 수행하고 있다. 이들은 지역사회의 발전의 가장 중요한 원동력이 되고 있는 셈이다.

홍동마을이 오늘의 자주적 생태마을로 성장하는 데 중요한 역할을 한 두 사람을 꼽는다면 마을의 중간 지원 조직인 마을활력소의 공동대표인 홍순명과 주형로이다. 홍순명은 평생을 풀무학교 교사와 교장으로 일한 사람이며, 주형로는 졸업생으로서 유기농업 전문가이자 마을 만들기를 주도적으로 하고 있는 사람이다. 이들은 마을의 정신적 지도자로서 마을공동체의 방향을 제시하는 역할을 하고 있다.

유기농업 농장과 농업교육 공간으로 전국적으로 좋은 모델이 되고 있는 젊은협업농장 역시 풀무학교 교사와 졸업생들이 시작한 것이다. 생태적 순환농업을 꿈꾸던 졸업생 세 명이 2011년 지역에서 농사를 지으면서 2015년 협동조합 형태를 갖췄고, 지금은 유기농을 하는 농부 10여 명이 협업농장을 운영하고 있다. 협업농장은 신규 농업인에게는 유기농 교육을 제공하고, 지역 농업인과는 적극적인 교류를 통해 함께 살아가는 농촌을 만들고자 노력한다. 도시에서 귀농을 희망하는 젊은이들이 농사를 배우고 실천해볼 수 있는 장이 되어 홍동지역으로 귀농인을 불러들이는 역할을 하고 있다.

이처럼 풀무학교 졸업생들은 마을 곳곳에서 더불어 사는 평민의 삶을 실천함으로써 지속가능한 마을공동체 형성에 기여하고 있다. 풀무학교 학생들은 교육을 통해 농업과 농촌에 대해 새로운 깨달음을 얻고 지역사회에서 어떤 공헌을 할지를 배우게 된다. 한 풀무학교 학생의 이야기는 이러한 점들을 잘 말해준다.

농업의 시각에서, 농민의 시각에서 세상을 보기 시작한 것 같아요. 1학년 때는 농민에 대해 배웠고, 2학년 때는 지역에 대해 배웠죠. 그리고 나 혼자 무슨 일을 하는 것보다 같이 사는 사람들이 어떻게 움직이는지 그런 것에 관심을 갖게 되었어요. (풀무학교 학생)

10장. 알바니 프리스쿨23)

1. 학교의 현황과 역사

알바니 프리스쿨은 미국에서 가장 오래된 도심형 대안학교이다. 영국의 대안학교인 서머힐 교육철학의 영향을 받아 1969년 뉴욕주의 알바니시에서 문을 열었다. 미국에서는 1970년을 전후로 자유학교 운동이 일어나 많은 자유학교들이 생겨났지만 지금까지 남아 있는 학교는 별로 없다. 알바니 프리스쿨은 설립 이후 지금까지 학교의 설립 이념을 그대로 지키며 발전해왔고, 오늘날 많은 대안학교의 설립에 큰 영

---

23) 알바니 프리스쿨을 사례 학교에 포함시킨 이유는 이 학교가 지역사회학교의 중요한 사례로 소개되기도 하고 우리나라에도 비교적 잘 알려져 있기 때문이다. 교장이었던 크리스(Chris Mercogliano)가 한국을 두 차례 방문하기도 했다. 알바니 프리스쿨에 대한 분석 자료로 삼은 것은 크리스가 쓴 책 『두려움과 배움은 함께 춤출 수 없다』와 학교 홈페이지, 그리고 크리스가 우리나라에서 한 강연들과 경기문화재단이 제작한 다큐멘터리 〈아이들의 자유, 지역사회학교의 꿈: 알바니 프리스쿨〉 등이다.

향을 줄 뿐 아니라 기존의 전통적 교육 방식에 도전하는 새로운 관점을 제공하는 역할을 하기도 한다.

알바니 프리스쿨은 학생들의 학습과 학교운영에서 철저하게 학생들의 자유와 권리를 중시한다. 학교운영의 민주성 역시 오랜 시간을 걸쳐 자리를 잡았다. 초기에 교사와 학부모들이 함께 논의해 교칙을 만들고 학생들에게도 학교 운영에 참여할 수 있는 권리를 부여했다. 또한 학생들 사이에서 갈등이 일어날 경우 비폭력적으로 학생들 스스로 해결할 수 있는 제도도 마련했다.

알바니 프리스쿨에는 유아부터 8학년까지 60여 명의 학생들이 재학 중이다. 기숙사를 운영하지 않으며, 다양한 계층의 아이들이 다니고 있는데 절반 이상이 가난한 계층에 속한다. 학교는 재정적으로 어렵지만 가난한 가정의 아동들이 학교에 다닐 수 있도록 노력한다. 등록금은 부모가 부담할 수 있는 수준에 따라 달라진다. 등록금 수준이 대체로 낮기 때문에 부족분을 충당하기 위해 학교는 자체적인 노력을 기울인다. 대표적인 방법이 학교 주변 낡은 건물들을 구입하여 수리한 후 임대를 주고 얻은 수익을 학교 예산에 보태는 것이다. 그밖에 때마다 다양한 모금활동을 통해 학교 예산의 부족분을 보충한다. 학교 는 재정이 어려워도 의도적으로 정부의 재정지원을 받지 않으려 한다. 철저히 정부의 간섭과 통제를 거부하고 자율성을 확보하는 것이 학교의 중요한 정신이기 때문이다.

알바니 프리스쿨은 학생들에게 배움에 관한 완전한 자유를 부여하는 것을 학교의 근본 정신으로 삼고 있다. 그래서 학교의 모토는 "아동을 신뢰하라. 그러면 그들은 배울 것이다"이다. 학교가 중요하게 여기는 가치는 다음과 같다.

- 배움은 언제든지 일어나고 모든 아이들은 저마다 다른 방식으로 배운다.
- 사랑, 공감, 삶에 대한 열정 등은 교육의 기초가 된다.
- 학습자는 개별적인 학습 경향과 학습 방식에 따라 배우므로 각자 다르게 다루어져야 한다.
- 교사는 질문과 비판적 사고, 창의성을 북돋워 배움을 돕는다.
- 놀이는 소속감을 배양하고, 협력을 촉진하고, 아동을 행복하게 만든다.
- 우리를 둘러싼 전 세계는 가장 위대한 교사이다.
- 학생들에게 자극을 주고, 초청하고, 그들을 따뜻하게 품어주는 환경에서 배움이 일어난다.
- 학생들은 스스로 공동체에서 중요한 일을 할 수 있다고 느낀다.
- 보다 작은 규모의 학급에서 보다 나은 상호관계가 만들어진다.

이 학교의 학생들은 읽기, 수학, 과학 같은 과목들도 배우지만 더욱 중요하게는 책임감, 민주주의, 문제 해결 능력, 사회정의 등에 대해 배우고, 가장 중요한 배움은 어떻게 인간관계를 맺을 것인가 하는 것이다. 학교는 학생들의 정서적인 안정감을 매우 중요시하고 사랑과 돌봄의 관계성을 만들기 위해 노력을 기울인다. 그래서 학교는 학교 이상의 공동체로 기능하기를 원한다.

알바니 프리스쿨에서는 이미 만들어져 있는 교육과정에 따라 교육을 하기보다는 아이들과 상호작용하는 가운데 교육이 자연스럽게 흘

러가도록 하고 있다. 교육의 내용과 방식이 학생들의 자기발견과 자기 창조에 도움이 되는 것을 중요하게 여긴다. 기존의 교육활동에서 다룬 내용으로 연극을 만들어 공연하는 일은 아이들의 자기창조에 기여하는 하나의 방법이 된다. 그래서 연극은 종종 활용되는 교육활동이다.

알바니 프리스쿨에서는 교육에서 중요한 것은 교과 내용이 아니라 가르치는 교사라고 생각한다. 그래서 교사의 모델링이 강력한 교수법이라고 본다. 학생들은 "교사의 기분, 태도, 신념에 영향을 받을 뿐 아니라 교사가 스스로를 어떻게 생각하고, 학생들을 어떻게 느끼며, 공부 자체를 어떻게 생각하는가"에 영향을 받는다는 것이다(Chris, 1998: 227). 미술교사는 단지 그림 그리기 기법을 가르치는 것이 아니라 '그림을 그린다는 것' '예술을 사랑한다는 것'이 어떤 것인지 스스로를 모델링하고자 애쓴다. 그런 가운데 그림 그리기를 즐기는 교사의 즐거움이 아이들에게 자연스럽게 전염된다.

2. 학교와 공동체

공동체는 알바니 프리스쿨과 뗄 수 없는 중요한 속성이다. 프리스쿨은 독특하게도 삼중의 공동체와 관계한다. 첫째는 알바니 프리스쿨 그 자체인 학교공동체이다. 둘째는 첫 번째 공동체인 학교에 근접해 있지만 학교와 구분되는 '프리스쿨 커뮤니티'[24]이다. 이는 학교와 직간접

---

24) 프리스쿨 커뮤니티(free school community)는 한글로 번역하면 '학교공동체'가 되어 첫 번째 공동체 개념과 구분이 되지 않기 때문에 첫 번째와 구분하기 위해 프리스쿨 커뮤니티란 단어를 그대로 사용한다.

으로 관계하는 사람들이 학교 근처에 터를 잡고 살면서 형성된 공동체이다. 셋째는 알바니 프리스쿨 학교공동체와 프리스쿨 커뮤니티가 위치한 지역사회이다. 즉, 뉴욕주 알바니시의 변두리 마을이다.

이 장에서는 첫 번째 공동체인 알바니 프리스쿨의 공동체적 성격을 살펴본다. 알바니 프리스쿨은 학교 자체가 공동체로 존재한다. 프리스쿨은 개교 때부터 진정한 의미의 공동체를 지향했고, 그 전통은 40년이 지난 오늘까지 이어져오고 있다. 학교 홈페이지에 공동체 만들기가 학교가 추구하는 가치이며 학생들의 배려의 관계성과 공동체를 형성하는 것이 주요 교육목표임을 밝히고 있다.

알바니 프리스쿨은 아이들의 필요를 충족시켜주는 곳인 동시에 어른들이 지닌 성장 욕구에도 깊은 관심을 가진다. 학교에는 학생과 교사들 모두가 자신의 전(全)존재를 매일 학교로 가져와서 함께 나누게 된다. 예를 들어, 고양이를 새로 키우게 된 아이의 기쁨이나 부모가 다투는 모습을 본 아이의 두려움을 학교에서는 함께 나누고 이를 기뻐하기도 위로하기도 한다. 누군가의 가족이 아프다고 하면 모두 함께 회복을 위해 기도한다. 이 학교에서 40년간 교사로 있었던 크리스는 학교의 모든 사람들이 다른 사람에게 실제로 관심을 갖는 프리스쿨은 진실된 의미에서의 공동체라고 말한다(Chris, 1998; 238). 공동체는 프리스쿨이 하는 모든 활동들의 중심에 있다.

공동체의 중요한 속성 중 하나는 누구도 소외되지 않는 것이다. 프리스쿨을 방문하여 유심히 관찰했던 한 신문기자에 따르면 프리스쿨의 교실에는 소외된 혹은 분리되어 있는 아이가 한 명도 없다고 했다. 교실에 있는 모든 아이들이 어떤 흐름 속에 있는 것처럼 보인다고 했다. 아이들이 혼자 있거나 무리를 지어 있거나 모든 아이들은 늘 뭔가에 능동적으로 참가하고 있는 것으로 보인다는 것이다(Chris, 1998: 238-239). 이러한 학교의 모습은 프리스쿨이 갖는 공동체적 성격을 잘 보여주는 예가 된다.

학교 전체모임은 프리스쿨이 견고한 학교공동체로 성장하는 데 중요한 역할을 하고 있다. 참된 공동체에서는 구성원 누구도 소외되지 않고 자신이 중요한 존재임을 믿을 수 있어야 한다. 그러므로 자신이 공동체에서 경험하는 어려움과 갈등이 있다면 그것을 해결하기 위해 구성원들에게 도움을 청할 수 있어야 한다. 전체모임은 학생들의 그러한 필요를 충족시켜줄 수 있는 제도적 장치다. 또한 전체모임은 어린 학생이라도 학교의 방침을 바꾸고 싶다면 언제든 소집하여 자신의 의견을 개진할 수 있는 열린 토의의 장이기도 하다. 누구나 전체모임을 소집하여 갈등의 해결이나 학교방침의 변화를 시도할 수 있기 때문에 이러한 경험은 자신이 학교의 중요한 구성원이라는 인식을 갖게 할 수 있다. 또한 전체모임은 공동체에서 늘 존재할 수밖에 없는 내적 갈등을 '품위 있게 싸워서 해결하는 법'을 배우는 중요한 기회로 삼는다(Peck, 1987). 이런 측면에서 전체모임은 프리스쿨이 학교공동체로 발전하여 건강성을 유지하게 하는 중요한 수단이 된다고 할 수 있다.

알바니 프리스쿨이 오랫동안 공동체로서 존재할 수 있는 중요한 요인 가운데 한 가지는 구성원들의 다양성이다. 진실된 공동체는 다양성과 포용성을 중요한 속성으로 갖는다(Palmer, 2008). 공동체는 구성원 중 누구라도 소외되어서는 안 되며, 그러기 위해서는 구성원 모두 개개인의 개성과 가치를 존중해야 한다. 구성원 모두의 개성과 가치를 존중하면 이는 자연스럽게 다양성과 포용성을 갖게 된다. 공동체에 존재하는 다양성은 일차적으로 구성원들 간에 갈등과 긴장을 유발시킨다. 다양한 차이로 유발된 갈등을 제대로 잘 해결한다면 공동체는 한 단계 더 성숙한 상태로 나아갈 것이다.

알바니 프리스쿨에는 인종적으로, 계층적으로 다양한 배경을 가진 아동들이 다닌다. 더구나 매우 독특한 성격과 행동을 보이는 아동들도 종종 학교에 들어온다. 이런 아동들은 교사와 다른 학생들에게 불안감과 긴장을 불러일으키기도 한다. 그러나 학교는 가능한 한 아이의 내면에서 꿈틀대는 문제점들을 솔직하게 드러내도록 용기를 북돋운다.

무마사토라는 어린 여자아이는 처음 학교에 왔을 때는 물건을 집어던져 깨트리기 일쑤이고, 다른 아이들과 싸울 때는 물어뜯고, 손톱으로 할퀴는 행위가 다반사였다. 오늘날 같으면 ADHD(주의력 결핍 행동 과잉장애)로 특별 치료를 요하거나 학교 밖으로 쫓겨날 수 있는 아이였다. 그러나 프리스쿨은 이 통제 불능의 충동적 아이를 내쫓는 대신 공동체의 한 식구로 받아들였다. 교사들은 아이를 유심히 관찰한 결과 그의 충동적이고 파괴적 행동이 내면에 있는 분노와 공포의 표현임을 발견했다. 그리고는 경험 많은 교사가 이 애정 결핍의 아이 곁에서 신체 접촉을 하면서 애정을 나누기 시작했다. 긴 시간이 걸렸지만 무마사토는 내면의 강렬한 에너지를 잃지 않으면서도 그 에너지를 긍정적으로 사용하는 아이로 바뀌기 시작했다. 교장인 크리스는 이 독특한 아이로 인해 학교가 "아이들이 타고나는 풍요로운 생명력을 조금이라도 해치는 일 없이 성장할 수 있게, 적절한 한계와 안전한 경계 안에서 돕는 일이 가능하다는 사실"을 배울 수 있었다고 고백한다(Chris,

1998: 89). 무마사토 같은 '일탈적' 학생이 프리스쿨에는 항상 있다. 프리스쿨은 그들을 공동체 일원으로 받아들여 그들을 학교교육에 맞추려하기보다 교육을 그들에 맞추려고 노력한다.25) 그 아이들을 교육하는 경험을 겪으면서 알바니 프리스쿨은 '내부에서 소용돌이치는 분노와 혼란으로 가득 찬 아이들'에게 '즐겁고 신나는 배움의 길을 발견하는 공간'을 제공하는 학교공동체로 성장해간다.

알바니 프리스쿨이 학교공동체로 형성되는 데 중요하게 작용하는 요인 가운데 하나가 영성/종교성에 대한 강조이다. 프리스쿨에서는 학생들에게 영적 경험을 할 수 있도록 다양한 형태의 프로그램이 제공된다. 학생들이 영적 경험을 통해 살아 있는 생명을 이어주는 보이지 않는 끈을 발견할 수 있기를 기대한다. 이 보이지 않는 끈 즉, 초월적 차원은 유기적 공동체를 이루게 하는 토대가 된다. 프리스쿨에서는 아동들이 매일의 삶 속에서 초월적 차원과 맞닥뜨리는 기회를 갖는 일이 다른 무엇보다 중요하다고 믿고 있다. 그러나 학생들이 매우 다양한 종교를 갖고 있는 상황에서 학교는 특정 종교를 가르치는 일을 삼간다. 대신 신성을 감지하고 이 세계가 내적으로 연결되어 있다는 느낌을 경험할 수 있도록 교사들은 주의를 기울인다.

프리스쿨에서는 누군가가 죽었거나 병이 들었다는 소식을 들었을 때 항상 함께 모여 기도한다. 기도는 다양한 형식으로 이루어진다. 촛불을 중심에 두고 모두가 둥글게 둘러앉아 모두를 이어주는 노래를 부른다. 그리고 침묵 속에 그 사람의 회복을 위한 치유의 염원과 기도,

---

25) 알바니 프리스쿨의 50년 가까운 역사 가운데 학생을 쫓아낸 경우는 딱 한 번이다.

이미지를 보낸다. 이런 의식을 통해 참여한 사람 모두는 서로 연결되어 있다는 느낌과 한 아이의 회복 과정에 동참했다는 느낌을 갖게 된다. 또한 프리스쿨에서는 구성원들이 갖고 있는 다양한 종교의 축일을 함께 축하하는 시간을 갖는다. 그래서 일 년 내내 끊이지 않고 축일이 돌아오고, 방식도 다양하기 때문에 학교공동체에 즐거움으로 가득 찬 풍요를 선사하게 된다(Chris, 1998).

학교에서 영성에 대한 강조는 학생들을 위한 교육활동에서 나타나지만 교사공동체에서도 중요하게 작용한다. 교사들은 각자 다른 종교적 배경을 갖고 있는데 그들은 자신들이 가지고 있는 자기 종교의 기도법, 수행법, 축일 등을 다른 동료들과 함께 나눈다. 또한 아메리카 원주민과 고대 모계사회의 다양한 의식으로부터 종교의식을 빌어오기도 한다. 이처럼 다양한 종교적 의식에 교사들은 함께하면서 공동체의 자양분을 얻어간다.

아이들이 프리스쿨에서 갖게 되는 공동체적 경험은 그들의 삶에서 매우 중요하게 작용한다. 공동체 생활을 통해 자아존중감을 기초로 다른 사람들과 의미 있는 관계를 맺는 능력을 기른 아이들은 학교를 떠나 자신의 미래를 개척할 힘을 갖게 된다. 중학교 과정을 마친 아이들은 대부분 지역의 고등학교로 진학해서 잘 지내고 있다고 한다.

3. 학교공동체와 지역사회

알바니 프리스쿨은 그 자체로 견고한 공동체적 성격을 가질 뿐 아니라 주변의 집단들과 다양한 방식으로 연결되어 있다. 먼저 두 번째 공동체인 '프리스쿨 커뮤니티'는 학교와 매우 밀접한 관계를 갖는다. 프리스쿨 커뮤니티는 발생 배경부터 학교의 운명과 함께했다. 학교 역사의 초창기인 1970년대에 교사들이 학교 근처에 있는 오래된 건물들을 개조하여 들어와 살기 시작했다. 그러면서 그들은 집수리부터 함께 하면서 자녀 양육 문제며 생활의 많은 부분을 함께 나누며 서로 협력하고 책임을 공유하게 되었다. 점차 상호간에 연대의식이 강화되면서 그들은 자신들을 '프리스쿨 커뮤니티'라 부르며 공동체적 삶을 추구하게 되었다.

알바니 프리스쿨의 설립자 메리는 현대사회의 특징인 '전문가에게 의존하는 삶의 방식'에 대해 우려하고 '지속가능한 작은 공동체 안에서 살아가는 삶의 방식'을 추구했다. 지속가능한 공동체에는 삶과 일을 함께하고 기술과 노동을 함께 나누는 일이 기반이 되어야 한다고 했다. 프리스쿨 커뮤니티에는 열두 가족들이 모여 살면서 프리스쿨을 포함한 공동의 관심거리, 사업거리, 일거리를 함께 나누며 살고 있다. 프리스쿨 커뮤니티는 강한 공동체적 성격을 갖지만 종종 내적으로 갈등이 존재한다. 그래서 프리스쿨 커뮤니티는 수요일 밤에 정기적인 모임을 갖는다. 이 모임은 1974년에 시작하여 지금까지 지속되고 있다. 이 모임은 서로의 갈등을 해결하고 자신과 상대에 대한 이해를 높이는 데 도움이 되는 공개토론의 장이다.

알바니 프리스쿨이 관계하는 세 번째 공동체는 그 학교가 위치한 지역사회이다. 알바니시의 변두리에 위치한 이곳은 다른 도심지역과 마찬가지로 슬럼화가 진행되는 가난하고 다양한 인종이 사는 지역이다. 주로 이탈리아계 주민들과 흑인들과 히스패닉, 백인 노동자들이 섞여 살고 있다. 이 학교의 학생들 가운데 절반 정도가 이 지역에 살고 있고, 지역사회는 학교교육이 이루어지는 환경이기 때문에 매우 중요한 의미를 갖는다. 프리스쿨은 지역사회와 협력 관계를 갖기 위해 다양한 노력을 기울이고 있다.

이 세 공동체는 서로 긴밀하게 상호작용을 하며 영향을 주고받는다. 학교 인근에 살고 있는 교직원들은 집 문밖에 나와 있는 동네 주민들과 대화를 나누는 데 시간을 들인다. 자기 집 뒷마당을 공동 텃밭으로 일구어 야외모임 장소로 활용하기도 한다. 종종 주민들과 함께 식사를 하고 생일파티를 열기도 한다. 프리스쿨 커뮤니티 식구들이 지역 동회의 이사를 맡기도 하고 지역의 이슈를 다루는 활동가로 일하기도 한다. 동네회의가 한동안 학교에서 열리기도 했다(Chris, 1998).

세 개의 공동체는 긴밀한 관계를 맺고 있지만 긴장은 언제나 발생할 수 있다. 프리스쿨 아이들 가족 중 일부는 프리스쿨 커뮤니티 일원이지만 다수는 그렇지 않다. 학교 일에 모두가 의무적으로 참여해야 한다는 방침을 학교는 거부한다. 학교에 핵심적인 내부 집단이 있고 누군가는 소외되고 있다는 느낌을 갖는다면 학교는 곧 이를 해결하기 위해 노력한다. 한 공동체에서 한 명의 구성원이라도 소외된다면 더 이상 그것은 공동체가 아니라는 공동체의 엄격함을 지키기 위해 프리스쿨은 노력한다(Palmer, 2008).

이제 알바니 프리스쿨 학교공동체가 프리스쿨 커뮤니티 그리고 지역사회와 어떤 협력 관계를 갖고 있는지를 네 가지 틀에 따라 살펴보고자 한다.

1) 교육자원 공급처로서의 마을

프리스쿨공동체나 지역사회의 주민들은 프리스쿨 학생들을 교육하는 데 기꺼이 참여한다. 그들은 다양한 재능과 경험을 갖고서 학교교사가 할 수 없는 역할을 훌륭하게 수행하기도 한다. 프리스쿨의 학생들은 일주일에 몇 시간씩 자신이 좋아하는 분야에서 지역의 전문가들로부터 도제수업 또는 조수수업을 받는다. 수의사, 법률가, 예술가, 작가, 댄서, 모델, 만화가, 박물관 큐레이터, 마술사, 보트제작자, 사진작가, 파일럿, 말 조련사, 요리사 등 다양한 직종에서 일하는 지역사회 어른들과 함께 그 활동을 하면서 배우게 된다. 아이들은 일의 현장에서 도제수업을 통해 직업에 대한 이해와 특정 기술 뿐 아니라 타인과의 따뜻한 관계 맺기, 삶에 대한 자신감 등을 배운다. 마을의 일터는 프리스쿨 아이들에게 학습교육과 인성교육이 동시에 일어나는 복합적인 교육의 장이 되고 있다.

예를 들어, 제시라는 학생은 태도, 품행, 학업 면에서 많은 어려움을 겪고 있었다. 그는 학교 옆에서 공방을 경영하는 예순이 넘은 목공예가로부터 도제수업을 받기를 원했고, 공방의 주인이 그를 받아들여 제시는 새로운 배움을 시작했다. 그는 인간성의 교류를 중시하는 도제수업을 통해 목공예의 기술을 배울 뿐더러 마음의 병을 치유할 수 있게 되었다(Chris, 1998: 97). 또 다른 예로 빌리라는 학생이 있다. 빌리는 다른 학생들로부터 빈번하게 학대를 당하고 학습부진과 의욕상실을 겪었다. 빌리는 한참의 방황 끝에 대중음악에 심취하게 되었다. 교사의 주선으로 마을 라디오 방송국에서 조수 일을 하면서 1급 수료증을 땄다. 지역 방송국에서의 배움과 경험을 발판으로 용기를 얻어 인근의 공립학교로 전학 가서 그 학교 방송부 일을 훌륭하게 해내며 삶의 자신감을 회복할 수 있었다(Chris, 1998: 113-115).

설립자 메리는 〈스코레이〉라는 대안교육 계간지를 발간하기 위해 프리스쿨공동체의 힘을 빌렸다. 보다 정확하게는 공동체와 함께 잡지를 발간했다. 이 잡지가 좋은 영향을 미치자 메리는 〈가족생활지〉라는 잡지를 또 창간했다. 이 잡지 역시 공동체 식구들과 함께 만들면서 가정생활과 관련된 다양한 문제들을 프리스쿨에서의 경험을 토대로 논의하는 내용을 담았다.

이 외에도 알바니 프리스쿨은 주위 마을에 있는 교육자원들을 활용하는 데 적극적이다. 주민들 역시 학생들의 교육을 위해서라면 무엇이든 제공할 준비가 되어 있다. 영화제 상연을 위해 지역의 극장을 기꺼이 제공해주고, 학생들이 여행 경비를 모으기 위해 모금활동을 하면 기꺼이 물건을 사주기도 한다. 또한 지역 마을에서는 오래된 교회 건물을 재건축하여 문화예술관을 만들 계획을 갖고 있는데, 이곳은 학생들의 문화예술 활동의 발표를 위해서도 쓰일 거라고 한다,

2) 마을 교육문화센터로서의 학교

알바니 프리스쿨은 마을주민들에게 다양한 종류의 공연을 향유할 수 있는 기회를 제공한다. 학생들은 종종 학습의 일환으로 연극을 만들어 무대에 올리는데, 그럴 때는 학부모들뿐 아니라 마을주민들도 초대한다. 또한 학생들은 수업 시간을 활용하여 영화를 만들고 이를 상

영하기도 한다. 이 활동이 발전하여 프리스쿨 단편영화제가 탄생했다. 초기에는 학교에서 상영하다가 호응이 좋아 시내의 한 극장에서 장소를 제공해주어 영화제를 열고 있다. 이처럼 학교는 가난한 주민들에게 다양한 문화예술을 향유할 기회를 제공하며, 주민들은 학생들의 공연을 통해 학교에 대한 이해와 친밀감을 갖게 된다.

이러한 문화 활동과는 별도로 학교에서 제공하는 작은 배려들이 지역주민들을 학교에 발을 들이게 하고 있다. 학교에서는 간단한 아침을 학생들에게 제공하는데 이때 아이들을 데리고 온 부모들도 아이들과 함께 식사를 하기도 한다. 이 시간은 부모들이 아이와의 유대감을 돈독하게 하는 시간이면서 교사들과 대화를 나누며 아이들과 학교에 대해 알아가는 시간이기도 하다. 자녀교육의 어려움을 교사와 함께 나누는 상담시간이 되는 것이다. 점심식사 역시 지역주민들에게 개방되어 주민들 가운데 일부는 아이들과 함께 점심을 먹는다. 이 시간은 학생과 주민이 얼굴을 익히며 서로를 이해하는 시간이 된다. 식사를 함께 하면서 주민들은 학교에 관심을 갖게 되고 학교의 교육철학을 이해하게 된다. 이처럼 학생과 교사, 학부모와 지역주민들이 함께 식사를 하는 것은 학교와 지역사회가 하나로 연결되는 중요한 통로가 된다.

일상생활 속에서 교사와 주민들이 서로를 알아가고, 관심 분야에 따라 특별한 관계로 발전해가는 것은 학교와 지역사회뿐만 아니라 학생들을 위해서도 매우 중요하다고 크리스는 말한다. 어른들이 만들어가는 다양한 관계들을 보면서 아이들은 삶과 세상을 이해하는 법을 배운다는 것이다.(http://tvcast.naver.com/v/103801).

토요일 아침에는 학교 내에 카페가 열린다. 마을주민이 학교 시설을 이용하여 빵과 차를 판매한다. 카페는 교사와 학부모들뿐 아니라 마을 주민들도 즐겨 이용한다. 주말 오전에 간단한 식사와 여유로운 대화를 즐길 수 있는 문화 공간이 열리는 것이다. 학교가 이처럼 지역주민들에게 식사나 카페 공간을 제공해주는 일은 주민들의 생활에 작은 도움을 주는 일이기도 하다. 그러나 이런 활동이 갖는 더욱 중요한 의미는 학교와 지역사회가 더 가까워지고 공동체 의식을 갖게 된다는 점이다. 주민들 역시 이런 사실을 잘 알고 있다. 학교를 종종 이용하는 한 주민은 프리스쿨이 없었다면 마을도 존재하기 어려웠을 거라고 말한다.

3) 교육과정으로서의 마을

알바니 프리스쿨은 마을과 사회의 문제를 외면하지 않는다. 지역사회의 문제는 학교에서 다루는 중요한 교육 내용이 된다. 학교가 위치하고 있는 지역사회는 미국의 다른 도심지처럼 인종과 계층의 문제가 고질화되어 있는 곳이다. 프리스쿨은 지역사회가 안고 있는 이런 문제를 학생들의 눈높이에서 풀기 위해 노력한다. 인종차별, 경제적 불평등, 인종적 편견 같은 문제는 미국의 교육에서 외면할 수 없는 주제이지만 많은 학교에서는 잘 다루지 않는다. 그러나 프리스쿨은 이런 문제들을 중요한 교육적 주제로 보고, 이를 학문적 차원에서 다루기보다는 학생들이 자신의 삶과 관련하여 이해하고 극복할 수 있도록 도움을 준다.

이러한 노력의 일환으로 아프리카계 미국인 가운데 영웅적이고 지도자적 삶을 산 인물들의 생애를 공부한다. 거의 매년 마틴 루터 킹 목사의 생애를 공부하고 그의 스토리를 토대로 연극을 준비하여 공연한다. 연극을 통해 역사가 아이들의 삶 속으로 들어오고 아이들은 역할모델의 영향을 크게 받는다. 공연에서 킹 목사의 역을 맡았던 아이들은 연극을 준비하는 과정에서 인격의 변화를 일으키는 경우가 종종 있다고 한다. 그 아이들 대부분이 어려운 가정 출신이었는데 졸업 후 훌륭한 젊은이로 자라 인종과 경제적 공정성에 대한 깊은 이해를 지닌 사람으로 살고 있다고 한다(Chris, 1998).

프리스쿨은 학생들이 지역사회를 알아가도록 다양한 방법으로 학생들을 격려한다. 수업 시간에 교사들은 아이들을 데리고 종종 마을로 나가 마을의 자연적, 문화적 환경을 활용하여 수업을 진행한다. 한번은 여행 경비를 마련하기 위해 학교 앨범을 제작하면서 광고를 싣기로 하고, 학생들이 지역사회의 기관과 가게들을 찾아다니며 광고를 부탁해 실었다. 이 과정에서 학생들은 지역에 있는 기관과 가게들을 알게 되고, 그들이 어떻게 활동하는지 이해하게 된다.

4) 지역사회 발전의 토대가 되는 학교

알바니 프리스쿨은 학교의 인근 지역주민들과 친밀한 관계를 맺기 위해 노력할 뿐 아니라 지역사회의 발전을 위해서도 체계적인 시도를 한다. 학교의 설립자 메리는 학교 초기부터 학교가 위치한 가난한 지역사회 주민들의 필요에 관심을 갖고 다양한 활동들을 계획하고 실천했다. 이 중 몇 가지를 소개하면 다음과 같다.

첫째, '머니 게임'은 신용협동조합과 유사한 것으로 지역주민들이 높은 이율을 받고 저축을 하고, 대신 자금이 필요할 때는 낮은 금리로 돈을 대출받을 수 있도록 한 것이다. 돈이 공동체 외부로 빠져나가지 않도록 하면서, 공동체에 필요한 주택 구입 등에 활용되었다.

둘째, 가족생활센터(Family Life Center)이다. 이는 지역주민 중 임신한 커플들을 위해 출산 전후 도움을 제공하고 어린 자녀를 둔 부모들에게는 부모교육과 의학적 돌봄을 가르치기 위한 기관이다. 교사 중 한 사람이 조산원 자격증을 따서 센터 운영을 맡았다. 이 센터의 도움을 받은 부부들은 학교공동체에 관심을 갖고 참여하거나 나중에 자녀들을 프리스쿨에 보내기도 했다.

셋째, 가족생활센터 건물 지하에 설립된 생협은 도매가로 유기농산물을 주민들에게 공급하는데, 공동텃밭에서 재배한 채소를 팔기도 한다. 생협 옆에 작은 서점과 공방도 문을 열었다.

또한 알바니 프리스쿨의 교사와 학생들은 지역사회의 교육문화시설을 지키기 위해 적극적인 활동을 하기도 한다. 학교가 있는 지역사회에 아이들이 공연을 즐겨 보는 뉴욕주립어린이극장이 운영의 어려움으로 문을 닫을 위기에 처하게 되었을 때 학생들이 주의원들을 만나 설득하고 지역 언론의 도움을 받아 결국 극장을 살리기도 했다.

이처럼 알바니 프리스쿨의 다양한 활동들이 지역사회의 발전에 기여한 바가 크지만 무엇보다 중요한 것은 지역사회에 공동체 정신을 심고 있다는 점이다. 낡은 주택들을 사들여 새롭게 단장하여 교사들이 살게 되면서 그 지역이 슬럼가가 되지 않을 수 있었다. 마을에 정착한 교사들은 학교 일뿐만 아니라 지역주민과의 관계를 위해서도 많은 노력을 기울인다. 이웃주민들을 자주 찾아가고 집 뒷마당을 일구어 공동텃밭을 조성하기도 했다. 그 텃밭은 주민들이 모이는 장소가 되고, 공동식사 공간이 되기도 한다. 교사들은 프리스쿨 커뮤니티 구성원과 나아가 지역사회 구성원들과 삶과 일을 함께 나누기도 하고, 기술과 노동을 나누기도 한다. 이런 일들이 마을공동체를 형성하는 데 중요한 요인이 되는 것은 물론이다.

11장. 미국의 커뮤니티 스쿨

1. 커뮤니티 스쿨이란

1) 발생 배경

미국에서 커뮤니티 스쿨의 역사는 19세기까지 거슬러 올라간다. 19세기 후반 동유럽과 남유럽에서 많은 이민자들이 미국으로 몰려들면서 도시 지역이 급격히 확대되자 여러 도시에서 사회 문제가 일어나기 시작했다. 비위생적인 환경 때문에 질병의 위험이 심각하게 대두되었고, 빈곤과 범죄도 문제가 되었다. 도시의 확대는 공동체성의 상실로 이어졌고, 그로 인해 도시민들은 소외의 고통을 겪어야 했다. 이런 상황에서 문제를 예방하거나 해결할 수 있는 기관으로 학교가 거론되었다. 학교는 도심지의 학생과 주민들에게 사회적 서비스를 제공하고, 새로운 생활방식을 가르치도록 요구되었다. 또한 학교는 커뮤니티 센터를 설립하여 지역사회의 문제를 예방하도록 요구받았다. 이런 역할을 할 수 있도록 학교에 식당, 운동장, 강당 같은 시설들이 들어서고, 이에 따라 학교는 점점 지역사회의 교육문화센터 역할을 감당하게 되었다.

미국에서 학교의 사회적 기능은 19세기 초 보통학교(common school) 운동이 시작할 때부터 강조되었지만 19세기 후반에는 그 기능을 훨씬 더 중요하게 여겨 학교를 중요한 사회적 기관으로 이해하게 되었다 (Spring, 2005; 206-207). 그 당시 제인 아담스의 사회복지관 운동으로 인해 시카고와 도시 산업 지역에서는 사회복지관이 이민자들인 노동자 계층에게 오락, 건강, 교육 같은 사회적 서비스를 제공하는 역할을 하고 있었다. 그러한 역할을 학교도 함께 감당하게 된 것이다.

공립학교가 지역주민들을 위해 사회적 서비스를 제공하는 역할을 해야 한다고 주장한 대표적 인물이 존 듀이다. 그는 학교가 사회문제를 해결하고 사회적 서비스를 제공하는 중요한 기관이라고 보았다. 그리고 지역사회의 센터로서 학교는 산업 사회의 심각한 문제인 공동체 의식 결핍과 소외 문제를 해결할 수 있어야 한다고 말했다. 미국의 학교들은 지역주민들에게 예술이나 취미 활동을 위한 공간을 제공하고 정치적 토론장이 됨으로써 주민들 사이에 공동체 의식을 기르고자 힘썼다(Dewey, 1902; Spring, 2005).

미국에서 사회적 기관들은 1890년대에 전국적으로 급속도로 성장, 발전했다. 뉴욕에서는 방과후 레크리에이션 활동들이 사회적 기관으로 조직되었다. 시카고에서는 사회적 기관들이 공원 내 실내경기장에 자리 잡았고, 주민들은 오케스트라나 합창단 같은 다양한 활동에 참여했다. 공원의 실내경기장은 지역사회 주민들의 공동체 의식을 북돋는 역할을 했고, 학교는 정치적 참여를 촉진하는 역할을 수행했다. 1914년의 한 조사에는 그 해 지방선거 기간 동안 학교 건물에서 142회의 정치 관련 회의가 열렸다고 한다. 이처럼 학교는 사회적 기관으로서 다양한 역할을 수행했다. 1920년의 한 조사에 따르면 전국의 788개 교육구 가운데 667개 교육구에서 학교를 사회적 기관으로 활용하고 있다고 보고했다(Spring, 2005: 222). 학교는 그 역할을 잘 수행하기 위해 건물 구조를 변경하기도 하고, 시설과 기구류도 주민들이 이용하기 편리하도록 재정비했다.

이처럼 19세기부터 강조되었던 학교의 사회적 기관으로서의 정체성이 20세기 중반 이후에는 커뮤니티 스쿨이라는 구체적인 형태로 나타났다. 1970년대에 '커뮤니티 스쿨 법령'과 '종합 커뮤니티 교육 법령'이 제정되어 지역사회교육 운동을 위한 종잣돈이 마련되었다. 이는 커뮤니티 스쿨에 대한 연방정부의 지원을 알리는 중요한 신호이기도 했다. 1980년대 후반 이후로는 지자체와 주정부의 지원 및 다양한 재단들의 지원이 이어지면서 커뮤니티 스쿨 수가 크게 늘어났고, 새로운 다양한 모델의 학교들이 생겨나기도 했다. 새로운 커뮤니티 스쿨의 등장은 여러 가지 혁신을 가져왔는데, 예를 들면 가족지원센터, 방과후 학교 프로그램, 보건과 정신건강 서비스, 기업과 시민단체의 협력, 커뮤니티 센터로서의 학교 시설 등이 있다.

1998년에는 커뮤니티 스쿨 운동이 '21세기 커뮤니티 학습센터 프로그램'을 통해 연방정부로부터 재정지원을 받았다. 연방정부는 지역사회 교육 전략에 기초한 커뮤니티 스쿨을 만들어 지역의 방과후 프로그램 개발을 촉진하고자 했다. 정부의 상당한 재정지원(2002년도 10억 달러)은 커뮤니티 스쿨 운동을 활성화시켰고, 공교육에서 지역사회의 역할을 강화하기 위한 연방정부의 지원을 개선시켰다. 2002년 '아동낙오방지법(No Child Left Behind Act)' 통과는 연방정부가 모든 어린이들의 교육을 책임지는 중요한 계기가 되었다. 그 법령은 커뮤니티 스쿨이 강조하는 필수 요소들을 내포하고 있다. 학부모 참여, 방과후학교 프로그램, 폭력 예방, 봉사 학습, 공적 서비스와 사적 서비스의 조정과 통합 등과 같은 바람직한 요소를 지닌 커뮤니티 스쿨 운동은 미국 사회에서 낙오하는 어린이가 생겨나지 않도록 하는 데 상당한 기여를 하고 있다(Blank et al, 2003).

2) 활동 내용

미국 전역의 커뮤니티 스쿨 연합(Coalition for Community Schools, CCS)에 따르면 5천 개의 커뮤니티 스쿨들이 소속해 있다고 한다. CCS는 커뮤니티 스쿨을 "학교와 가정과 지역사회를 연결하는 협력 관계이자 장소"로 간단하게 정의하고, "학업, 청소년 개발, 가족 지원, 건강 및 사회적 서비스, 지역사회 개발" 등에 초점을 두는 학교라 했다. 그러나 커뮤니티 스쿨은 각각 위치한 지역사회의 개별적인 요구에 따라 형성되기 때문에 일률적으로 학교의 특성을 말하기는 어렵다. 즉, 학교마다 각자의 독특한 성격을 지니고 있고 활동도 다른 경우가 많다. 그럼에도 대개 저소득층 동네와 가정에서 자라난 어린이들에게 보다 나은 교육을 제공하려는 목적을 갖는다는 특징이 있다. 낮은 사회경제적 배경을 가진 가정의 자녀들은 학습 부진, 문제 행동, 폭력, 약물 같은 다양한 문제에 노출되기 쉽다. 이러한 문제는 학교가 홀로 해결하기 어렵고 지역사회와 긴밀한 협력체계를 갖추어 풀어가야만 한다. 그래서 학교는 지역의 보건사회봉사 기관, 가족지원센터, 청소년 개발 조직, 대학, 마을기구, 기업, 시민단체, 종교단체 등과 파트너십을 형성하여 각자의 역할을 수행하면서 협력하고 있다. 이러한 협력을 통해 먼저 학생의 학습 능력을 개선시키고, 나아가 가정을 더 튼튼하게 하고, 최종적으로 마을을 더 건강하게 만들고자 하는 것이 커뮤니티 스쿨이 대체로 지향하는 바이다.

커뮤니티 스쿨 학부모와 마을주민들은 학교의 교육에 협조할 뿐 아니라 자신들도 학교에 와서 문해 교육, 성인 및 부모 교육, 고용 훈련, 가족 지원, 리더십 개발 같은 교육활동에 참여한다(Blank et al., 2003). 커뮤니티 스쿨들은 지역과 모델에 따라 다양한 활동을 하는데, 대개 다음 세 가지 범주로 나눌 수 있다(Heers et al., 2016).

첫째는 학교와 외부 기관들 간의 긴밀한 협력에 관한 활동이다. 커뮤니티 스쿨은 상호 지원하는 지역사회의 여러 기관들 및 다른 학교들과의 네트워크의 한 부분으로 존재한다. 그리고 지역의 요구에 근거하여 복지, 건강지원, 방과후 돌봄, 교육 활동과 여가 활동, 문화와 스포츠 활동 같은 다양한 서비스를 제공한다. 이를 위해 유치원, 초등, 중등학교가 협력하기도 하고, 이 프로그램에 참여하는 타 지역의 주민들과 협력하기도 한다.

둘째는 학부모들의 학교교육 참여와 관계된 활동이다. 아동의 학업, 정서, 사회성 발달에 부모의 역할은 매우 중요하다. 그래서 커뮤니티 스쿨은 무엇보다 학부모를 학생들의 교육에 참여시키기 위해 다양한 노력을 기울인다. 먼저 학부모들이 자원봉사자로 혹은 학교 활동에 참여하기 위해 학교에 자주 나오도록 요청한다. 교사가 가정방문을 통해 학부모와 대화하는 것도 한 방법이다. 또한 학부모들로 하여금 집에서 자녀와 대화를 나누도록 하고, 학부모와 교사 모임에 참여시키려고 노력한다. 이러한 다양한 활동을 통해 학부모와 학교 사이에 의사소통이 원활해지면 양자 간에 신뢰가 형성된다. 이는 학부모들로 하여금 학교에 긍정적인 태도를 갖게 하는데, 학부모들의 이러한 태도는 자녀교육에 적지 않은 도움이 된다(Heers et al., 2016: 7-8).

셋째는 학생들에게 다양한 비교과 활동의 기회를 제공한다. 연구결과에 따르면, 낮은 사회경제적 배경을 가진 가정의 아동들은 상대적으로 비교과 활동에 참여하는 기회가 적다고 한다. 그러나 기회가 주어지면 그 경험 속에서 더 많은 배움을 얻는다고 한다. 그래서 커뮤니티 스쿨은 특별히 낮은 사회경제적 배경을 지닌 학생들에게 중산층 학생들과 유사한 경험을 할 수 있도록 다양한 비교과 활동 기회를 마련해 주려고 노력한다. 스포츠, 악기 연주, 저널리즘, 직업 클럽, 개인교습, 멘토링, 기술, 시민운동 참여, 건강 관련 활동 등이 있다.

3) 지원체계와 재정

커뮤니티 스쿨의 리더십 구조는 학교와 지역에 따라 다양한 모습을 띠지만 공통점은 협력적인 구조를 갖는다는 점이다. 이 구조는 커뮤니티 스쿨이 어떻게 시작되었는지와 관련 있다. 어떤 지역에서는 교육구로부터 커뮤니티 스쿨의 필요성이 제기되어 시작했고, 다른 곳에서는 지방정부로부터, 또 다른 곳에서는 민간재단, 비영리 조직, 자선단체 등으로부터 커뮤니티 스쿨이 시작하기도 했다. 이처럼 학교를 시작한 주체가 어디인가에 따라 커뮤니티 스쿨의 리더십 구조에 차이가 있다. 그러나 대개 세 가지 유형으로 나눌 수 있다.

첫째는 학교 단위의 리더십이다. 이는 교사, 교장, 학부모, 현장 코디네이터, 선도적 기관, 지역의 파트너들로 구성되고, 이들은 업무를 수행하는 기능을 갖는다. 둘째는 중간 조직(Intermediary organization) 차원에서의 리더십이다. 중간 조직은 지역사회 차원의 기능을 학교단위의 기능과 연결시키고 발전시키는 역할을 한다. 이 역할은 교육구, 지방정부, 비영리 단체, 재단, 지역의 대학 등이 수행할 수 있다. 셋째는 지역사회 차원에서의 리더십이다. 이는 교육구, 학부모와 주민, 지방정부, 대학, 자선 단체와 기업, NPO, 지역의 단체들이 협력적 리더십을 구성하게 된다. 이들은 관리, 감독의 기능을 수행한다(Blank et al., 2010; 10-12).

커뮤니티 스쿨의 재정 문제는 학교의 리더십 구조와 관련이 있다. 커뮤니티 스쿨의 재정지원은 주로 연방정부, 주정부, 시, 교육구 등의 공적 자금 지원에 의존한다. 그러나 지역에 따라서는 커뮤니티 스쿨이 위치한 지역사회의 다양한 민간 기관들과 재단의 지원이 활발하게 이루어지는 경우도 있다. 재정지원 규모는 학교에서 시행하는 프로그램에 따라 달라진다. 2010년 분석 자료에 따르면 커뮤니티 스쿨에 대한 재정지원은 교육구(29%), 연방정부(20%), 주정부(14%), 시(12%), 카운티(3%) 순으로 이루어졌다(Blank et al., 2010: 9). 그리고 이러한 공적 재정지원 외에 민간 재단(13%), 지역의 물품 지원이나 자원봉사 같은 유사 지원(6%), 지역사회의 조직(4%), 기업(2.5%) 등 다양한 사적 재정지원도 이루어지고 있다.

4) 커뮤니티 스쿨 정책의 성과와 과제

미국의 커뮤니티 스쿨 정책은 이미 시행된 지 30년을 넘었기 때문에 이에 대한 평가도 다양하게 이루어지고 있다.

커뮤니티 스쿨은 다양한 기관들과 협력함으로써 전통적인 학교들에 비해 세 가지 면에서 유리하다고 본다(Blank et al, 2003).

첫째, 교육활동에 필요하지만 학교 안에서는 찾기 어려운 부가적 자원을 활용하기에 유리하다. 그리고 커뮤니티 스쿨에는 지역사회에서 채용한 직원이 있어 지역과 관계 맺기가 좀 더 용이하다. 둘째, 학생들의 학습 역량 뿐 아니라 비학습적 역량, 신체적, 사회적, 감정적 역량을 계발하는 데는 학교교육만으로 부족하다. 지역사회와 연결된 커뮤니티 스쿨에서 어른들의 모델링과 다양한 사람들과의 상호작용을 통해 필요한 역량을 계발할 수 있다. 셋째, 청소년들이 다양한 배움의 기회를 가짐으로써 사회적 네트워크와 사회적 자본을 형성하는 데 유리하다.

커뮤니티 스쿨의 이러한 장점들은 학교에 대한 사례 연구를 통해 확인할 수 있다. 사례 연구들이 보여주는 커뮤니티 스쿨의 성과를 네 가지로 범주화하면 다음과 같다(Heers et al., 2016).

첫째, 학생의 학습: 커뮤니티 스쿨 학생들은 학교와 가정 그리고 외부기관의 협조와 다양한 비교과 활동으로 학업성취에서 긍정적인 영

향을 받았다. 그뿐 아니라 학생들의 중퇴율과 위험한 행동을 하는 빈
도수를 낮추는 데도 영향을 끼쳤다.

둘째, 가족의 참여: 커뮤니티 스쿨 학생 가족들은 교사들과 의사소
통이 원활하고 학교교육에도 적극적으로 참여하여 학교에 대한 신뢰
도가 높다. 또한 자녀들의 학습에 더 강한 책임감을 갖는 것으로 나타
났다.

셋째, 학교의 효과성: 커뮤니티 스쿨은 교사와 학부모의 긴밀한 관
계, 더 높은 교사만족도, 보다 나은 학교 환경, 지역사회의 더 많은 지
원을 누림으로써 학교가 목표하는 바를 더 효과적으로 달성할 수 있게
된다. 특히 낮은 사회경제적 배경을 가진 학생들과 배움에 어려움을
겪는 학생들에게 더 효과적인 결과를 가져온다.

넷째, 마을의 활력: 커뮤니티 스쿨은 학교 건물 이용을 활성화시키
고, 주민들에게 안정감과 마을에 대한 자부심을 고양시키고, 주민과
학생 사이의 신뢰감을 향상시킴으로써 마을의 활력을 높인다.

커뮤니티 스쿨이 이러한 성과를 거두고 있지만 동시에 한계도 가지
고 있다. 이런 한계점들에 대한 바른 이해와 분석은 우리나라에서 마
을교육공동체 정책을 시행할 때 시행착오를 가능한 줄일 수 있는 길이
될 것이다. 커뮤니티 스쿨의 사례 연구 결과에 따르면 다음과 같은 점
들이 앞으로 보완해야 할 과제로 제시되고 있다(Blank et al., 2010;
Heers et al., 2016).

첫째, 커뮤니티 스쿨 전략이 법률, 규칙, 지침에 의해 명확하게 정
의되고 지원되어야 한다.

둘째, 커뮤니티 스쿨의 일을 전담하는 현장 코디네이터들을 채용하

는 자금을 조성해야 한다.

셋째, 커뮤니티 스쿨과 외부기관의 협조에서 책임을 어떻게 공유할 것인지 분명하게 정해야 한다. 기관에 따라 아동과 교육을 보는 관점이 다르기 때문에 이에 대한 논의도 필요하다.

넷째, 교육적 자원들을 조정하고 활용하여 목표로 하는 결과에 맞추어 자원을 사용하게 하는 중간조직의 과업을 지원해야 한다.

다섯째, 연방정부, 주정부, 지역사회, 교육구 차원에서 커뮤니티 스쿨을 지원하는 데 조정이 잘 이루어져야 한다.

여섯째, 학교, 연방기관, 주기관 등에서 지역사회의 파트너들과 함께 일하는 사람들이 커뮤니티 스쿨이 어떻게 작동하고, 정책이 학교를 어떻게 지원하는지에 대해 배울 수 있어야 한다.

2. 시카고 커뮤니티 스쿨

1) 발생 배경과 특징

커뮤니티 스쿨은 미국 전역에 분포하지만 그 중에서 시카고 커뮤니티 스쿨은 역사가 오래된 대표적인 사례라 할 수 있다. 1990년대에 이미 존재했던 세 개의 커뮤니티 스쿨을 지원한 폴크 브로스 재단의 선구적인 활동을 기반으로 시카고의 기업과 자선단체 지도자들이 2001년 시카고 공립학교에 커뮤니티 스쿨의 확대를 요청했다. 아동들의 전인적 성장을 위해서는 지역공동체가 필요하다는 인식 아래 시카고 공립학교도 그 제안을 적극적으로 수용했다. 이때 시카고 공립학교, 시카고시, 폴크 브로스 재단을 포함한 각종 재단이나 은행 등 다양한 사적 영역의 파트너들, 지역의 자선조직들이 '시카고 캠페인'이라는 조직을 만들어 커뮤니티 스쿨의 확산을 위해 노력했다. 그 캠페인의 지원으로 2010년에는 커뮤니티 스쿨이 154개로 확대되었다(Blank et al., 2006; Blank et al., 2010; Whalen, 2007). 2015년 기준으로 6백 개 이상의 학교가 소속되어 있는 시카고 교육구에 2백 개 이상의 커뮤니티 스쿨이 운영되고 있고, 이들은 50개의 선도적 협력기관들과 긴밀한 협력체제를 갖추고 있다.

시카고 커뮤니티 스쿨은 CSI(Community Schools Initiative)라는 단체의 관리와 지원을 받고 있다. 2002년 시카고 교육구가 설립한 CSI는 2백 개 이상의 커뮤니티 스쿨을 관리하는, 미국에서 가장 큰 커뮤니티 스쿨 단체로, 다음 네 가지 목표를 가지고 있다. 첫째, 선택된 공립학교를 개방하여 지역사회의 중심센터가 되도록 변화시킨다. 둘째, 어린이와 가정을 개인적, 경제적 안녕을 촉진하는 일련의 서비스에 연계시킨다. 셋째, 학생들에게 기회 부족과 낮은 성취를 가져오게 하는 부정적인 요인들을 줄인다. 넷째, 학생들의 학업성취도를 개선하도록 부모와 지역사회의 참여를 촉진한다.

2) 활동 내용

CSI 커뮤니티 스쿨 모델은 각 지역의 필요에 맞추어 지속적이고 종합적인 지원 서비스를 제공한다. 제공하는 서비스가 지역에 따라 다르지만, 대체로 다섯 가지 범주로 나뉜다. 첫째, 학생과 부모를 위한 학업 지원, 둘째, 학교에서 이루어지는 사회적·문화적 교육의 내실화, 셋째, 학생과 부모를 위한 건강 서비스, 넷째, 학생과 가정을 위한 사회적·감정적 건강 지원, 다섯째, 성인교육과 가정과 지역사회의 참여활동 등이다.

시카고 커뮤니티 스쿨의 구체적인 활동은 학생들과 성인들을 위해 방과후 교육 프로그램과 주말 프로그램을 만들어 운영하는 것이다. 학생을 위한 프로그램에는 스포츠, 레저, 예술과 문화 활동, 개인교습, 학업지도 등이 있다. 성인을 위해서는 외국어로서의 영어(ESL), 경력교육, 영양 교육, 부모 교육 같은 프로그램이 있다. 성인을 위한 프로그램에는 협력기관으로부터 재정지원이 가능할 때는 학교에서 의료, 치과 서비스까지 이루어지기도 한다. 커뮤니티 스쿨에서 이런 다양한 활동을 관리하는 사람은 '자원 코디네이터'들이다. 이들은 지역사회에 있는 기관에서 채용한 사람들이다. 지역의 대학에서는 자원 코디네이터나 커뮤니티 스쿨에서 일하는 사회사업가들을 위한 학위과정이나 연수 프로그램을 제공하기도 한다(Blank et al., 2006).

시카고에 있는 일리노이대학교의 CSI에 대한 평가연구에 따르면 CSI는 커뮤니티 스쿨에 대한 비전을 분명히 하여 다음과 같은 활동을 통해 비전을 성취하고 있다고 평가했다(Whalen, 2007).

첫째, 지역사회의 필요를 채우기 위해 학교 개방 시간을 확장했다. 주중에는 학교 수업 종료 시간인 3시부터 7시까지 다양한 프로그램들이 진행된다.

둘째, 학교 밖 시간을 풍부하게 활용했다. 학교당 평균 13개 정도의 프로그램들을 운영하는데, 수학, 과학, 문학 등과 같은 학업적인 지원과 사회적, 감정적 유연성을 기르는 경험을 균형 있게 제공한다.

셋째, 여름철 계절학기를 활용한다. 대개 학습 손실이 일어나는 여름철에 CSI 학교들 중 63%는 학습 지원과 예술이나 여가 활동 등이 결합된 프로그램을 제공한다.

넷째, 능력 있는 지역사회의 파트너들을 참여시켰다. CSI학교에 참여한 조직의 15% 이상이 비즈니스 영역에서 왔다. 외부의 파트너들에 의해 운영된 프로그램 중 15%는 사회적 서비스기관에 의해, 10.5%는 청소년 개발기관에 의해, 9%는 교육단체와 대학 기반 기관에 의해 주도되었다.

다섯째, 선도적 파트너 기관들의 능력 있는 단체가 중요한 역할을 했다. 시카고 커뮤니티 스쿨 모델은 학교 행정가들과 선도적 파트너 기관의 역할을 수행하게 하는 조직과의 긴밀한 관계성을 특히 중요시한다. CSI의 선도적 파트너들은 6가지 유형의 기관들로 이루어진다. 사회적 서비스 기관, 교육개혁을 위한 조직, 지역사회 개발 조직, 청소년 개발 조직, 예술교육 조직, 건강 촉진 조직 등이다.

여섯째, 기획, 감독, 거버넌스에서 관계자들의 참여를 중시했다. 시카고 커뮤니티 스쿨의 중요한 특징이 이해 관계자들로 하여금 커뮤니티 스쿨의 기획, 거버넌스, 감독에 적극 참여하도록 하는 것이다. 커뮤니티 스쿨 위원회의 규모나 구성원의 성격은 학교에 따라 매우 다양한 특성을 갖는다. 위원회는 시카고 공립학교에서 채용한 사람들, 자원 코디네이터, 선도적 파트너 연락관, 학부모, 학생, 기업과 재단의 대표자, 지역주민 등으로 구성된다.

일곱째, 학생들과 가족들의 건강을 위해 다양한 프로그램들을 운영한다. 체육활동, 신체적, 사회심리적 환경 개선, 건강 교육, 영양 서비스를 제공하고, 건강 관련 프로그램에 가족들과 지역인사들을 참여시킨다.

여덟째, 학부모들을 교육의 파트너로 참여시켰다. 학부모들 가운데 프로그램을 운영하는 스텝으로 참여하는 경우도 늘었다. 부모 교육이나 집에서 자녀의 학습을 돕는 법에 대한 교육도 이루어졌다.

3) 성과

시카고 커뮤니티 스쿨의 장기적 비전은 학생들의 학습에 대한 장벽을 허물고, 지역사회의 자원들을 적절히 활용하고, 부모와 교사의 관심을 전체 어린이들의 성장에 맞추는, 도시교육의 모델을 만드는 것이다. 커뮤니티 스쿨은 모든 학생들과 부모들의 참여를 환영하는 장소가 되도록 노력한다. CSI에 대한 연구결과에 따르면, CSI 학교들의 노력은 다음과 같이 교사의 교수활동과 학생들의 학습풍토를 개선하는데 기여했음을 밝히고 있다(Whalen, 2007).

첫째, 시카고 공립학교 가운데 CSI학교들은 학업성취도 향상이 더 높게 나타났다. 2001년과 2006년 표준화 시험의 결과 CSI 학교들은 향상도가 다른 학교들에 비해 더 가파르게 올랐다. 수학의 경우 CSI 학교가 다른 시카고 공립학교에 비해 평균 8.5% 높았고, 읽기의 경우 8% 높게 나타났다.

둘째, 학생들에게 안전하고 안정된 환경을 제공했다. CSI 학교에서는 다른 공립학교에 비해 학생에 대한 징계 건수가 적었다. 이는 커뮤니티 스쿨의 교사들이 지역사회의 파트너 기관들과 협력함으로써 학생들이 징계받을 수준에 이르기 전에 개입하기 때문이다.

셋째, 커뮤니티 스쿨은 전체 학교의 개선에 영향을 주었다. 시카고 공립학교들도 학교 개선을 위한 종합 계획을 세우도록 요청받았는데, 커뮤니티 스쿨의 원칙과 전략으로부터 많은 시사점을 얻을 수 있었다.

12장. 일본의 커뮤니티 스쿨

1. 일본의 커뮤니티 스쿨 현황

일본에서 커뮤니티 스쿨이란 학교에서 발생하는 많은 문제점들을 해결하고 미래의 학교 형태를 탐구하면서 만들어진 새로운 형태의 학교를 일컫는다. 2004년 3월 「지방교육행정의 조직 및 운영에 관한 법률 개정안」이 국회에서 통과되어 9월에 시행되었다. 이로서 커뮤니티 스쿨의 법제화가 완성되었다. 그 후 커뮤니티 스쿨은 확대되어 십 년이 지난 2014년 4월에는 1,919개 학교가 커뮤니티 스쿨로 지정되어 운영되고 있다. 일본 문부과학성은 2016년까지 전체 공립 초중학교의 10%인 약 3천 개 학교를 커뮤니티 스쿨로 지정할 것을 목표로 삼고 있다(나가하타 미노루, 2015).

1) 발생 배경

일본에서 커뮤니티 스쿨의 필요성이 제기된 것은 비교적 오래전부터이다. 1980년대 지나친 학력 경쟁과 주입식 교육으로 학교폭력, 왕따, 낙오, 부등교 같은 문제행동이 늘어나자 근본적인 교육개혁에 대한 모색이 이루어졌다. 이러한 문제행동의 증가와 함께 학력의 하향화가 뚜렷해지자 학교 자체의 노력만으로는 어렵다고 보고 지역사회와 협력의 필요성이 강조되었다.

1986년에는 총리부에 설치된 내각 직속 심의회인 '임시교육심의회'에서 그동안의 교육개혁 논의를 담은 보고서를 제출했다. 보고서에서는 "열린 학교 만들기에 대해 학교교육의 역할과 한계를 명확하게 하고, 가정이나 지역의 교육력 회복과 활성화를 도모할 것"과 "지역의 요청에 맞춰 학교의 기능이나 장소를 지역주민에게 개방하는 것은 학교의 큰 역할"이라고 주장했다(나가하타 미노루, 2014). 이러한 주장은 이후에 등장하게 되는 커뮤니티 스쿨의 개념과 유사한 열린 학교 정책의 필요성을 제기하는 것이었다. 그 후 1999년에는 '교육개혁국민회의' 보고에서 "새로운 시대에 새로운 학교 만들기"를 할 때 지역의 필요를 기반으로 지역이 학교 운영에 참가하는 새로운 형태의 공립학교를 설치할 것을 제안했다.

이러한 제안들이 토대가 되어 문부과학성은 2001년 '보호자와 지역주민이 운영에 참가하는 새로운 형태의 학교 운영 방법'에 관한 연구를 실시했다. 이는 커뮤니티 스쿨에 대한 법제화로 이어져 2004년 3월에 커뮤니티 스쿨 법령인 「지방교육행정의 조직 및 운영에 관한 법률 개정안」이 국회에 제출되었고, 그해 6월에 법이 공포되어 커뮤니티 스쿨 법제화가 이루어졌다.

2) 커뮤니티 스쿨 법규와 활동 내용

커뮤니티 스쿨 정책의 핵심은 '학교운영협의회'란 제도에 있다. 지역교육위원회는 학교운영협의회를 설치한 학교를 '지역운영학교' 혹은 '커뮤니티 스쿨'이라 부른다. 그러므로 커뮤니티 스쿨은 학교운영협의회를 통해 학부모와 지역주민들이 일정한 책임과 권한을 갖고 학교운영에 참가하여 학교, 가정, 지역사회의 협력을 이루어 보다 좋은 교육을 하는 것을 목적으로 한다. 학부모와 지역주민의 의견을 반영하여 지역에 열린, 지역을 지탱하는 학교 만들기를 목표로 하는 것이다. 이와 함께 커뮤니티 스쿨은 지역사회의 특성을 반영한 특색 있는 학교를 만들어 지역의 활성화를 꾀하고자 하는 목표도 갖는다(일본 문부과학성, 2005).

커뮤니티 스쿨은 학교, 가정, 지역사회의 연계와 협동을 통해 우선 아동의 성장과 발달을 도모하고자 한다. 그리고 나아가 지역사회와 함께하는 학교 만들기를 통해 지역의 교육력을 향상시켜 지역사회의 활성화를 목표로 한다. 여기서 지역의 교육력은 일본 커뮤니티 스쿨이 추구하는 중요한 핵심 개념이다. 지역 교육력은 '지역자원을 활용한 학습과 협동을 통해 지역주민 스스로가 인식한 지역 과제를 해결하고, 새로운 지역의 가치를 창출하고, 지역 구성원들의 성장과 발달을 실현하는 힘'이라 정의 내릴 수 있다(나가하타, 2015).

일본의 중앙교육심의회는 지역 교육력 향상을 위해 필요한 세 가지 조건을 제시했다(김용련, 2016). 첫째는 아동 돌봄에 대한 지역사회 전체의 인식과 제도의 변화가 필요하다는 점이다. 아이들을 지역사회의 자녀라 생각하고 아이들 양육이 지역의 책임임을 인식해야 한다. 둘째는 지역사회의 과제와 문제는 지역 자체에서 해결할 수 있도록 힘을 길러야 한다는 점이다. 이를 위해 주민들의 역량을 강화하고 주민 모두가 더불어 살아가는 공동체적 태도를 갖춰야 한다. 셋째는 가정과 지역의 효과적인 연계가 이루어져야 한다는 점이다. 이를 위해서는 교육을 공공적 성격으로 보고 지역이 교육의 주체로 바로 서도록 사회적 조건을 만들어가야 한다.

커뮤니티 스쿨의 핵심 요소는 학교운영협의회이다. 「지방교육행정의 조직 및 운영에 관한 법률」 제3절 제47조 5에 따르면 교육위원회는 그 소관 학교 중에 지정하여 학교운영협의회를 둘 수 있고, 운영협의회 위원은 지역주민, 학생의 보호자, 그리고 교육위원회가 필요하다고 인정하는 자로 구성된다. 학교운영협의회가 설치된 커뮤니티 스쿨에서 운영협의회는 다음과 같은 세 가지 중요한 권한을 가진다. 첫째, 학교장이 작성한 교육과정 편성 및 학교운영의 기본적인 방침을 검토 승인하는 권한이다. 둘째, 지정학교 운영의 전반적인 사항에 대해 교장이나 교육위원회에 의견을 개진할 수 있는 권한이다. 셋째, 지정학교의 교직원 인사행정과 관련하여 임명권자에게 직접 의견을 말할 수 있는 권한이다. 그러므로 커뮤니티 스쿨은 지역민과 보호자가 주된 위원인 학교운영협의회를 통하여 지역주민과 보호자가 학교운영에 깊이 관여할 수 있도록 개방된 학교이다.

학교운영협의회는 정기적으로 학교의 운영 실태에 대해 보고를 받고 교원들과 함께 심도 있는 논의를 한다. 운영협의회 위원들이 학교 운영에 대해 의견을 개진하기 위해서는 학교의 교육 상태를 정확히 알아야 한다. 그러므로 운동회나 축제 같은 학교 행사뿐 아니라 수업을 참관하여 수업에 대한 평가 기회를 갖기도 한다.

3) 커뮤니티 스쿨의 조직과 지원체계

2004년 개정된 「지방교육행정의 조직 및 운영에 관한 법률」에 따르면 학교운영협의회의 위원은 "해당지정학교가 소재하는 지역주민, 해당지정학교에 재적하는 학생, 아동 및 유아의 보호자, 기타 교육위원회가 필요하다고 인정한 자"에 대해 교육위원회가 임명하도록 되어 있다(제3절 제47조 5의 제2항). 그리고 지역주민, 보호자 외의 위원에 대해서는 "학교운영협의회가 설치된 학교의 교장, 교직원, 분야 전문가, 관계기관 직원"등이 상정된다고 적고 있다.

일본 전역의 커뮤니티 스쿨에 대한 한 연구에서 2014년 6월 기준으로 실제 커뮤니티 스쿨의 학교운영협의회 위원으로 선임된 이들의 신분을 살펴보면 학생의 보호자(95.1%)가 가장 많고, 다음으로 지역조직 관계자(81.1%), 활동단체 관계자(71.3%), 분야 전문가(70.6%), 교직원(65.0%), 학교 지원자(57.3%)의 순으로 나타났다(오이타대학 고등교육개발센터, 2015). 그런데 야마구치현 하기의 히가시중학교의 경우에는 학교운영협의회 위원으로 PTA 대표, 주임아동위원, 보호사, 커뮤니티 스쿨 추진위원, 라이온즈 클럽 및 로터리 클럽 대표, 자치회 대표, 적응지도 교실 대표, 교장 등 전체 16명으로 구성되어 있다. 그런데 이 학교에서는 운영협의회에서 학교의 운영 상태에 대한 보고를 듣고 심도 깊은 논의를 할 때에는 교원들도 일부 참여한다고 한다(이케다 히로시, 시즈아 사토루, 2015).

학교 현장에서 학교운영협의회를 운영하는 방식은 학교와 지역의 특성에 따라 달라진다. 다수의 지역에서 학교운영협의회는 학교가 주도하거나 주체가 되어 운영하는 경우가 많다(69.5%). 이에 비해 운영협의회가 중심이 되어 운영하는 경우는 12.1%에 불과하고, 학교와 운영협의회가 협력하여 운영하는 경우가 18.4%이다. 그러므로 커뮤니티 스쿨의 절반 이상은 여전히 가정과 지역사회보다는 학교의 영향력이 크게 작용한다고 할 수 있다(오이타 대학 고등교육개발센터, 2015).

커뮤니티 스쿨은 학교와 지역사회의 협력 관계를 중시하지만 모든 커뮤니티 스쿨이 지역사회의 단체나 조직과 일상적으로 협력 관계를 맺고 있지는 않다. 57.3%의 학교만이 외부의 조직과 일상적인 협력 체제를 갖고 있고, 38.5%의 학교들은 그런 조직을 갖고 있지 않다. 다양한 기관의 연계와 협력을 핵으로 하는 커뮤니티 스쿨에서 코디네이터의 역할은 매우 중요하다. 그래서 일부 학교에서는 전담 코디네이터를 채용하여 전적으로 그 일을 맡기기도 하지만 그 비율은 14.9%밖에 안 된다. 나머지 커뮤니티 스쿨에는 전담 코디네이터가 없이 그 역할을 전임이 아닌 사람이 맡고 있다.

외부의 연계 조직이 있는 커뮤니티 스쿨에서는 학교지원 지역본부(21.7%)나 학교의 독자적 조직(20.3%) 혹은 PTA(11.9%)에 코디네이터 기능을 두고 있다. 이에 비해 연계 조직이 없는 학교들에서는 학교운영협의회 내에 설치하여(42.9%), 운영협의회 위원들이 코디네이터 기능을 담당하고 있다. 또 16.1%의 학교에서는 교직원들이 코디네이터의 역할을 하기도 하고, 그와 비슷한 정도의 커뮤니티 스쿨에는 코디네이터 역할을 수행하는 사람이 아예 없는 경우도 있다(오이타대학 고등교육개발센터, 2015).

4) 일본 커뮤니티 스쿨의 성과와 과제

일본의 커뮤니티 스쿨 정책은 그 정책을 규정하고 있는 「지방교육행정의 조직 및 운영에 관한 법률」과 일본 문부과학성이 작성한 「커뮤니티 스쿨을 둘러싼 Q&A」에서 다음 세 가지의 효과를 기대하고 있음을 알 수 있다. 첫째는 학생의 성장을 가져올 보다 좋은 교육 실현에 대한 기대이다. 커뮤니티 스쿨을 통해 학교, 가정, 지역사회가 일체가 되어 학생들의 기초학력과 집단 따돌림, 부등교 등의 문제를 해결하고 학생들의 자주성을 함양하려 한다. 둘째는 지역에 열린, 신뢰받는 학교 만들기에 대한 기대이다. 커뮤니티 스쿨을 통해 학교와 지역주민과의 협력 체제를 구축하고, 지역과 의식을 공유하며 네트워크를 형성하여 학교를 운영함으로써 학교에 대한 신뢰를 높이고자 한다. 셋째는 지역 활성화에 대한 기대이다. 커뮤니티 스쿨은 지역의 교육력을 신장하고, 지역의 특색 있는 학교 만들기를 통해 지역 활성화를 이룰 것으로 기대된다(일본 문부과학성, 2005).

위에서 제시한 세 가지 기대는 그 정책 성과에 대한 연구에 따르면 어느 정도 달성되고 있음을 알 수 있다. 커뮤니티 스쿨의 실태와 성과에 대한 두 번의 중요한 연구26)를 토대로 나가하타(2015)는 커뮤니티 스쿨의 성과를 세 가지로 제시했고, 문제점과 앞으로의 과제를 다섯 가지로 제안했다.

나가하타는 커뮤니티 스쿨의 첫 번째 성과로 교육목표와 학교 경영 방침 설정과 학교평가에 보호자와 지역주민이 참여하여 지역에 열려 있는 학교 운영이 실현되고 있다는 점을 든다. 두 번째 성과는 학교, 가정, 지역사회의 협력에 기초하여 학생의 실태나 지역자원의 특성을 근거로 학교교육 지원 활동이 확대되고, 특색 있는 학교 만들기 등 학교교육의 질적 내실화가 이루어지고 있다는 점이다. 세 번째 성과로는 학교 교직원, 보호자, 지역주민의 연계와 협력 구조를 이루어 지역 교육력이 강화되고 지역과제 해결을 시작으로 지역사회의 활성화에 공헌하는 '지역과 함께하는 학교 만들기'가 진행되고 있다는 점을 들었다. 이러한 세 가지 성과에 대한 평가는 커뮤니티 스쿨 정책을 시작하면서 문부성이 목표로 했던 것과 유사하다고 할 수 있다.

다음으로 커뮤니티 스쿨의 문제점과 과제에 대해 살펴보면 다음과 같다. 첫째, 교직원, 지역주민, 보호자의 커뮤니티 스쿨에 대한 관심과 이해가 낮다. 둘째, 적극적이고 자질 있는 학교운영협의회 위원이나 학교 자원봉사자 확보가 어렵다. 셋째, 관리직, 담당직원, 지역주민의 활동 부담감이 크다. 넷째, 학교와 지역사회의 지속적인 협력 구

---

26) 커뮤니티 스쿨의 성과에 대한 첫 번째 연구는 2007년 커뮤니티 스쿨 지정학교 213개교의 교장을 대상으로 설문조사를 한 것이다(커뮤니티스쿨연구회, 2008). 두 번째 연구는 2011년까지의 커뮤니티 스쿨의 성과를 지정학교 813개교 교장과 운영협의회 위원, 미지정 학교 1,152개교의 교장을 대상으로 설문조사 한 것이다(일본대학 문리학부, 2013).

조를 형성하는 데 어려움이 있다. 다섯째, 학교운영협의회 위원 사례
비나 활동 경비 등 운영 자금이 충분하지 않다. 학교운영협의회 제도
가 일본 정부로부터 나온 정책이고 시행 방식 역시 교육위원회 중심으
로 이루어지기 때문에 학교와 지역사회 현장 간에 거리감을 갖기 쉽
다. 그러나 학부모나 지역주민의 적극적인 동의와 참여가 없으면 커뮤
니티 스쿨 정책은 성공하기 어렵다. 그러므로 지역민들의 정책에 대한
이해를 돕기 위한 노력과 코디네이터 일을 전문적으로 할 수 있는 인
재 양성을 위한 노력이 요구된다고 할 수 있다.

2. 에니와시 커뮤니티 스쿨[27]

1) 홋카이도의 에니와시

에니와(惠庭)시는 홋카이도 삿포로에서 40km 떨어진 남쪽에 있는
인구 6만 9천 명 정도의 역사가 오래된 농촌지역이다. 삿포로시와 신
치토세 공항 사이에 있어 교통의 요충지이고 최근 들어 공단 개발로
인구가 증가하는 추세이다. 에니와시는 '물, 꽃, 녹색의 도시'라 불린

---

27) 시마마츠초등학교를 사례 학교로 선정한 이유는 이 분야의 전문가인 홋카이도 국제대
학교의 스즈키 교수, 삿포로의 호쿠세이학원대학교 코우노 교수, 홋카이도대학교 교육
학부 송미란 박사의 추천 때문이다. 저술에 필요한 자료를 수집하기 위해 에니와시 교
육청, 시마마츠초등학교, 지역의 마을가게 도서관을 방문하여 관찰했고, 에니와시 교
육청 소속 사회교육 담당 주무관 2명과 시마마츠초등학교 교장과 교감을 인터뷰하고
관련 자료들을 분석했다. 에니와시의 또 하나의 커뮤니티 스쿨인 매구미노 초등학교는
직접 방문하지는 못했고 관련 자료를 받아와서 분석했다.

다. 이 지역은 오래전부터 지역사회와 학교가 협력하여 '아이들이 건강하게 자라는 마을'을 만들기 위해 노력하고 있다. 그 일환으로 '책읽는 공동체마을 만들기'를 시도하고 있다. 아이들이 유아기부터 책을 가까이 하고 즐길 수 있도록 영유아기 건강검진 때 시에서 부모와 아동에게 책을 선물한다. 또한 시립도서관과 학교도서관이 협력하여 독서마을 만들기 운동을 펼치고 있다.

이러한 노력의 일환으로 시에서 시행하는 '마을가게 도서관' 제도가 있다. 지역사회의 식당, 카페, 은행, 병원 등 다양한 가게와 기관들에 그와 관련된 특정 분야의 책들을 비치하고 주민들에게 대여하는 제도이다. 특정 분야의 책들을 구비한 가게들에게는 시에서 마을가게 도서관으로 인증해주고 도서관 현판을 달 수 있도록 한다. 그리고 마을가게 도서관 지도를 만들어 주민과 방문객들에게 배포하여 필요한 책을 적절한 장소에서 찾을 수 있도록 돕고 있다. 2014년까지 24개의 마을가게 도서관이 지정되었다. 필자가 방문한 프랑스 음식 레스토랑이 마을가게 도서관이었는데, 이 식당에는 와인에 대한 다양한 책들이 비치되어 있었다.

에니와시는 오래전부터 주민들의 평생교육에 관심을 갖고 있어서 1996년에 '생애학습 추진 종합계획'을 세웠다. 이 종합계획안은 그때부터 지속적으로 추진되고 있다. 종합계획의 초기에는 '학교의 평생학습화'를 목표로 학교를 지역사회에 개방하고 지역 행사에 적극적으로 참여하도록 촉구했다. 또한 지역의 인재 활용과 평생학습 추진의 중추적인 역할을 담당하도록 요구했다. 이러한 역할을 효과적으로 할 수 있도록 학교 시설을 증축하고 교실을 개축하는 데 지원을 했다. 평생학습에 대한 요구가 증가하면서 '지역사회의 자발적인 학습모임의 충실화와 학습모임의 거점 만들기'가 중요한 과제로 등장했다. 에니와시에서는 1990년대 후반에 지역주민의 평생교육을 위해 지역사회학교를 시작하려 했지만 재정 문제로 실패를 겪기도 했다. 그러다가 에니와시 교육위원회는 커뮤니티 스쿨이라는 제도를 도입하여 지역의 8개 초등학교 가운데 2개 학교를 커뮤니티 스쿨로 지정했다. 2002년에 먼저 매구미노초등학교가 커뮤니티 스쿨로 지정되었고, 2006년에는 시마마츠초등학교가 지정되어 현재까지 활발하게 운영되고 있다. 에니와시의 커뮤니티 스쿨에는 다음 네 가지 역할이 부과되어 있다. 1)지역사회의 평생학습 진흥, 2)평생학습 거점으로서의 학교(지역에 열린 학교), 3)청소년 건전 육성, 4)지역의 교육력 향상(인재 육성 및 활용) 등이다. 이 중에서 특히 중요하게 생각되는 것이 지역사회의 평생학습 진흥과 커뮤니티 스쿨이 갖는 평생학습의 거점으로서의 역할이다(根深忠大, 2010).

이렇게 보면 에니와시의 커뮤니티 스쿨은 일본 중앙정부에서 시행하고 있는 커뮤니티 스쿨과 조금 다른 성격을 띠고 있음을 알 수 있다. 중앙정부의 커뮤니티 스쿨이 학교 운영에 지역주민들을 참여시켜 학교교육을 보다 효과적으로 시행하는 것을 우선시 한다면 에니와시의 커뮤니티 스쿨은 학교를 거점으로 지역주민들의 평생교육을 지원하여 학교와 지역사회의 연계를 강화하는 것이 주목적이다. 에니와시 교육청의 평생교육 담당자는 인터뷰에서 에니와시의 학교는 '커뮤니티스쿨'이고, 일본 중앙정부가 추진하는 학교는 '커뮤니티·스쿨'이라고 다르게 표현했다. 에니와시의 경우는 학교와 지역의 연합을 강조하지만 일본 중앙정부의 경우는 학교와 지역이 구분되어 있음을 보여주는 표현이다.

2) 시마마츠 커뮤니티 스쿨

시마마츠초등학교가 있는 마을은 역사가 오래된 농촌지역으로, 전통을 보존하는 가운데 근대화의 과정을 겪고 있는 곳이다. 이 지역에는 9천여 세대가 살고 있고 그 중에 초등학생을 둔 가정은 3백 세대 정도다. 시마마츠초등학교는 1894년 개교하여 120년 전통을 이어오고 있는데, 2016년 현재 학생 337명과 교직원 26명이 있다. 2006년 커뮤니티 스쿨로 지정된 이래 '지역사회의 자연환경과 인적자원의 활용'을 학교의 5대 방침 중 하나로 정하고 지역사회와의 협력을 기반으로 한 교육활동을 적극적으로 하고 있다.

시마마츠초등학교는 지역사회의 평생학습 진흥을 학교교육의 중요한 목표 중 하나로 삼고 있다. 커뮤니티 스쿨로서 지역, 가정, 학교가 상호교류를 통해 학교의 지역사회화, 지역사회의 학교화를 추구하고 있다. 달리 말하면 학교가 마을이요 마을이 학교인 마을학교를 지향한다는 의미다. 그래서 지역사회의 아동과 청소년들이 건강하게 자랄 수 있도록 지역의 모든 성인들이 관심을 갖고 노력한다는 것이다. 그리고 지역사회의 인적자원을 활용한 다양한 협력 사업을 전개함으로써 지역사회의 교육력 향상에 기여하고자 한다. 이러한 활동은 지역의 인재들을 발굴하고 양성하는 데도 기여할 것으로 보인다. 커뮤니티 스쿨의 활동을 통해 지역주민들의 상호교류가 활발해지고, 학습 환경이 정비되고, 학교가 지역사회에 개방되고, 자원봉사 활동이 활성화되어 지역주민들의 공공의식이 배양되는 평생학습사회가 조성되는 것을 기대하고 노력을 기울이고 있다.

학교가 커뮤니티 스쿨로 지정된 후 지역주민들을 중심으로 운영협의회가 구성되었다. 교원도 위원으로 참여하지만 운영협의회는 학교조직과 별도로 독립적으로 운영되고 있다. 마을주민들에 의해 협의회가 운영되고 교장과 교사들은 여기에 적극적인 관심을 보인다. 특히 교감은 협의회 사무국 차장을 맡아 학생들에게 커뮤니티 스쿨을 홍보하고, 교사들에게도 참여를 격려하고 있다. 그러나 교사들의 커뮤니티 스쿨 활동에 대한 참여도는 낮아 보인다.

커뮤니티 스쿨에는 다양한 부서가 조직되어 활동한다. 그 중에 된장 만들기 모임, 방범회, 제등(호롱불)회, 곤충 기르기 모임, 여름캠프 모임, 바자회, 집짓기 모임, 스포츠 동호회, 오락 모임 등이 대표적이며, 주말에 학생과 지역주민들을 대상으로 다양한 체험활동을 진행한다. 그리고 방학 중에도 학생들을 대상으로 학습 교실을 연다. 회화 교실, 과학공작 교실, 수예 교실, 피아노 교실, 바둑 교실, 아이누어(일본 원주민 언어) 교실, 일본 시가(이슈) 교실, 오카리나 교실 등이 있다. 시마마츠초등학교가 커뮤니티 스쿨로 지역과 연계하여 하는 활동을 다음 네 가지로 분류할 수 있다.

① 지역사회의 교육자원을 활용하기

지역사회는 시마마츠초등학교의 교육을 지원하기 위해 적극적이다. 먼저, 수업이 없는 토요일에 학생들을 대상으로 다양한 강좌가 열리는 데 강사는 주로 지역주민들이 맡는다. 또한 주중 교과수업에도 지역주민이 강사가 되어 참여하는 경우도 있다. 이처럼 지역사회의 인적자원을 학교 교육활동에 적극 활용하고 있을 뿐 아니라 지역의 물적 자원을 활용하는 경우도 많다. 마을회관이나 사찰과 같은 지역의 시설에서 학생들을 대상으로 캠프를 운영하여 학생들에게 지역사회를 이해시키고 공동체의식을 함양하는 등 학교에서 하기 어려운 지역사회교육을 하기도 한다.

지역사회의 여름축제에 학생들이 다양하게 참여한다. 등불을 만들어 전시하고, 학기 동안 배운 춤을 역 광장에서 공연하기도 한다. 학생들의 공연을 위해 지역의 다양한 단체와 기관들이 지원한다. 인근의 대학생들은 등불 만드는 작업을 도와주고, 지역의 가게 주인들이 재료비를 후원하기도 한다. 지역의 농협에서는 학생들을 위해 다양한 먹거리를 제공하는 등 축제 준비를 다양한 방식으로 돕는다.

주말이나 방학에 학생들이 프로그램에 참여하여 주민들과 교류하는 것은 다양한 면에서 학생들에게 도움이 된다. 학생들은 학교와 마을에서 만난 주민들로부터 배려와 교육적 지원을 받게 된다. 또한 아이들은 세대를 초월하여 다양한 연령의 사람들과 관계 맺는 능력을 키우게 된다. 이는 다양화된 사회에서 매우 중요한 역량으로 지역사회에 닫힌 학교에서는 배우기 어려운 교육적 기회다.

② 지역사회의 교육문화센터로서의 학교
커뮤니티 스쿨은 지역주민들에게 교육문화센터로서의 역할을 톡톡히 하고 있다. 먼저 방학 중에는 다양한 평생교육 강좌를 개설하여 주

민들이 취미생활을 할 수 있도록 한다. 또한 학기 중 주말에는 학교에서 다양한 체험활동을 학생들과 함께하고, 컴퓨터실, 음악실, 조리실, 다다미방 등 학교 시설들을 주민들이 자유롭게 이용할 수 있도록 한다. 컴퓨터 교실은 어린아이부터 노인에 이르기까지 다양한 연령층이 함께 수강하고 있다. 된장, 두부, 소바 만들기 체험도 인기 있는 프로그램이다. 역시 아이들과 어른들이 함께 배우며 서로를 알아가는 시간이 된다.

시마마츠초등학교가 지역의 교육문화센터 역할을 잘 해낼 수 있는 이유 중 하나는 학교 건물의 구조에 있다. 마을주민들이 학교시설을 보다 자유롭게 이용할 수 있도록 건물을 리모델링했다. 학생들이 사용하는 공간과 주민들에게 개방하는 공간을 구분하여 학생들의 안전과 주민들의 편익을 동시에 확보하고, 양쪽의 보안장치를 별도로 설치하여 주민들이 사용할 공간은 외부에서 접근하기 쉽도록 했다. 그리고 걷기 불편한 노인들을 위해 승강기를 설치하고 문턱을 없애는 세심함을 보였다. 이러한 리모델링 아이디어는 에니와시의 교육청에서 제안한 것이다. 이처럼 시마마츠초등학교가 주민들의 교육과 문화의 중심센터가 될 수 있었던 것은 지역교육청의 의지도 중요하게 작용했지만, 무엇보다 지역주민들이 커뮤니티 스쿨의 추진협의회를 구성하여 적극적으로 참여하고 있기 때문이기도 하다.

③ 학교교육의 교육과정 역할을 하는 지역사회

시마마츠초등학교 학생들에게는 지역사회를 배울 수 있는 기회가 다양하게 주어진다. 마을회관이나 사찰 같은 시설에서 캠프를 하면서 지역의 역사와 문화를 배우는 기회를 갖는 등 지역의 어른들과 교류하는 가운데 자연스럽게 마을의 전통과 특성에 대해 배우게 된다. 이처럼 시마마츠초등학교의 경우 지역사회가 정규 교육과정에 체계적으로 담겨 있지는 않지만 잠재적 교육과정과 다양한 교육활동을 통해 마을을 배울 수 있도록 하고 있다.

④ 지역사회의 사회적·경제적 발전에 기여하는 학교

시마마츠초등학교가 지역사회의 발전을 위해 직접 기여하는 활동은 거의 없다. 하지만 지역사회가 지속가능한 성장을 할 수 있으려면 먼저 지역사회가 주민들의 사회적 관계가 긴밀한 마을공동체가 되어야 한다. 학교가 위치해 있는 에니와시는 커뮤니티 스쿨의 여러 활동들로 인해 공동체성이 더욱 살아나고 있다.

방학 중 학교에서 실시되는 교육활동에 학생들과 주민들이 함께 참여하여 서로를 알아가는 경우가 많다. 그리고 교육을 마친 후 학생들은 노인요양원 같은 곳을 찾아가 그동안 배운 악기 연주 등을 발표한다. 이런 활동을 통해 학생들과 지역주민들이 서로 알게 되어 거리에서 만나면 서로 인사를 하고, 어른들은 아이들을 친절하게 대한다. 이런 상호작용이 마을 공동체 형성에 중요한 기반이 되는 셈이다. 또한 학교에서 주민들이 함께하는 커뮤니티 스쿨 모임을 계기로 지역주민들 사이에 원탁회의가 열리기도 한다. 지역 원탁회의를 통해 지역사회의 현안 문제들을 지역주민들이 함께 의논하고 주민들 스스로 해결하는 역량을 기르게 된다. 이 원탁회의는 주민들에게 필요한 교육 프로그램을 개발하여 지역의 교육력을 향상시키는 데 기여하기도 한다. 이와 같이 커뮤니티 스쿨은 원탁회의를 통해 지역주민들의 민주적 참여의식을 향상시키고 지역의 공동체성을 강화하는 데 이바지하고 있다.

3) 에니와시 커뮤니티 스쿨의 성과와 과제

에니와시에서 커뮤니티 스쿨이 지정되어 시행된 지가 십 년이 넘었기 때문에 그동안의 성과와 한계를 논의할 시점이 되었다. 먼저 성과를 제시하면 다음과 같다(根深忠大, 2010).

첫째, 지역주민들의 평생학습을 진흥하기 위한 거점 역할을 학교가 충실하게 하고 있다.

둘째, 커뮤니티 스쿨 프로그램에 참여하는 아이들과 부모들은 집에서 할 수 없는 다양한 체험을 통해 재미를 느낀다. 예를 들어 소바 만들기 체험을 좋아한다.

셋째, 아동의 안전에 도움을 준다. 프로그램을 통해 아동과 마을 어른들이 서로 알게 되어 마을에서 아이들이 더 안전하게 지내게 된다.

넷째, 전통문화의 보존을 실천한다. 된장 만들기 모임 등 음식문화의 전통을 계승하고자 노력한다.

다섯째, 마을 만들기는 사람과 사람을 연결하는 것이다. 커뮤니티 스쿨은 학생과 주민, 주민과 주민 등 다양한 연결을 시도한다.

여섯째, 교육청 및 교육위원회와 커뮤니티 스쿨 추진협의회 사무국, 초등학교가 상호 협력함으로써 커뮤니티 스쿨이 지속적으로 발전할수 있었다. 학교 교감이 적극적으로 참여하고 있다.

에니와시 커뮤니티 스쿨의 한계 및 과제를 제시하면 다음과 같다.

첫째, 커뮤니티 스쿨의 활동에 교사들의 참여도가 높지 않은 편이다. 주민 주도의 커뮤니티 스쿨 형태는 바람직하지만 교사들의 적극적인 참여가 있어야 보다 효율적으로 운영될 수 있다. 또한 교사의 깊은 관심이 많은 학생들의 참여로 이어지므로 교사들의 참여를 유도할 방안이 필요하다.

둘째, 커뮤니티 스쿨이 지속적으로 발전하여 학생들과 지역주민들의 참여도를 더욱 높이기 위해서는 새로운 사업과 프로그램 개발이 필요하다. 빠르게 변화하는 사회에서 주민과 학생들의 새로운 필요를 파악하여 적극적으로 대응하는 자세가 필요하다.

셋째, 협의회 일을 할 젊은 세대의 양성이 필요하다. 협의회 사무국 직원들의 연령이 매우 높아 젊은 세대를 발굴하여 일을 전승해야 할 때가 되었다.

넷째, 커뮤니티 스쿨의 시행에서 에니와시 교육위원회의 역할이 중요했다. 그러나 커뮤니티 스쿨의 활동은 지역주민이 마을 만들기의 주역이 되고, 그들이 주체적으로 활동할 수 있어야 한다.

다섯째, 커뮤니티 스쿨 자체가 목적이 아니고 학교와 지역이 더 나은 관계를 구축하도록 하는 수단임을 인식해야 한다.

여섯째, 커뮤니티 스쿨의 확산을 위해 노력할 필요가 있다. 에니와시 학교에서의 성공적 운영을 토대로 다른 지역주민에게도 마을 만들기에 대한 관심과 의지를 갖게 해야 한다.

13장. 비교 분석

앞에서 소개한 학교들은 각자가 처한 상황에서 보다 나은 교육을 위해 노력한 결과 저마다 특성에 맞는 지금의 형태를 갖추게 되었다. 학교가 공교육 제도 속에 있는지 제도의 규제 밖에 있는지에 따라 상황에 대처하는 방법이 달라진다. 또한 학교가 지역사회와 함께하는 활동이 정부 정책 사업과 어떻게 관련 맺는지도 중요한 변수가 된다. 이처럼 다양한 요인들이 작용하는 학교와 지역사회의 관계에서 사례 학교들을 동일선상에 놓고 비교 분석하는 일은 매우 조심스러워야 한다.

그래서 먼저 학교에 중요한 영향을 주는 요인들을 고려하여 유형별로 사례 학교들을 비교 고찰하고자 한다. 대안학교라 할 수 있는 민들레학교, 풀무학교, 알바니 프리스쿨을 한 유형으로 묶었고, 공립학교에 해당되는 의정부여중, 이성초등학교, 홍동중학교, 시마마츠초등학교를 한 유형으로 묶었다. 이 유형에 일본의 커뮤니티 스쿨인 시마마츠초등학교를 포함시킨 이유는 이 학교가 공립학교로서 마을과의 관계가 긴밀하고 우리나라의 다른 공립학교들과 비교하기에 좋은 점들을 갖고 있기 때문이다. 그리고 마지막으로 정부 정책으로 시행되고 있는 미국과 일본의 커뮤니티 스쿨을 비교했다. 이런 세 유형의 학교들을 비교하면서 각 학교가 갖는 특성들의 공통점과 차이점을 찾아보고 그 차이점을 유발하는 요인이 무엇인지 살펴보았다.

그리고 마지막으로 전체 사례 학교들을 종합적으로 비교 분석했다. 여기에는 학교와 지역사회의 협력에서 중요한 네 가지 기준을 적용했다. 첫째 학교와 지역사회 간 연계·협력의 목적, 둘째 협력의 형태와 주요 활동, 셋째 협력의 지속가능성 여부, 즉 시간의 흐름에 따라 학교와 지역사회의 관계가 어떻게 변화하는가 하는 문제이다. 마지막 넷째는 협력의 성과이다.

1. 대안학교 간 비교
_민들레학교, 풀무학교, 알바니 프리스쿨

앞에서 살펴본 학교들은 저마다 고유한 특성을 가지면서 마을과 유기적인 관계를 추구하고 있다. 이들 학교 중에서 민들레학교, 풀무학교[28], 알바니 프리스쿨은 대안학교로서 공교육 학교들에 비해 학교의

---

28) 풀무학교는 정부 인가를 받은 각종학교 산하의 고등기술학교로서 사실상 공교육 체제 속에 있다. 그러나 그 출발점에서 우리나라 대안학교 운동의 선두에 있고, 학교의 실제 내용이 대안학교 성격을 띠기 때문에 대안학교 범주에 포함시켰다.

설립 이념에 충실하게 운영하고 있다. 민들레학교와 풀무학교는 학교 교육의 비전에 공동체교육과 마을공동체 형성이 포함되어 있어 이 일에 적극적으로 나서는 기반이 되고 있다. 알바니 프리스쿨의 경우는 표면적으로 마을공동체를 강조하지는 않지만 아이들의 배움과 성장에 비형식적 교육이 갖는 중요성을 잘 알고 있어 마을을 배움의 장으로 십분 활용하고 있다. 이처럼 각각의 비전과 신념에 따라 흔들림 없이 교육할 수 있는 여건 속에서 학교와 마을의 협력 관계로 인한 성과도 지속적으로 나타난다고 할 수 있다.

세 학교 가운데 민들레학교와 알바니 프리스쿨은 학교를 포함하는 긴밀한 공동체가 학교를 지원하고 있다는 특징을 갖는다. 민들레공동체나 프리스쿨공동체는 생활공동체로서 학교와 구분되어 있긴 하지만 경계가 명확하지 않을 만큼 학교와의 관계가 긴밀하다. 그 중에서도 민들레공동체는 민들레학교를 설립하고 운영하는 주체로 학교는 민들레공동체의 한 부분으로 존재하고 있다.

반면 프리스쿨공동체는 학교가 생기고 그 주변에 자연스럽게 형성된 공동체이기 때문에 지역사회의 한 부분으로 보았다. 이들 두 공동체는 학교가 강한 공동체성을 갖도록 촉구하고 나아가 학교가 지역사회를 지속가능한 마을공동체로 만들어가도록 지원하고 있다. 그러나 또 한편으로 학교와 마을의 중간 위치에 있는 공동체는 학교가 마을과 융합하는 데 장애 요인이 될 수도 있다. 민들레학교의 경우 갈전마을에 자리 잡은 지 오래되지 않은 탓도 있겠지만, 학교가 민들레공동체에 속해 있는 것이 강조되다 보니 마을은 덜 강조되는 경향이 있다.

한편 풀무학교는 민들레학교나 알바니 프리스쿨과는 달리 학교공동체와 마을 사이에 존재하는 공동체가 없다. 그 대신 학교의 설립자 중한 사람이 마을의 주민이었고, 학교의 성장에 큰 영향을 준 홍순명 교장은 50년 이상 마을에 거주하고 있다. 그리고 마을의 아이들이 풀무학교를 졸업한 후 마을에 정착하여 살고 있기 때문에 학교는 마을에의해 운영된다고 할 수 있다. 그래서인지 풀무학교는 어떤 학교보다마을과 더 긴밀하게 밀착되어 있다.

풀무학교가 내적으로 강한 공동체성을 갖고, 외적으로 홍동마을을생태·자치적 마을공동체로 만드는 데 결정적인 기여를 할 수 있었던요인에는 몇 가지가 있다. 교장의 도덕적 리더십이나 교사들의 헌신도중요한 작용을 했지만 그와 더불어 학교의 분명한 설립 이념이 중심을잡는 역할을 했다고 볼 수 있다. 풀무학교 설립자는 이상적 마을공동체를 꿈꾸었던 남강의 오산학교를 모델로 삼고, 생명을 살리는 농업교육과 더불어 살아가는 공동체생활을 학교의 분명한 방향으로 삼았다. 이러한 이념과 방향은 50년이 넘은 학교의 역사 속에서 변함없이 지켜져왔다. 1990년대 이후 풀무학교가 전국적으로 알려지면서 타 지역학생들이 다수를 차지하여 지역적 기반이 약해진 면도 있지만, 2001년 성인 과정의 전공부가 설립되면서 졸업생들이 지역에 남는 비율이높아져 학교의 설립 이념은 흔들리지 않고 있다.

알바니 프리스쿨 역시 아이들의 자연스러운 성장과 배움에 대한 확고한 신념으로 학교를 학생들의 자율적인 공동체로 만들었다. 알바니프리스쿨은 기숙형 학교가 아니므로 재학생 전원이 그 지역의 아이들로 구성되어 더욱 지역에 밀착될 수 있었다고 본다. 지역사회의 모든곳이 학생들에게는 배움의 터전이요, 마을주민들이 아이들에게 좋은 교사가 될 수 있다는 믿음 속에서 알바니 프리스쿨은 자연스러운 마을 학교공동체의 모습을 띠게 되었다.

민들레학교는 지속가능한 마을공동체 만들기를 중요한 목표로 삼고 있으나, 풀무학교나 알바니 프리스쿨에 비해 마을과의 관계가 밀착되어 있지는 않다. 학교의 기반이 마을이 아니기 때문이다. 즉, 학생들은 대부분 타지에서 오고, 졸업생들은 타지로 가든지 아니면 마을이 아닌 민들레공동체에서 살게 된다. 학생들이 배움이나 봉사를 위해 마을로 가려면 공동체의 경계를 넘어야 한다. 마을주민에게 생태적인 대안기술을 가르치기 위해서는 주민이 학교로 들어오거나 공동체 사람이 마을로 나가야 한다. 즉 학교와 마을 사이에 경계선이 있는 셈이다. 그 경계를 약화시켜 마을학교공동체가 되기 위해서는 인적·물적 교류가 더 빈번하게 일어나야 한다. 마을학교공동체로서의 정체성은 오랜 시간을 통해 학교가 마을과 더불어 상생하고자 하는 작은 노력들이 쌓일 때 가능할 것이다.

2. 공립학교 간 비교
_의정부여자중학교, 이성초등학교, 홍동중학교, 시마마츠초등학교

앞에서 살펴본 사례 학교 가운데 의정부여자중학교, 홍동중학교, 이성초등학교, 시마마츠초등학교는 공립학교로서 학교공동체와 마을과의 연계에 깊은 관심을 갖고 실천하고 있다. 이들 학교들은 앞의 대안학교들에 비해서는 마을과의 연계가 긴밀하지 못하다. 공립학교는 교육과정의 편성과 운영, 교육활동에 정부의 규제를 강하게 받기 때문

이다. 그러나 정부가 학교와 지역사회의 협력을 강조한다면 학교는 정부의 지원하에 지역과의 협력활동을 적극적으로 할 수 있게 된다.

일본 에니와시의 시마마츠초등학교가 그러한 경우이다. 일본 문부성은 교사, 학부모, 지역주민이 협력하여 학교를 운영하며, 학교가 학생들뿐 아니라 지역주민들을 위한 교육기관으로 기능하도록 '커뮤니티 스쿨' 제도를 만들었다. 에니와시 교육위원회 역시 학교와 지역사회의 협력에 관심이 깊어 커뮤니티 스쿨 법령이 국회에서 확정되기 전에 이미 관내에서 커뮤니티 스쿨을 지정했다. 이러한 중앙정부와 지방정부의 관심과 지원으로 시마마츠초등학교는 지역사회의 자원을 교육적으로 활용하고, 지역주민들을 위한 평생교육 현장의 기능을 수행할 수 있었다.

그러나 정부 주도의 교육방침이 학교 교원들의 자발적인 참여와 헌신까지 이끌어내기는 쉽지 않다. 현재 커뮤니티 스쿨로 지정된 시마마츠초등학교는 비교적 활발하게 지역사회와 협력하고 있지만 마을학교공동체로 나아가는 데는 한계가 있어 보인다. 커뮤니티 스쿨에 참여하는 학생과 주민들의 비율이 높지 않기 때문이다. 온전한 마을학교공동체가 되려면 마을주민 다수가 학교를 자유롭게 이용하고, 학생 역시 마을을 배움의 터전으로 삼아 쉽게 오갈 수 있어야 한다. 또한 마을학교공동체에는 생태적, 공동체적 삶이 필수적이다. 그런데 시마마츠초등학교는 그러한 가치를 추구하기보다는 실용적인 측면을 중요하게 본다. 학교와 마을의 협력은 학생과 주민을 더욱 효과적으로 교육하기 위한 수단일 따름이다. 이러한 현상은 커뮤니티 스쿨 정책을 구상한 일본정부가 가진 취지와 목적의 결과이기도 하다.

시마마츠초등학교와 유사하면서도 다른 사례가 우리나라의 이성초등학교이다. 시마마츠초등학교가 정부와 시교육위원회의 지원으로 마을과의 친밀한 관계를 형성했다면 이성초등학교는 정부 지원과 함께 학교장의 리더십이 중요한 역할을 했다. 이성초등학교가 6, 7년 전 지역사회와 활발하게 협력활동을 할 수 있었던 데는 정부의 재정지원이 중요한 역할을 했다. '전원학교' 사업이나 '지역과 함께하는 학교' 사업 등에 선정되어 정부의 행·재정적 지원을 받으며 이성초등학교는 마을과 함께하는 학교로 널리 알려지게 되었고, 마을과의 협력에서도 주도적 역할을 할 수 있었다. 그러나 정부 지원 못지않게 중요한 것은 앞에서 논의한 바와 같이 교장의 변혁적 리더십과 교사들의 헌신이었다. 재정지원 사업을 유치한 것도 교장과 교사의 노력이었고, 마을을 찾아다니며 마을주민들을 교육해온 것도 교사들이었다. 학교와 마을의 협력에 대한 학교공동체의 분명한 생각과 강한 의지가 마을학교공동체를 만드는 필수적인 요인임을 알 수 있다.

그러나 마을학교공동체를 만들어가는 과정에서 학교장의 리더십이나 교사의 헌신에만 지나치게 의존하면 시간이 지날수록 어려움에 봉착할 가능성이 크다. 특히 학교의 설립 이념이 분명하지 않고, 교사의 순환근무가 제도화되어 있는 우리나라 공립학교의 경우 지향이 다른 교장이 오게 되면 학교와 마을의 협력 관계가 달라진다. 이성초등학교의 경우가 그런 사례이다. 마을과의 협동이 활발하던 시기로부터 5, 6년이 지나 교장과 교사들이 대부분 교체되었다. 새로 부임한 교장과 교사들은 마을보다는 학생들에게 집중했다. 이런 상황에서 학교와 마을의 관계가 조금씩 소원해지는 것은 피할 수 없는 일이다.

의정부여중은 시마마츠초등학교나 이성초등학교와는 또 다른 사례를 보여준다. 시마마츠초등학교의 경우 정부의 정책적 지원에 힘입어 지역과의 긴밀한 협력 관계를 유지했지만, 학교 내 교직원들의 주체적인 참여가 부족한 면이 있었다. 이성초등학교는 정부의 지원과 교장의 리더십이 결합될 때는 지역과의 활발한 연계활동이 이루어졌지만 그것을 지속할 만한 힘을 갖지 못했다. 학교와 지역의 상호협력이 갖는 중요성을 인식하고 그 일을 꾸준히 추진할 주체세력이 없었던 것이다. 이에 비해 의정부여중은 교사들이 먼저 학생들의 교육을 위해 마을의 중요성을 인식하고 마을과의 연계를 위해 노력했다. 그리고 마을에도 아동과 청소년들을 위해 일하는 단체들이 있어 학교와의 연계가 좀 더 원활할 수 있었다. 이런 상황에서 도교육청의 마을교육공동체 정책은 이들에게 날개를 달아준 셈이었다. 의정부여중은 시마마츠초등학교나 이성초등학교와 달리 학교와 마을의 협력활동을 추진해갈 수 있는 주체세력이 있다는 점에서 앞으로의 발전가능성이 크다고 할 수 있다. 다만 시마마츠초등학교는 중앙정부의 제도적 지원이 있어 양자 간의 협력이 지속될 가능성이 높은데 비해, 의정부여중은 지방행정기관의 지원을 받고 있으므로 지속성 여부가 확실치 않다. 정부의 지원이 없이도 학교와 마을이 유기적인 협력 관계를 지속할 수 있도록 주체 세력의 역량을 기르는 것이 관건일 것이다.

홍동중학교는 앞의 학교들에서 느끼는 우려와 어려움을 어떻게 극복할 수 있는지를 보여주는 좋은 사례이다. 홍동중학교 역시 전원학교사업 등과 같은 정부의 지원이 마을과 연계활동을 하는 데 도움을 준 것은 사실이지만, 정부 지원이 결정적인 요소로 작용한 것은 아니었다. 앞에서 기술한 바와 같이 홍동중학교에는 이전부터 마을과의 관계 속에서 교육을 하고자 했던 교사들이 있었고, 또한 전임 교장들의 마을학교에 대한 분명한 신념이 중요한 역할을 했다. 먼저 교장공모제로 학교에 부임한 이정로 교장의 분명한 목표의식과 리더십은 2010년 전후에 홍동중학교를 '지역과 함께하는 농촌학교'의 모델로서 전국에 알려지게 했다. 이정로 교장의 퇴임 후에도 학교의 지향이 변함없고 오히려 더 발전한 모습을 보이기도 한다. 이는 현재 박용주 교장의 교육 비전 또한 마을학교공동체를 지향하고 있기 때문이다.

여기서 주목할 점은 박 교장이 부임 전부터 이런 비전을 가지고 있었던 것이 아니라 오히려 마을학교공동체에 대한 학교의 분명한 정체성과 방향이 새로 부임한 박 교장에게 영향을 주었다는 사실이다.

어떻게 홍동중학교는 새로 부임한 교장에게 영향을 줄 만큼 마을학교공동체라는 강한 정체성을 가질 수 있었던 것일까? 그것은 홍동중학교가 있는 마을의 특징과 관계한다고 할 수 있다. 이성초등학교의 경우 인근 마을은 주로 노인들이 살고 있어 학교와 호혜적 관계를 이룰 주체 형성이 안 되어 있었고, 지역의 교육력도 그다지 성장해 있지 못했다. 반면 홍동중학교가 있는 홍동마을에는 학교와 상호작용을 할 수 있는 기관이나 단체도 많고, 학교를 도울 수 있는 인적·물적 자원이 풍부했다. 농촌지역인 홍동마을에 이처럼 교육적 자원이 풍부하게 된데는 오랜 세월 풀무학교의 영향으로 마을이 교육공동체로서 작용을 해왔기 때문일 것이다. 교육공동체로서의 마을이 학교공동체와 긴밀하게 연결되어 건강한 마을학교공동체를 만들어가는 좋은 실례를 홍성군 홍동마을에서 찾아볼 수 있다.

3. 커뮤니티 스쿨 간 비교
_미국과 일본의 커뮤니티 스쿨

커뮤니티 스쿨은 최근 미국과 일본에서 강조되는 학교의 한 형태이다. 양국에서 커뮤니티 스쿨이라는 동일한 이름을 사용하는 것은 추구하는 바가 서로 비슷하기 때문이다. 그럼에도 양국의 커뮤니티 스쿨은 역사적·문화적 배경의 차이로 인해 서로 다른 점을 보이기도 한다. 두 나라 커뮤니티 스쿨의 공통점과 차이점을 살펴보면 다음과 같다.

첫째, 커뮤니티 스쿨의 시행 배경에 관한 부분이다. 미국과 일본에서 커뮤니티 스쿨이 시행되고 정착하게 된 것은 양국의 중앙정부가 관련 법령을 제정하고 커뮤니티 스쿨을 교육정책으로 삼았기 때문이다. 양국 정부의 정책적 지원이 커뮤니티 스쿨의 중요한 동인이었다는 공통점이 있다. 양정부의 행·재정적 지원이 커뮤니티 스쿨을 외형적으로 확산시키는 데 기여한 것은 사실이다. 그러나 사업 시행의 주도권을 정부가 너무 많이 가질 경우 학교와 마을 현장의 교사와 주민들은 수동적 또는 형식적으로 움직일 가능성이 커진다.

양국에서 커뮤니티 스쿨이 정부에 의해 정책화된 것은 공통점이지만 정부의 정책의 중요성 정도는 차이가 있다. 즉, 미국의 경우는 학교를 중요한 사회적 기관으로 보는 관점이 오랜 전통이었기 때문에 정부의 정책 여부와 관계없이 학교와 마을의 연계를 중요하게 여기는 사회 분위기가 있다. 그래서 어떤 학교의 경우는 민간 재단이 학교 운영에 참여하고 학교의 재정도 정부보다 더 많이 부담하기도 한다.

둘째, 커뮤니티 스쿨의 목표에 관한 부분이다. 양국 모두 커뮤니티 스쿨이 가장 중요하게 추구하는 목표는 학생들의 온전한 배움과 성장이다. 이를 돕기 위해 학교, 가정, 지역사회가 효율적으로 협력하자는 것이다. 커뮤니티 스쿨은 학생을 넘어 학생 가족과 학교의 성장을 중요하게 추구하기도 한다. 그래서 이러한 것들을 토대로 지역사회의 활성화를 꾀하고 있다.

이처럼 대체로 양국의 커뮤니티 스쿨이 지향하는 바가 유사하지만 강조점에는 차이가 있다. 미국의 커뮤니티 스쿨에서는 학생들에게 학습지도 기회와 건강 서비스를 제공하는 것을 매우 중시한다. 특히 가난하고 사회적으로 소외된 아동과 청소년들을 대상으로 지역의 협조를 얻어 부족한 교육 서비스를 보완하려는 취지가 강하다. 반면 일본의 커뮤니티 스쿨은 아동들에게 전통, 취미, 안전 등과 관련된 다양한 강좌를 들을 수 있도록 지역주민들의 협력을 구하는 것을 중시한다. 그리고 학교를 지역주민들을 위한 평생교육의 장으로 활용할 수 있도록 학교를 개방하고, 평생교육을 통해 지역의 교육력을 높이는 것을 또 하나의 중요한 목표로 삼고 있다.

셋째, 커뮤니티 스쿨과 마을의 협력체제에 관한 사항이다. 커뮤니티 스쿨이 학교, 가정, 지역사회의 연계와 협력을 중요한 본질로 삼는 점에서는 양국이 동일하다. 그런데 일본의 경우는 지역주민이 개인 자격으로 학교운영협의회 위원이 되어 학교운영에 참여하게 된다. 그래서 실제 운영협의회에 참여한 위원들 가운데는 학부모가 가장 높은 비율을 차지하고 있다. 반면 미국의 커뮤니티 스쿨은 지역의 다양한 기관과 단체들이 학교와 협력 관계를 갖는다. 청소년센터, 가족지원센터, 봉사단체, 마을조직, 기업 등 다양한 단체들은 학생지도에 전문성을 갖고 있다. 또한 민간 재단들이 커뮤니티 스쿨에 참여하여 프로그램에 따라 재정지원을 하기도 한다. 학교와 지역사회의 관계를 조정하는 코디네이터 역할이 매우 중요하다는 것은 양국 모두 인정하지만 운영 경비 문제로 일본에서는 15% 정도의 학교에서만 전담 코디네이터를 두고 있다. 반면 미국에서는 그 비용을 지역의 기관이나 조직에서 부담하여 지역이 중요한 역할을 수행하고 있다.

4. 종합적 비교 분석

학교들은 처한 상황이 저마다 다르므로 대응하는 방식도 다르다. 여기서는 학교와 지역의 특성이 반영된 연계·협력의 형태가 어떻게 다양하게 나타나는지를 살펴보고자 한다. 학교와 지역의 협력과 관련하여 중요한 세 가지 기준에 의거하여 사례 학교들을 비교 분석하면서 지속가능성을 잃어가는 학교와 지속가능한 형태로 발전하는 학교의 차이점도 알아보고자 한다. 그리고 우리나라 학교에 모델이 될 만한 사례 학교가 있는지, 또 이상적인 마을학교공동체를 지향하는 학교들이 변화를 위해 어떤 노력을 기울여야 하는지도 생각해보고자 한다.

1) 협력의 목표

학교와 지역사회의 연계와 협력은 다양한 목표 아래 이루어지고 있다. 첫째 목표는 학교만으로 수행하기 어려운 교육활동을 지역사회의 도움을 받아 효과적으로 하고자 하는 것이다. 대체로 이러한 목표를 많은 학교들이 지역과 협력하는 가장 중요한 목표로 설정하고 있다.

두 번째 목표는 앞의 목표와는 대조되는 것인데, 학교가 지역주민들의 평생교육의 장이 되어 지역사회의 교육력을 높이는 데 기여하고자 하는 것이다. 첫째 목표는 학생들의 교육을 위해 지역사회를 잘 활용하고자 하는 것이고, 둘째 목표는 지역주민을 위해 학교를 잘 활용하고자 하는 것이란 점에서 둘은 서로 대비된다고 할 수 있다. 그러나 이 두 가지 목표는 어떤 면에서 유사성을 가진다. 학교와 지역사회에 산재해 있는 인적·물적 자원들을 발굴해서 효과적으로 활용하는 데 주된 관심이 있다는 점이다. 즉 학교와 지역사회의 연계와 협력은 도구적 가치를 갖는다고 할 수 있다.

셋째는 학교를 마을의 일부로 인식하여 상호협력을 통해 학교와 마을의 상생을 추구하는 것이다. 이는 앞의 두 목표처럼 단순한 자원의 활용에 관심을 두기보다 학교와 마을의 연대와 질적 변화를 추구한다. 양자의 연계를 통해 교육의 혁신과 마을의 공동체성의 회복을 이루어서 결국 학교와 지역의 지속가능성을 확보하고자 하는 것이다. 이러한 관점은 학교와 마을이 공동체성을 추구하는 것 자체를 중시한다는 면에서 도구적 가치보다는 목적적 가치를 갖는다고 할 수 있다.

협력의 목표를 이렇게 세 가지로 볼 때 앞에 소개된 학교들은 다양한 지점에 놓일 수 있다.

먼저 학생 교육을 최우선 목표로 삼는 학교로는 이성초등학교, 의정부여중, 미국 커뮤니티 스쿨 등을 꼽을 수 있다. 이성초등학교는 협력의 초창기에 주민들을 위한 평생교육에 많은 에너지를 쏟았지만 최근에는 대부분의 관심이 학생들에게 집중되고 있다. 그러나 여전히 학생들을 제대로 교육하는 데 지역사회가 중요함을 인식하고 있다. 의정부여중 역시 학생들의 전인적 교육에 초점을 두고 있다. 그러나 교육의 대상이 의정부여중 학생들뿐 아니라 그 지역의 청소년 모두를 포함한다는 점이 특이하다. 미국 커뮤니티 스쿨은 목표가 다방면에 걸쳐 있지만 지역사회의 도움을 받아 학생들의 학습지도와 인성지도를 효과적으로 하는 것을 가장 중요하게 본다는 점에서 이 범주에 포함시킬 수 있다.

다음 두 번째 목표인 지역주민들을 위한 평생교육이나 지역사회의 활성화를 우선적으로 생각하는 사례로는 과거의 이성초등학교와 일본의 커뮤니티스쿨과 그 사례인 시마마츠초등학교를 들 수 있다. 지역사회와의 협력 초기에 이성초등학교는 학교를 지역사회의 평생교육기관으로 활용했다. 그것이 학교가 지역사회로부터 신뢰와 인정을 받는 길이었다. 일본 커뮤니티 스쿨은 협력을 통해 아동의 성장을 추구함과 동시에 지역과 함께하는 학교 만들기를 통해 지역의 교육력을 향상시키고 지역사회의 활성화를 목표로 한다. 일본의 커뮤니티 스쿨의 전형적인 모습과는 조금 다른 시마마츠초등학교도 역시 학교를 개방하여 지역주민들이 자유롭게 학교공간을 이용하게 하고, 다양한 교육 강좌를 주민들을 위해 개설하여 지역사회의 교육력을 향상시키는 데 기여했다. 그런데 이성초등학교나 시마마츠초등학교가 지역주민들을 위한 교육활동을 중요하게 실시한 결과 그 학교의 학생들에게도 유익이 돌아간다는 사실을 알 수 있다.

마지막 세 번째 목표인 학교와 지역사회의 지속가능한 성장을 추구하는 사례로는 홍동중학교, 민들레학교, 풀무학교, 알바니 프리스쿨을 들 수 있다. 홍동중학교는 한동안 학교가 가지고 있는 인적·물적 자원들을 마을에 개방하고 마을의 인프라와 자원을 학교교육에 활용하는 차원의 협력 관계를 유지했다. 그러다가 교육과정에 지역의 특성을 반영하려는 노력을 하면서 교육을 학생들의 삶과 더욱 밀착시키려는 변화를 추구했다. 이러한 노력은 학생들을 지속가능한 마을공동체를 형성하는 건강한 시민으로 키우는 일로 이어지고 있다. 알바니 프리스쿨도 홍동중학교와 닮은 부분이 있다. 학교 초기에는 주로 지역에 있는 시설이나 인적 자원을 교육에 활용하는 수준에서 지역과 관계를 맺었다. 그러다 지역의 슬럼화가 학교의 존속에도 위험을 준다는 사실을 인식하고 지역주민들을 위한 활동을 하게 되었다. 이러한 실천들이 마을의 지속가능성의 밑거름이 된 것이다.

이들 학교와는 달리 민들레학교나 풀무학교는 처음부터 생태·자치적 마을공동체를 형성하는 것을 중요한 목표로 삼았다. 그러나 민들레학교는 아직 학교의 역사가 오래되지 않아 마을과의 연계가 활발하지 못한 편이다. 마을과의 유기적 관계를 이루기 위해 많은 노력을 기울이지만 전통적 농촌마을에서 이주민과 원주민 사이의 간극을 메우기는 쉽지 않은 듯하다. 그럼에도 민들레학교는 학생들에게 자립적이고 생태적인 삶의 태도와 능력을 교육함으로써 공동체적 삶을 추구하도록 하고 있다. 이에 비해 풀무학교는 오랜 시간 동안 꾸준한 노력으로 마을과의 유기적 관계를 이루어왔다. 그래서 지금은 학교와 마을의 경계가 불분명한 학교마을공동체의 모습을 띠고 있다. 풀무학교로 인해 마을이 활력을 찾게 되고, 마을은 학교 존속의 중요한 터전이 되고 있다. 풀무학교는 학교와 마을의 연계와 협력이 양자의 상생을 가져올 수 있음을 보여주는 좋은 사례가 된다.

2) 협력을 주도하는 주체에 따른 협력 형태

협력을 누가 주도하는가는 협력 관계의 성격과 내용에 영향을 주기 때문에 학교와 지역사회의 연계와 협력에서 중요한 변수이다. 이 책 1부에서 살펴본 바와 같이 학교가 주도적 역할을 하는 경우, 지역사회가 주도적 역할을 하는 경우, 중앙정부나 지방정부 혹은 교육행정기관이 주도하는 경우, 학교와 지역사회가 상호융합적 관계를 이루어 특정 집단이 주도한다고 보기 어려운 경우로 나눠서 살펴볼 수 있다. 여기서는 지역사회 주도형을 좀 더 세분하여 지역사회 기관 또는 주민 주도형과 정부 또는 교육청 주도형으로 나누어 제시하고자 한다.

학교 주도의 예는 이성초등학교, 의정부여중, 민들레학교, 알바니 프리스쿨 등이 있다. 먼저, 이성초등학교의 경우 정부의 재정지원이 학교와 지역사회가 적극적인 관계를 맺는 데 많은 도움이 된 것은 사실이다. 그러나 양자 간의 연계와 협력을 계획하고 실행하기 위해 적극적으로 노력한 주체는 학교의 교장과 교사들이었다. 학교가 주도적으로 나서 마을주민들에게 다양한 교육적 문화적 기회를 제공하면서 학교가 지역주민들에게 중요한 평생교육의 장이 되었다. 그러한 교육과 문화의 기회 제공이 지역사회의 교육력을 꾸준히 향상시켜 학교와 호혜적 관계를 맺게 한다. 이성초등학교 사례는 마을이 늘 학교에 의존하고 있으면 학교와 마을의 협력 관계가 지속되기 어렵다는 사실을 잘 보여주고 있다.

의정부여자중학교는 지역에 있는 다양한 기관, 타 학교 들과 연계를 통해 마을교육을 하고 있다. 이성초등학교와 마찬가지로 정부나 도교육청의 사업지원으로 지역과의 협력에 많은 도움을 받았지만 무엇보다 학교 교사들의 의지가 가장 중요하게 작용했다. 이성초등학교와 달리 이 지역에는 청소년들을 위한 단체들이 이미 존재하고 있어 학교가 마을과 호혜적 파트너십을 이루는 데 큰 문제가 없었다. 그래서 오래되지 않았지만 지금까지 학교와 지역사회의 협력이 잘 이루어진다고 할 수 있다.

민들레학교는 학교주도형이란 점에서는 이성초, 의정부여중과 공통점이 있지만, 마을과의 협력 형태에서는 조금 다른 성격을 띠고 있다. 민들레학교는 생태공동체를 추구하는 동시에 마을공동체 형성에도 관심을 갖고 있다. 하지만 주민들 대부분이 노인이다 보니 마을에서 적극적으로 학교와 관계 맺기를 추구하지 않는다. 그래서 학교 측이 마을주민들 일손을 돕기도 하고 마을청소를 하기도 한다. 무엇보다 대안 기술을 이용하여 지역사회를 생태적 에너지 자치마을로 만들려고 많은 노력을 기울여왔지만, 이런 노력이 마을의 필요에 의한 활동이라기보다는 민들레학교가 추구하는 이념에 근거한 활동이라는 점에서 마을의 지지를 많이 받지는 못했다. 학교가 노력을 기울여도 협력의 당사자인 마을주민들의 동의가 없으면 협력 관계가 지속되기 어렵다는 사실을 확인할 수 있다.

알바니 프리스쿨은 학교주도형 유형에 속하지만 민들레학교와는 달리 마을과의 관계가 긴밀하게 지속되고 있다. 알바니 프리스쿨 역시 민들레학교처럼 학교 초기부터 마을에 대한 관심을 가지고 있었다. 그러나 학교가 있는 지역은 교육자원들이 풍부하지도 조직화되어 있지도 않은, 가난한 유색인들의 거주지이다. 그럼에도 교사들은 아이들을 데리고 마을로 나가 지역에 있는 오래된 성당 건물과 같은 다양한 자원들을 교육적으로 활용했다. 그리고 평범한 가게 주인들이 아이들에게 훌륭한 교사가 될 수 있다고 믿고 이들을 교사로 활용했다. 그리고 학교 시설과 교사 주택 뒤뜰을 마을주민들에게 개방하여 마을공동체를 형성하는 데 활용하기도 했다. 프리스쿨은 사소하게 보이는 작은 일들로 지역주민들과 관계를 맺었고, 이를 통해 마을에 활기를 주고 있다.

두 번째 그룹은 지역사회 주도의 경우인데, 홍동중학교와 미국 커뮤니티 스쿨의 일부가 이에 해당한다. 홍동중학교는 오래전부터 지역의 다른 학교나 기관들과 협력하여 지역화 교육과정을 만들어내고자 했다. 그리고 다른 학교들과 연합하여 방과후교실을 개설하고 지역의 장애아동을 위한 프로그램을 운영하기도 했다. 즉, 홍동중학교는 마을과의 협력에 매우 적극적으로 참여했다. 그럼에도 불구하고 여기서 홍동중학교를 지역사회 주도 유형에 포함시킨 이유는 마을과 유기적 관계를 맺는 파트너가 되는 기관이나 단체가 마을에 많이 있기 때문이다. 이런 조건이 학교가 마을에 개방되도록 촉구하는 측면이 있다. 생태·자치적 마을로 성장한 홍동마을은 학교의 교사와 학생들에게 그 마을에서도 살아갈 수 있는 새로운 가능성을 보여주었기 때문에 학교가 마을을 배울 필요성을 가지게 된 것이다.

미국의 커뮤니티 스쿨은 대체로 세 번째 그룹인 정부 주도의 유형에 속하지만 경우에 따라서는 지역사회 주도인 경우도 있다. 예를 들어,

시카고 커뮤니티 스쿨 일부는 지역에 있는 민간 재단이나 시민단체들이 지원한다. 시민 운동, 공동체 운동이 오래전부터 발달한 이런 지역에서는 정부의 지원보다 민간단체들의 영향력이 더 크다. 그래서 이런 커뮤니티 스쿨은 지역의 민간단체들과 협력하여 지역 내 가난하고 소외된 아동들에 대한 교육적 지원을 체계적으로 제공하고 있다.

세 번째 그룹은 중앙정부, 지방정부, 교육행정기관 등이 주도하는 유형이다. 이에는 미국과 일본의 커뮤니티 스쿨이 있다. 양국의 커뮤니티 스쿨은 중앙정부가 정책적으로 시행하는 사업이므로 정부 주도의 형태를 띠고 있다. 일본 문부성은 학교 운영에 학부모와 지역주민을 참여시켜 지역의 필요와 특성을 반영한 교육을 하도록 했다. 그렇지만 각 커뮤니티 스쿨의 구체적 형태는 다양한 모습을 띠고 있다. 일본의 커뮤니티 스쿨이 문부성의 주도로 실시되는 사업이지만 에니와시의 시마마츠초등학교처럼 중앙정부가 아닌 지역의 교육위원회가 더 중요한 역할을 하는 경우도 있다. 지역의 교육위원회가 주민들과 가까운 관계를 맺고 있고, 오랫동안 주민을 위한 평생교육을 해왔기 때문에 이 지역의 커뮤니티 스쿨은 지역과의 관계가 친밀하게 형성될 수 있었다.

미국의 커뮤니티 스쿨도 연방정부의 정책으로 시행되어 지역사회가 아동의 교육을 위해 협조하도록 했다. 연방정부의 정책으로 시행되어 자칫 개별 학교의 자율성이 훼손될 우려가 있지만, 미국에서는 학교가 사회적 기관의 역할을 한 역사가 오래되어 학교와 지역사회가 협력 관계를 맺는 것이 낯설지 않다. 그래서 비록 정부가 주도하는 제도이지만 커뮤니티 스쿨은 각 학교의 사정에 맞게 다양한 형태를 취하고 있다.

마지막 네 번째 그룹은 학교와 마을이 서로 융합되어 협력 관계를 맺고 있는 경우이다. 풀무학교가 이에 속한다고 할 수 있다. 풀무학교 초기에는 학교가 주도하여 마을과 관계를 맺고 주로 마을을 돕는 일들을 했다. 그러다가 학교의 졸업생들이 마을의 영향력 있는 주민이 되면서 마을의 의식수준도 높아져갔다. 즉, 풀무학교는 오랜 시간에 걸쳐 마을의 교육력을 높이는 일을 해온 것이다. 그 결과로 학교와 마을은 호혜적 관계를 맺을 수 있게 되었고, 서로를 성장시키는 일들을 하고 있다. 학교와 마을의 융합적 관계는 양자의 질적 성장을 통해 학교와 마을의 지속가능성에 기여하고 있다.

3) 협력의 지속가능성과 성숙도

학교와 지역사회의 연계와 협력에서 중요한 것은 협력의 지속성 여부이다. 양자 간에 협력 관계가 지속될 때 그 관계는 성숙하게 되고 이는 학교와 마을 모두에게 지속가능한 성장의 원동력이 되는 것이다. 그러므로 여기서는 학교와 마을의 협력 관계가 초기 수준에 있거나 관계의 지속성이 흔들리는 학교들과 협력 관계가 지속되어 성숙기에 도달한 학교들을 비교하도록 하겠다.

먼저 학교와 마을 간 협력 관계가 초기에 속하거나 점점 쇠퇴하는 경우는 이성초등학교, 의정부여중, 민들레학교, 미국과 일본의 커뮤니티 스쿨 등이 있다. 이성초등학교는 마을과의 협력 관계가 약화되어 가는 대표적인 사례이다. '지역과 함께하는 학교'의 모범 사례에서 십

년도 채 지나지 않아 마을과의 관계가 일반적인 학교의 모습을 띠게 된 데는 다양한 이유가 작용했을 것이다. 마을과의 연계에 헌신적이던 교장과 교사들이 전근을 갔고, 협력 활동을 위한 정부의 재정지원이 줄어들었고, 학교와의 협력을 주도할 마을주민들이 별로 없었다는 점 등이 주요 요인일 수 있다.

민들레학교 역시 이성초등학교와 조금 닮은 데가 있다. 민들레학교는 이성초등학교와 달리 학교 설립부터 현재까지 마을과의 관계를 중요하게 인식하고 있다. 생태마을 만들기는 민들레학교의 지속적인 관심사이자 학교의 교육목표이기도 하다. 그러나 현실에서는 학교와 마을의 협력 관계가 활발하게 이루어지다가 그것이 지속되지 못하고 단절되는 때가 있다. 학교에서 에너지재생 사업을 적극적으로 하여 정부의 지원을 받을 때에는 마을과의 연계가 활발하게 일어났지만 현재는 그렇지 못한 상태이다. 양자 간 협력 관계의 지속성이 약한 이유는 학교와 마을 사이의 연계가 다양한 영역에서 체계화되지 못했기 때문이다. 그래서 마을과의 관계에서 중요한 역할을 하던 사람이 학교를 떠나게 되면 협력 관계에 큰 타격을 받게 된다. 또한 마을주민들 가운데 학교와 협력하여 마을을 성장시키고자 하는 주체 세력이 없었던 점도 중요한 원인으로 꼽을 수 있다.

의정부여중의 경우는 앞의 두 학교와 조금 다른 점이 있다. 의정부여중은 마을과의 연계와 협력이 다방면에서 매우 활발하게 일어난다고 보기는 어렵다. 그것은 도시에 있는 공립학교의 한계 혹은 특성일 수 있다. 정부와 사회가 요구하는 교육과정과 교육활동이 상당 부분 정해져 있는 상황에서 학교가 자율적으로 할 수 있는 여지가 많지 않다. 그럼에도 의정부여중은 경기도교육청의 최근 교육정책들을 지역과의 연계에 적극적으로 활용하고 있다. 혁신학교와 마을교육공동체를 지원하는 정책이 의정부여중으로 하여금 지역사회와 유기적인 관계를 맺도록 자극하는 요인으로 작용했다. 그런데 학교와 지역과의 관계가 지금까지 지속적으로 발전하고 있는 것은 학교에 헌신적인 교사들이 있고 지역사회에 준비된 주체들이 존재하기 때문이다. 그러므로 의정부여중과 마을의 협력 관계가 지속·성숙하면서 학교와 마을의 질적 변화를 가져올 것인지의 여부는 마을공동체가 얼마나 견고하게 정착되는지에 영향을 받을 것으로 보인다.

미국과 일본의 커뮤니티 스쿨은 학교와 지역의 협력 관계에서 초기 수준에 있다고 할 수 있다. 일본의 경우는 커뮤니티 스쿨 관련 법이 2004년 통과되었으므로 역사가 오래되지 않았지만, 미국의 경우는 30년이 훨씬 넘은 오래된 정책이다. 그러나 양국의 커뮤니티 스쿨은 대체로 지역사회와의 관계에서 양자가 가지고 있는 인적·물적 자원들을 활용하는 데 주안점을 두고 있다. 그리고 미국 커뮤니티 스쿨은 지역사회에 교육과 문화의 기회를 제공하는 것을 중요하게 본다. 이처럼 양자 간의 협력 관계를 통해 자원을 상호 활용하고 교육과 문화적 기회를 제공하는 일은 관계의 초기 수준에 해당한다고 할 수 있다. 미국과 일본의 커뮤니티 스쿨들이 각기 다른 모습을 띠고 있지만 대체로 협력을 통한 학교와 마을의 질적 변화를 주요 목표로 삼는 경우는 많지 않다. 그것은 양국 정부가 이 정책을 도입한 취지가 학생의 학습이나 학교의 효율화 등과 같은 실용적 목적을 가졌기 때문이다.

학교와 지역사회 간 협력 관계가 지속되어 성숙기에 도달한 사례로는 알바니 프리스쿨, 홍동중학교, 풀무학교가 있다. 세 학교 모두 비교적 오랫동안 마을과 유기적 관계를 맺으면서 그 관계가 이어져오고 있으며, 지금은 서로를 필요로 하는 상호의존적 관계가 되었다. 알바니 프리스쿨이 학교의 철학을 변함없이 유지할 수 있었던 데는 마을(주민들)의 도움이 매우 컸다. 지역사회 역시 학교로 인해 슬럼화를 피하고 활력을 찾고 있다. 알바니 프리스쿨에서 양자의 관계가 지속될 수 있는 이유는 학교의 분명한 철학과 그것을 수행하는 교사들, 학교를 기꺼이 돕고자 하는 지역주민들이 있기 때문이다. 그러나 알바니 프리스쿨이 지역사회의 교육력 향상과 지역주민들의 조직화에 기여하지 않는다면 협력 관계는 약화될 수 있는 여지가 있다.

홍동중학교의 경우는 협력 관계에서 지역사회의 역할이 중요하게 작용한다. 지역사회는 이미 자원이 조직화되어 있고 이를 관리할 사람들도 잘 정비되어 있다. 그러므로 교사들이 마을과의 협력에 지속적으로 관심만 갖는다면 그 관계성은 유지될 가능성이 크다. 홍동중학교는 마을과의 협력 관계를 통해 학교의 중요한 교육 내용을 바꾸게 되는 결과를 낳았고, 마을 역시 마을축제, 장애인 교육, 문화 활동 등에서 학교의 도움을 받고 있다. 서로 도움을 주고받는 관계임을 알 수 있다. 그러나 홍동중학교는 공립학교이므로 학교 구성원들의 변화나 정부의 정책에 영향을 받을 가능성이 있다. 좀 더 적극적으로 학교와 마을의 변화를 위한 노력을 기울이지 않는다면 관계가 더 성숙하거나 지속되는 데 한계가 있을 것이다.

풀무학교는 50년이 넘는 세월 동안 학교와 마을의 경계를 허물고 마을학교의 정체성을 가지려고 노력해왔다. 그 결과 학교는 목표가 분명한 대안적 학교공동체로 자리 잡았고, 마을은 생태적이고 자치적인 마을이 되었다. 이러한 점은 양자 간의 협력 관계가 성숙기에 이르렀음을 보여준다.

이처럼 풀무학교가 관계의 성숙기에 이른 데는 몇 가지 요인이 있다. 먼저 오산학교로부터 이어져오는, 마을공동체를 향한 학교의 뚜렷한 목표의식이 중요하게 작용했을 것이다. 그리고 그 목표를 실현하고자 지속적으로 노력한 헌신적인 교원들도 중요한 역할을 했다.[29] 이와 함께 중요한 요인은 마을에 형성되어 있는 다양한 주체들이다. 풀무학교의 영향으로 마을에는 의식 있는 주민들이 다수 형성되어 있다. 이 주민들은 다양한 단체와 기관을 조직하여 아이들 교육과 마을의 성장을 위해 협력할 준비와 역량을 갖추고 있다. 이처럼 조직화된 마을 주민들은 다른 지역에서는 보기 어려우며, 학교와 마을의 지속적인 관계를 가능하게 하는 중요한 요소라 할 것이다.

4) 시사점과 제언

사례 학교들에 대한 비교 분석은 학교공동체, 학교와 마을의 협력, 마을공동체 등과 관련하여 우리에게 많은 시사점을 준다. 이는 오늘날 경쟁과 생산성을 중시하는, 조직화된 근대학교체제가 당면한 위기적 상황 속에 있는 우리나라 학교들에 많은 도전거리를 던져주기도 한다.

---

29) 이에 대해서는 강영택(2014)의 '이상적 마을공동체를 향한 홍순명의 사상과 실천'을 참고.

그리고 근대학교체제의 한계로부터 벗어나 공동체로서의 학교를 만들기 위해 노력하는 이들에게 중요한 시사점을 제공한다. 마지막으로 사례 학교들에 대한 비교 분석으로부터 우리가 얻을 수 있는 시사점과 제언들을 제시하면 다음과 같다.

첫째, 학교 내에서 공동체성을 형성하기 위한 노력이 먼저 필요하다. 사례 학교들은 예외 없이 학교 내의 공동체성을 중시한다. 먼저 학교 내에서 작은 공동체를 형성하지 않고는 마을과의 협력을 이루는 보다 큰 공동체를 형성하지 못한다. 공동체성을 추구하는 학교들은 무엇보다 친밀한 학생 상호간의 관계, 학생과 교사의 관계, 교사 상호간의 관계, 이 유대감을 중요한 기반으로 하여 교실에서의 수업과 교실 밖 교과 외 활동을 수행한다. 학교에서 이루어지는 이러한 공동체적 경험은 오늘날 경쟁과 효율성을 강조하는 학교에서 학생들이 겪는 외로움, 소외, 스트레스, 극단적 개인주의의 위험에서 벗어날 수 있게 해준다.

둘째, 공동체에 대한 바른 이해가 전제될 때 학교공동체의 형성과 학교와 마을의 협력 관계는 유기적으로 연결될 수 있다. 관계성과 유대감을 중시하는 동시에 다양성과 포용성을 지닌 공동체로서의 학교는 학교 내에서 공동체를 이루기 위해 노력할 뿐 아니라 학교 밖 마을에서도 마을공동체를 형성하기 위해 노력하게 된다. 그러므로 학교와 마을이 적극적인 협력 관계를 이루어 마을공동체를 형성하고자 한다면 공동체에 대한 바른 이해를 가르치는 동시에 건강한 학교공동체를 이루도록 하는 것이 중요하다. 학교공동체를 만들기 위한 노력과 학교가 중심이 되는 마을공동체를 만들고자 하는 노력은 서로 상승 작용을 하게 된다.

셋째, 학교와 마을이 서로 상생하는 마을학교공동체를 형성하기 위해서는 분명한 의식을 가진 주체 세력이 필요하다. 마을에 그러한 주체 세력이 형성되어 있지 않다면 초기에는 학교 교사들이 그런 역할을 담당할 필요가 있다. 교사들은 다양한 분야의 전문성을 갖추고 있는 집단이므로 학교와 마을의 자원을 발굴하고 활용하여 마을공동체를 형성하는 데 기여할 수 있을 것이다. 그러나 학교 교사들이 마을의 주민이 아닐 경우 학교와 마을의 유기적 관계는 지속되기 어렵다. 그러므로 교사가 주도적으로 나서서 협력 관계를 구축했다 하더라도 점차적으로 마을주민이나 기관이 활동에 적극적으로 참여하도록 유도하여야 한다.

넷째, 마을학교공동체의 지속가능성을 위해서는 마을주민들의 역량 강화가 중요하다. 앞의 사례들에서 학교와 마을이 상호 협력하여 호혜적 관계를 성공적으로 이룬 경우에는 교사뿐 아니라 마을주민들의 참여가 적극적이었음을 알 수 있다. 주민들이 앞장설 수 있었던 데는 먼저 축적된 역량이 있었기 때문이다. 그러므로 학교와 마을의 협력과 상생을 목표로 한다면 무엇보다 지역주민들의 역량을 강화하기 위한 노력이 필요하다. 지역사회 운동이나 사회적 경제 같은 주제에 대한 연수도 좋지만 실제 마을축제 같은 마을사업을 함께 기획하고 실천해 보는 경험이 매우 중요하다.

함께 만들어가는 마을학교공동체를 꿈꾸며

공동체를 향한 염원

공동체를 향한 인류의 염원은 역사적 뿌리가 매우 깊다. 플라톤에서 시작하여 토마스 모어와 로버트 오웬을 거쳐 간디와 남강 이승훈에 이르기까지 그들이 그렸던 공동체의 모습은 다르지만, 인간 삶의 이상적 형태로서 공동체를 추구했다는 점에서는 공통적이었다. 공동체를 향한 인류의 갈망은 철학, 정치, 경제, 사회와 같은 다양한 분야에서 제기되었지만 특히 종교의 영역에서 그 중요성은 더욱 강조되어왔다.[30] 20세기 초의 저명한 유대인 종교철학자 마틴 부버(Martin Buber, 1958)는 인류의 오랜 역사에서 진정한 공동체를 만드는 것이 인류의 일차적

---

30) 기독교 전통에서 공동체는 인간 본연의 존재 형태이고, 삶의 방식으로 본다. 인간은 창조주 하나님의 형상을 닮았는데 그가 삼위일체로 불리는 '거룩한 공동체(Holy Community)'로 존재하기 때문이다(Migliore, 1991: 69).

인 염원이었다고 했다. 그는 사람들이 '나와 그것'의 관계가 아닌 '나와 너'의 인격적 관계를 맺어 호혜적 삶을 살기 위해 공동체를 추구한다고 했다.

공동체에 대한 염원은 교육 분야에서도 강조되었으며, 이를 학교에 적용하기 위한 연구가 다양하게 이루어지고 있다. 학교를 이해관계에 기초한 조직이 아닌 관계와 헌신이 중심이 되는 공동체로 바라봐야 한다는 목소리가 높다. 그래서 학교공동체에 관심을 갖고 연구하는 이들은 학습을 중심으로 하는 '배움의 공동체', 교사의 전문성 개발을 중요하게 보는 '전문적 공동체', 학교 행정의 민주성을 강조하는 '민주적 공동체', 학생들의 공동체적 경험을 중시하는 '공동체 의식' 같은 범주 하에서 학교공동체 관련 주제들을 탐구하고 있다(Furman, 2002).

오늘날 공동체 혹은 학교공동체의 복원을 위한 연구와 실천들이 곳곳에서 다양한 방식으로 이루어지고 있다. 앞에서 잠깐 언급한 바와 같이 마을공동체 만들기 사업, 혁신학교 사업, 혁신교육지구 사업, 마을교육공동체 사업 등은 공동체 복원을 위해 국가 행정기관에서 시행하는 정책의 예들이다. 이 정책들은 마을과 학교가 연계되는 건강한 마을학교공동체를 만들고자 하는 의도를 담고 있다. 누군가 근대사회가 공동체의 상실로 시작해서 공동체 복원에 대한 열망으로 끝날 것이라고 한 것처럼 오늘날 공동체는 시대의 유행이 되고 있다.

그러나 반복해서 말하지만 공동체란 단어가 우리에게 익숙하다는 것이 공동체가 우리 삶의 현장에 가까이 있다는 말은 아니다. 오히려 익숙해진 그 용어 때문에 우리 삶의 형태가 어떠한지를 생각할 때 혼란에 빠질 위험이 있다. 우리 삶의 현장인 사회와 학교는 여전히 신자유주의 이념의 강한 영향으로 생존을 위한 경쟁이 치열하게 전개되고 있고, 효율성과 생산성이 최고의 가치로 군림하고 있다. 공동체의 중심 가치인 상호의존성, 유대감, 배려, 헌신 등은 우리의 관념 속에서만 존재할 뿐 현실에서는 늘 뒷전으로 밀린다. 이러한 가치들은 시대에 뒤떨어진 가치규범으로 치부되곤 한다.

공동체는 사람들의 염원을 담은 이상으로 존재하지만, 그 염원이 우리의 삶의 현장에까지 내려와 우리 사회와 개인들의 삶의 방식을 변화시키는 것은 별개의 문제다. 이 책에 소개된 학교들은 학교와 마을을 잇는 공동체를 이루고자 하는 사람들의 끈질긴 노력을 보여준다. 그러나 공동체를 향한 사람들의 수고가 모두 공동체 형성이라는 결실을 맺는 것이 아님을 알 수 있다. 또한 현실에서 구현되는 공동체는 그 모습과 성격에서 매우 다양함을 보게 된다.

이 책에서 소개되는 학교들이 다른 학교들에 비해 특별하거나 특출한 성과를 낳고 있다고 보기는 어렵다. 그러나 이 학교들은 학생과 주민들을 위해 학교를 공동체로 만들고자 했고, 학교와 마을의 유기적 관계를 통해 마을공동체를 이루고자 노력한 점은 분명하다. 공동체를 이루고자 시도한 이 학교들의 작은 노력이 학교를 바꾸고 사회를 변화시키는 토대가 되어왔다고 본다. 이러한 믿음은 공동체에 관심을 갖고 이를 실천하고자 했던 사람들이 가졌던 공동의 신념일 것이다.

이 책에서 공동체의 사상적 기반으로 소개한 인물들은 그러한 신념을 갖고 온갖 어려운 여건 속에서도 공동체 형성을 위해 실천했던 사람들이다. 그룬트비, 이승훈, 홍순명, 파머는 공동체를 잠깐의 유행이나 효용적 가치의 수단으로 보지 않았고 인간이 인간답게 살기 위해 반드시 필요한 삶의 방식으로 이해했다. 그들이 살았던 시대적 상황은 매우 달랐지만 그들은 그 시대의 병폐를 깊이 숙고했고, 이를 극복할 대안으로 공동체를 주목하고 평생에 걸쳐 그 실천에 헌신했다.

그룬트비의 염원은 그의 후배들에 의해 공동체학교인 평민대학으로 꽃을 피워 덴마크를 가장 행복한 나라로 만드는 데 큰 기여를 했다. 그룬트비에 영향을 받은 이승훈의 염원은 후손들에게 이어져 우리나라에 이상적 마을학교공동체를 꿈꾸는 많은 이들을 낳았다. 홍순명은 이승훈의 염원을 이어받아 그 꿈을 풀무학교라는 공동체학교를 통해 이 땅에 구현해냈다. 파머는 공동체가 어떤 면에서 현대사회의 병폐를 극복할 수 있는 대안이 되는지를 설득력 있게 논하며, 다양성의 사회에 부합하는 공동체의 모습을 제시해주었다. 이러한 그의 공동체론은 교사들과 함께하는 워크숍을 통해 미국 땅에서 더욱 구체화되고 있다.

함께 만들어가는 마을학교공동체

이 책에서는 다양한 공동체들 가운데에서도 학교와 마을이 연계되는 공동체에 초점을 두었다. 학교와 마을의 구성원 모두가 협력하여 만들고자 하는 마을학교공동체는 배움을 기반으로 돌봄, 생태, 자치가 살아 있는 공동체이다. 여기서 배움이란 관념과 추상으로 존재하는 교과서적 지식을 습득하는 행위를 넘어 삶의 현장에서 우리의 삶을 설명하고 인도하는 지식을 형성하는 과정이다. 배움을 특정 시기와 특정 장소에서 이루어지는 특별한 과업으로 생각하지 않고, 일생 동안 일어나는 일상적인 삶의 활동으로 생각한다. 배움을 평생 연마하는 이들은 돌봄과 생태와 자치가 자기 삶에 자연스러운 방식으로 정착하게 된다. 이들에게 돌봄이란 소외된 특정 집단을 향한 시혜적 베풂 활동이 아니다. 돌봄은 "나와 다른 남과의 차이의 실타래를 풀어나가는 활동"인 것이다(정선애, 2008: 266). 그래서 남과 다른 자신의 부족한 부분을 인정하고 그것을 가진 타인과 관계 맺을 필요성을 갖게 된다. 공동체에서는 어떤 누구도 타인의 돌봄을 필요로 하지 않을 만큼 부족함이 없는 이가 없다고 생각한다. 그러므로 마을 모두가 돌봄을 받고 돌보는 일을 부끄러워하지 않고 자기 삶의 가장 소중한 일로 여긴다. 학교에서든 마을에서든 돌봄을 받는 법과 돌보는 법을 배우는 일이 배움의 본질임을 잊지 않는다.

공동체에서 생태란 마을의 자연환경만을 의미하지는 않는다. 물론 자연환경을 잘 보존하는 것도 중요하지만, 학교와 마을의 사회적·문화적 환경을 건강하게 만드는 일 역시 중요한 과업임을 기억한다. 그래서 우리가 살아가는 삶의 터전인 마을을 구성하는 자연, 문화, 경제, 사회적 요소들이 지속가능하도록 노력한다. 이러한 건강한 생태계 조성이 배움을 통해 가능하리라고 믿는다. 마을에서 지속가능한 생태계를 만드는 일은 외부에 대한 의존도가 높은 상황에서는 불가능하다. 그러므로 마을학교공동체는 외부의 전문가나 자원에 의존하기보다는 자체적으로 인물을 양성하고 마을에 숨어 있는 자원들을 발굴하고자 한다. 학교나 마을이 자치의 원리에 따라 운영될 때 외부 자본의 힘이나 정치 권력에 휘둘리지 않고 공동체를 지켜갈 수 있게 된다.

학교와 마을의 협력을 통해 이루고자 하는 것은 배움, 돌봄, 생태, 자치가 살아 있는 마을학교공동체이다. 공동체는 조직의 외적 형태보다 구성원들의 삶의 방식을 중요하게 본다. 그러므로 마을학교공동체를 이룬다는 것은 구성원들 간의 사회적 관계가 친밀하게 형성되고 더불어 구성원 개인의 삶의 양식이 변화되는 것을 의미한다. 마을학교공동체에서 학생들과 주민들은 배움이 언제든지 어디서나 이루어지고 배움을 통해 얻게 되는 앎이 삶과 분리되지 않는다. 이러한 배움은 그들의 돌봄 역량을 높여 상호간의 돌봄과 자연환경에 대한 돌봄을 통해 삶의 터전인 마을의 생태계를 건강하게 하고 마을의 지속가능성을 높인다. 마을학교공동체 운동을 통해 우리가 진정으로 소망하는 바는 우리 삶의 방식이 배려와 헌신과 환대의 따뜻함을 지니고, 개인에 대한 존중 위에서 상호의존성과 유대감이 살아 있는 공동체 마을을 만드는 일이다.

참고문헌

갓골생태농업연구소(2009). 자립하는 마을 생각하는 농민, 우리마을입니다. 홍성:그물코

강민정(2015). 서울시 혁신교육지구사업의 현황 및 과제, 제2회 시민교육포럼, 학교와 마을이 만나는 마을교육공동체 운동의 현황과 과제, 홍사단교육운동본부 · 한국교육연구네트워크

강선보·정해진(2012). 그룬트비의 평민교육사상과 그 실제, 한국교육학연구 18(2), 5-24.

강영택(2009a). 고통의 교육에서 희망의 교육으로. 서울: SFC.

강영택(2009b). 학교공동체의 기독교적 모형에 대한 연구. 한국기독교교육정보학회 24집. 255-279.

강영택(2014). 이상적 마을공동체를 향한 홍순명의 사상과 실천. 기독교교육논총 40집. 231-258.

강영택·김정숙(2011). 농촌지역 활성화를 위한 학교와 지역공동체의 협력모형에 대한 연구. 한국연구재단 보고서

강영택·김정숙(2012). 학교와 지역사회의 파트너십에 대한 사례 연구: 홍성군 홍동지역을 중심으로. 교육문제연구, 43집, 27-49.

경기도교육청(2016). 2016 경기 꿈의학교

고병헌(2003). 그룬트비와 풀무학교, 처음처럼 36호, 84-93.

김기홍(2014). 마을의 재발견. 서울: 올림.

김기석(2005). 남강 이승훈, 서울: 한국학술정보.

김도태(1950). 남강과 오산학교 창설. 남강문화재단 편, 남강 이승훈과 민족운동, 서울: 남강문화재단 출판부.

김선양 (1988) 남강 이승훈의 교육사상, 남강문화재단 편, 남강 이승훈과 민족운동, 서울: 남강문화재단 출판부.

김성오(2003). 그룬트비 읽기: 핵심개념들을 중심으로, 처음처럼 36호, 66-83.

김성천 외(2009). 학교를 바꾸다. 서울: 우리교육.

김수중 외(2002). 공동체란 무엇인가? 서울: 이학사.

김영·이필용·김남룡·정규식(2008). 마을 만들기 거버넌스 특성과 평가에 관한 연구, 도시행정학보,21(3), 87-108

김용련(2015). 지역사회 기반 교육공동체 구축 원리에 대한 탐색적 접근: 복잡성 과학, 사회적 자본, 교육거버넌스 원리 적용을 중심으로. 교육행정학연구, 33(2), 259-287.

김용련(2016). 일본의 커뮤니티 스쿨이 주는 마을교육공동체에 대한 시사점. 세미나 자료. 김용련·김성천·노시구·홍섭근·이승호·윤지훈(2014). 경기도 혁신교육지구 사업 발전 방안 연구. 경기도교육청.

김용련 외(2015). 마을교육공동체의 개념정립과 정책방향 수립 연구. 경기도교육연구원.

김위정 외(2015). 지역사회연계를 통한 진로교육 활성화 방안, 경기도교육연구원

김장생(2009). 역자후기, (Poul Dam 저) 덴마크의 아버지 그룬트비, 서울; 누멘.

김조년(1998). 지역이 학교요, 학교가 지역이다: 풀무학교와 지역사회 공동체. 서울: 내일 을여는책.

김지나·최혜자·김영현·김영삼·이창환·이희숙(2015). 2015 마을과 학교 상생프로젝트 모니 터링 및 사례연구 보고서, 여섯 갈래의 마을학교로 가는 길. 서울시마을공동체 종합 지원센터.

김진아(2014). 마을만들기에 대한 공동체주의 이론적 해석: 델파이 방법을 통한 적용가능성 탐색, 국토연구, 제83권

김현주(2015). 혁신교육을 이어가는 마을교육공동체-의정부 이야기. 학교와 마을이 만나는 마을교육공동체 운동의 현황과 과제. 흥사단교육운동본부 2차 시민교육포럼.

김형미(2009). 한국의 생활협동조합 기원과 전개과정. 지역과 학교 18호, 78-102.

나종석(2013). 마을공동체에 대한 철학적 성찰: 마을인문학의 구체화를 향해, 사회와철학, 제26호

나가하타 미노루(2014) 커뮤니티 스쿨 추진에 관한 연구(1)-커뮤니티 스쿨 도입의 정책 경 위 大学教育 제11호, 88-95

나가하타 미노루(2015) 커뮤니티 스쿨 추진에 관한 연구(2)-커뮤니티 스쿨의 과제와 전망

다무라 아키라(2007). (장준호 긴선직 역) 마을 만들기 실천. 서울: 형성출판사.

덴마크 프리스콜레협회 (2001). 그룬트비와 콜의 교육사상과 덴마크의 프리스콜레. 처음처 럼, 23호, 78-110.

마을활력소(2015). 우리 마을입니다.

민들레공동체(2011). 민들레공동체 20주년 기념 자료집.

민들레학교(2015) 2015년도 민들레학교 자료집.

박상현·김보은·양지은(2015). 마을결합형 학교 개념과 유형화 연구. 서울시교육연구정보원.

박원순(2010). 마을에서 희망을 만나다. 서울: 검둥소.

박원순(2010). 마을이 학교다. 서울: 검둥소.

박호성(2009). 공동체론: 화해와 통합의 사회, 정치적 기초. 서울: 효형출판사.

배병대(2016). 학교와 지역사회 협력을 통한 인성교육 활성화 사례. 교육정책 네트워크 정
　　보센터. 2016.08.19

백승종 (2002). 그 나라의 역사와 말. 홍성: 그물코.

사토마나부(2001). 교육개혁을 디자인 한다. 서울: 공감

사토마나부(2008), 수업이 바뀌면 학교가 바뀐다. 서울: 에듀케어

서굉일(1988) 1920년대 사회운동과 남강, 남강문화재단 편, 남강이승훈과 민족운동, 서울:
　　남강문화재단 출판부

서용선·김용련·임경수·홍섭근·최갑규·최탁(2015). 마을교육공동체의 개념정립과 정책 방향
　　수립 연구. 경기도교육연구원.

서용선 외(2016). 마을교육공동체란 무엇인가? 탄생, 뿌리, 그리고 나침판. 서울: 살림터.

서울특별시의회(2013). 서울특별시 마을공동체 만들기 지원에 관한 조례

서울특별시시 노원구의회(2016). 노원구 마을학교지원센터 설치 및 운영지원 조례

서재복·김유화·최미나(2008). 남강 이승훈의 민족교육사상 연구. 인문과학연구, 13호,
　　137-158.

서화숙(2012). 서화숙의 만남: 홍순명 밝맑도서관 이사장, 한국일보 2012.09.23.

손민아(2013). 의정부여중: 민주적 학교문화 우수사례.

송순재 외(2011). 위대한 평민을 기르는 덴마크 자유교육, 서울: 민들레.

신현석(2006). 공교육 내실화를 위한 교육공동체 운영모형 개발. 한국교육학연구, 12(1),
　　37-61.

심성보(2015). 지역공동체교육운동의 발흥과 시민교육의 새로운 역할, 제2회 시민교육포럼
　　학교와 마을이 만나는 마을교육공동체 운동의 현황과 과제, 흥사단교육운동본부 ·
　　한국교육연구네트워크

양병찬(2007). 학습도시에서의 주민 교육공동체 운동의 전개. 평생교육학연구, 13(4),
　　173-201

양병찬 (2008). 농촌 학교와 지역의 협력을 통한 지역교육공동체 형성-충남 홍동지역 '풀무 교육공동체' 사례를 중심으로. 평생교육학연구, 14(3). 129-151.

양병찬(2009). 농촌지역 교육공동체의 주체 형성 과정-'청원교육문화연대'의 사례를 중심으로. 평생교육학연구, 15(4), 413-429.

양병찬(2014). 혁신학교와 지역사회의 협동 -지역사회에 뿌리내리는 혁신교육의 가능성 탐색. 교육비평, (33) 98-120

양병찬(2015a). 마을만들기사업과 평생교육의 협동 가능성 탐색: 시흥시 '학습마을' 사업을 중심으로. 평생교육학연구, 21(3) 1-23

양병찬(2015b). 농촌의 교육공동체운동. 서울: 교육아카데미

양병찬 외(2003). 건강한 지역교육공동체 조성을 위한 지역사회학교 운영방안에 관한 연구. 공주대학교 교육연구소.

엄영식(1988) 오산학교에 대하여, 남강문화재단 편, 남강이승훈과 민족운동, 서울: 남강문화재단 출판부

엔도 야스히로(1997). (김찬호 역) 이런 마을에서 살고 싶다: 주민들이 직접 나서는 마을만들기. 서울: 황금가지.

여관현(2013). 마을만들기를 통한 공동체 성장과정 연구: 성북구 장수마을 사례를 중심으로, 도시행정학보, 26(1). 53-87

오마이뉴스(2015). 2015.12.11. 기사; 2015.12.28. 기사

오마이뉴스 특별취재팀(2013). 마을의 귀환: 대안적 삶을 꿈꾸는 도시공동체 현장에 가다. 서울: 오마이북.

오산백년사편찬위원회 (2007). 오산백년사:1907-2007. 서울: 학교법인 오산학원.

오이타 대학 고등교육개발센터 (2015). 가정, 학교, 지역사회의 '교육협동'에 관한 조사연구: 커뮤니티 스쿨의 코디네이터 기능을 중심으로. 조사 보고서.

오혁진(2006a). 지역공동체와 평생교육. 서울: 집문당.

오혁진(2006b). 지역공동체 평생교육의 개념과 성격에 관한 고찰. 평생교육학연구, 12(1), 53-80.

오혁진(2008). 그룬트비히 교육사상에 기초한 한국사회교육의 전개과정과 의의. 평생교육학연구 14(4), 1-28.

왕기항 외(2000). 교육조직론 탐구. 서울: 학지사.

윤구병·김미선(2008). 변산공동체학교-어제, 오늘 그리고 내일, 서울 :보리.

윤창국(2009). 지역사회 네트워크 형성과정의 장애요인과 학습의 의미, 평생교육학연구
　　　15(1), 한국평생교육학회, 31-65

의정부여자중학교(2014). 2014학년도 교육과정 안내.

이만열(1988) 남강 이승훈의 신앙, 남강문화재단 편, 남강이승훈과 민족운동, 서울:
　　　남강문화재단 출판부

이병곤(2016). 마을교육공동체: 시흥과 의정부 사례. 세미나 자료.

이성초등학교(2015a). 2015년 이성혁신학교 운영계획서

이성초등학교(2015b). 2015학년도 이성 움 틔우기 DRAMA 교육과정.

이영남(2008). 풀무50년 '각성한 존재의 새로운 역사' 풀무교육 50년 기념사업추진위원회,
풀무교육50년: 다시 새날이 그리워 1, 홍성: 호성문화사.

이윤미(2015). 마을공동체운동의 현황과 과제. (흥사단교육운동본부 편). 학교와 마을이
　　　만나는 마을교육공동체 운동의 현황과 과제. 제 2차 시민교육포럼 자료집

이일균(2015). 국내 에너지 자립, 열쇠는 주민 참여. 경남도민일보 2015.08.19. 기사.

이케다 히로시, 시즈아 사토루(2015). 커뮤니티 스쿨의 가능성을 추구하는 학교 만들기.
　　　야마구치대학 교육학부 부속 교육실천 종합센터 연구기요 제 39호.

이찬갑(1994). 산 믿음의 새 생활 (증보), 홍성: 시골문화사

이찬갑(2010). 풀무학교를 열며.. 홍성: 그물코.

이해주(2011). 지역중심 평생교육으로의 회귀: 그 필요성과 전략의 탐색. 평생학습사회,
　　　7(1), 43-59

이희수(2014). 마을학교, 마을학교, 마을학교, 마을학교. 웹진 15호. 서울특별시 마을
　　　공동체 종합지원센터. 2014.05.26.

이희수(2016). 학교와 지역사회의 연계 협력이란 상상의 다리를 놓으며. 교육정보네트워크
　　　정보센터 2016.08.19

일본대학 문리학부(2013). 커뮤니티스쿨 추진에 관한 교육위원회 및 학교의 대처성과
　　　검증에 관한 조사연구보고서.

일본 문부과학성(2005). 일본 커뮤니티 스쿨 설치 지침서.

임아영(2015). 의정부 마을교육 1년: 청소년들 "없던 꿈이 생겼어요". 경향신문
　　　2015.12.29

임은진(2010). 지속가능한 촌락에 대한 고찰: 충남 홍성 문당리를 사례로. 한국사진지리
학회지, 20(3), 61-72.

임지연·김정주·김정숙(2014). 자유학기제를 통한 청소년 활동 활성화 방안 - 학교·지역연계
체험활동을 중심으로-, 한국청소년정책연구원

장길섭(2011). 전공부 농업실습 10년을 돌아보며. 지역과 학교 22호, 60-69.

장원섭·최상덕·배을규(2006). 지역 평생학습 촉진을 위한 민·관·산·학 학습 파트너십
구축방안 연구. 한국교육개발원.

장지은·박지숙 (2014). 지역연계를 바탕으로 한 학교교육지원- 일본의 학교지원지역본부와
학교볼런티어 프로그램을 중심으로. 평생교육연구 20(1), 213-243

정기석(2008). 무소유를 욕심내는 산청 민들레공동체. 인물과 사상 2008. 8월호. 142-157

정지영(2012). 지속가능한 마을 만들기를 통한 생태적 계획공동체의 견고화와 사회화:
민들레공동체 사례를 중심으로. 서울대학교 환경대학원 석사학위 논문.

젊은협업농장 소식지 1호

정해진(2004). 대안교육의 사상적 기반으로서의 그룬트비 교육사상과 실천, 고려대학교
박사학위 논문

조한혜정(2009). 다시 마을이다. 서울: 또하나의문화.

조한혜정 외(2008). 가족에서 학교로 학교에서 마을로. 서울: 또하나의문화

조현욱 (2002). "오산학교와 서북학회정주지회". 문명연지, 3(1). 37-62.

중도일보(2015). 2015.11.02. 기사

진동섭 외(2005). 한국 학교조직 탐구. 서울: 학지사.

차정식(2016). 기독교공동체의 성서적 기원과 실천적 대안. 서울: 짓다.

최상덕(2016). 자유학기제를 통한 학교와 지역사회 협력방안. 교육정보네트워크 정보센터.
2016.08.22

최승호·김상균 (2008). 지역마을 공동체 만들기를 통한 자립방안 모색: 충남 홍성군 홍동
풀무마을을 중심으로. 충북개발연구원.

최경환, 마상진(2009). 농촌학교의 활성화 실태와 시사점. 한국농촌경제연구원 보고서.

충남교육소식(2014). 2014.06.06.; 2014. 06.19; 2014. 06.20; 2014. 06.21;

커뮤니티스쿨 연구회(2008). 커뮤니티스쿨 실태와 성과에 관한 조사연구보고서.

한규무 (2008). 기독교민족운동의 영원한 지도자 이승훈. 서울: 역사공간.

한승완(2002). 전통공동체에서 민주공동체로: 서구 근대에서 공동체 기획의 두 가지 모델.

함석헌(1988) 남강 이승훈 선생의 생애, 남강문화재단 편, 남강이승훈과 민족운동,
　　서울: 남강문화재단 출판부

홍동마을사람들(2015). 마을공화국의 꿈, 홍동마을 이야기: 새로운 농업, 교육, 정치를
　　일구다. 서울: 한티재.

홍동중학교(2015). 2015학년도 학교운영계획서

홍순명(1998). 더불어 사는 평민을 기르는 풀무학교 이야기. 서울: 내일을 여는 책.

홍순명(2005). 경쟁에서 공생으로. 학교와 지역 11-12월 2호, 4-14.

홍순명(2006). 풀무의 교육, 신앙, 농업. 학교와 지역 1-2월, 3호, 6-14.

홍순명(2007). 학교, 농업, 지역. 학교와 지역 3-6월 10호, 2-7.

홍순명(2008a). 풀무에 바친 생애, 풀무교육 50주년 기념사업추진위원회. 풀무교육 50년:
　　다시 새날이 그리워

홍순명(2008b). 개교 50주년 풀무의 뿌리와 과제, 풀무교육 50주년 기념사업추진위원회.
풀무교육 50년: 다시 새날이 그리워 2.

홍순명(2008c). 풀무학원과 지역재생사업. 지역과 학교 9-10월 13호, 5-12.

홍순명(2009a). 한국 풀무전공부의 실천과 비전. 지역과 학교 3-4월, 16호, 8-20.

홍순명(2009b). 지역학교와 풀무생협의 과제. 지역과 학교 9-12월 19호, 15-29.

홍순명(2009c). 홍순명 선생님이 들려주시는 풀무학교이야기. 서울: 부키.

홍순명(2010). "만나고 싶었습니다" 홍인기와의 인터뷰, 좋은교사 2010 12월호.
　　106-117.

홍순명(2016). 교육과 정치. 풀무학교 전공부 연속포럼 자료.

홍사단교육운동본부(2015). 학교와 마을이 만나는 마을교육공동체운동의 현황과 과제.
　　제2차 시민교육포럼 자료집

根深忠大(2010). 現代における学校・家庭・地域住民の協同実践への社会教育的アプローチ

蘇原(2013). 学校を核としたコミュニティ形成の可能性

Abowitz, K. K.(2000). *Making Meaning of Community in an American High School:
A Feminist-Pragmatist Critique of the Liberal- Communitarian Debates.* Cresskill,

NJ: Hampton Press.

Adkins, A., Awsumb, C., Noblit, G.W., & Richards, P.L. (1999). *Working Together? Grounded perspectives on Interagency Collaboration.* Cresskill, NJ.: Hampton Press.

Adler, L. & Gardner S. (1994). *The Politics of Linking Schools and Social Services.* Washington: The Falmer Press.

Aegidius, K. K.(2001). 덴마크 사회와 그룬트비의 사상. 처음처럼 23호. 67-77.

Arguea, N.M. & Conroy, S.J.(2003). "The Effect of Parental Involvement in Parent Teacher Groups on Student Achievement." *The School Community Journal* 13 (2).

Beck, L. (1992) Meeting the Challenge of the Future: The Place of a Caring Ethic in Educational Administration, *American Journal of Education,* 100(4) 454-486.

Beck, L & Foster, W (1999). Administration and Community: Considering Challenges, Exploring Possibilities. In Murphy & Louis (Eds.) *Handbook of Research on Educational Administration* (337-358). San Francisco: Jossey-Bass.

Beck, L. (2002). "The Complexity and Coherence of Educational Communities: An Analysis of Images that Reflects and Influences Scholarship and Practice." In Furman, G. (Ed.) *School as Community: from Promise to Practice.* Albany, NY: State University of New York Press.

Beck, L & Foster, W (1999). "Administration and Community: Considering Challenges, Exploring Possibilities." In Murphy & Louis (Eds.) *Handbook of Research on Educational Administration.* San Francisco: Jossey-Bass.

Bellah, R., Madsen, R., Sullivan, W.M., Swidler, A., & Tipton, S.M (1985). *Habits of the Heart: Individualism and Commitment in American Life.* NewYork: Perennial Library.

Blank, M., Melaville, A., & Shah, B. (2003) Making the Difference: Research and Practice in Community Schools. The Coalition of Community School.

Blank, M., Berg, Amy., & Melaville, A. (2006). Growing Community Schools: The Role of Cross-Boundary Leadership. Coalition for Community Schools. ERIC Number:

ED491689

Blank, M., Jacobson, R., Melaville, A., & Pearson, S. (2010) Financing Community Schools: Leveraging Resources to Support Student Success. Coalition for Community Schools. ERIC Number: ED515222

Bonhoeffer, D. (1978). *Life Together* (문익환역) 신도의 공동생활. 서울; 대한기독교서회.

Bottrell, D., Freebody, K., & Goodwin, S. (2011). School-community engagement: Shifting boundaries of policy and practice. Paper presented at the AARE Annual Conference 2011.

Boyd, W. (1964). *The History of Western Education*. (이홍우, 박재문, 유한구 역) 서양교육사 .서울: 교육과학사

Braatz, J. & Putnam, R. (1996). "Families, Communities, and Education in America: Exploring the Evidence." Prepared paper at the Center on Organization and Restructuring of Schools.

Brint, S. (2001). "Gemeinschaft Revisited: A Critique and Reconstruction of the Community Concept." *Sociological Theory,* 19(1), 1-23.

Brown, G. (2007) Weighing Leadership Models: Biblical Foundation for Educational Leadership, Drexler (ed.) *Schools as Communities*, Colorado Springs, CO: Purposeful Design Publication.

Bryk, A. S., Lee, L., & Holland,P.(1993).*Catholic Schools and the Common Good.* Cambridge, MA: Harvard University Press.

Bryk, A. S. & Driscoll, M. E. (1999). *The high school as community: contextual influences and consequences for students and teachers.* Madison,WI: Center for Education Research, National Centeron Effective Secondary Schools.

Buber, M. (1958) *I and Thou,* New York: Scribner's.

Buber, M. (1965). *Between Man and Man.* New York: Macmillian.

Chris, M. (1998). *Making It Up as We Go Along: The Story of the Albany Free School.*(공양희 역) 두려움과 배움은 함께 춤출 수 없다. 서울: 민들레.

Cibulka, J. & Kritek, W.(1996). *Coordination Among Schools, Families, and Communities.* Albany: SUNY.

Coleman, J.S. (1985). "Schools and the Communities They Serve" *Phi Delta Kappan* 66(8).

Coleman, J.S. & Hoffer, T. (1987) *Public and Private High Schools: The Impacts of Communities.* New York: Basic Books.

Cumming (1992). Resourceful Communities: Integrating education, training and work for young people in rural Australia. ACSA Inc.

Dewey. I. (1903). The school as social centre. *The Elementary School Teacher, 3*(2), 73-86.

Dewey, J. (1916). *Democracy and Education.* (이홍우 역) 민주주의와 교육. 서울: 교육과학사

Drexler, J. (2007). *Schools As Communities.* Colorado Springs, CO: Purposeful Design Publication.

Driscoll, M. E. (1989). "The School As Community." Unpublished Doctoral Dissertation at the University of Chicago.

Dryfoos, J. (2002). Full-service community schools: Creating new institutions. *Phi Delta Kappan* 83(5), 393-399.

Epstein, J.L. (2001). *School, Family, Community Partnerships: Preparing Educators and Improving Schools.* Boulder, CO: Westview.

Epstein, J. (2011). School, Family, and Community Partnerships: Preparing Educators and Improving Schools. Biulder, CO: Westview Press.

Epstein, J.L., Coates, L., Salinas, M.G., & Simon, B.S.(1997). *School, Family and Community Partnership.* Corwin Press.

Etzioni, A. (1987). "The Responsive Community." *The American Sociologist*, 146-157.

Etzioni, A. (1993). *The Spirit of Community: The Reinvention of American Society.* New York: Simon & Schuster.

Fink, D. & Brayman, C. (2006). School leadership succession and the challenges of change. *Educational Administration Quarterly*, 42(1), 62-89.

Foster, W. (1986) *Paradigms and promises,* New York: Prometeus Books

Foster, W. (2004). The Decline of the Local: A Challenge to Educational Leadership. *Educational Administration Quarterly*, 40(2), 176-191.

Furman, G. (1999). Editor's Forward. *Educational Administration Quarterly,* 35(1), 6-12.

Furman, G. (2002). *School as Community: from Promise to Practice.* Albany, NY: State University of New York Press.

Furman, G. & Starratt, R. (2002) Leadership for democratic community in schools. In J.P. Murphy (Ed.) *The educational leadership challenge: Redefining leadership for the 21ˢᵗcentury.* Chicago: National Society for the study of Education.

Furman, G. (2003). The 2002 UCEA Presidential Address. *UCEA Review* XL(1).

Furman, G. & Gruenewald, D. (2004). "Expanding the Landscape of Social Justice: A Critical Ecological Analysis." *Educational Administration Quarterly,* 40(1), 47-76.

Gandhi, M. (1962). *Village Swaraj.* (김태언 역) 마을이 세계를 구한다. 서울: 녹색평론사.

Green, M. (1993). "The Passion of Pluralism: Multiculuralism and the Expanding Community." *Educational Researcher,* 22(1).

Grundtvig(1832). Introduction to Norse Mythology. *Selected Writings.*

Grundtvig(2003). School for Life (김성오 역) 삶을 배우는 학교, 처음처럼, 36호, 94-116.

Hall, D. (2012). Schools united neighborhoods: Community schools anchoring local change. *Community Investments*, 24(2) 14-18.

Harmon, H. L. and Schafft, K.(2009). Rural school leadership for collaborative community development. *The Rural Educator*, 30(3), 4-9.

Heers, M, Klaveren, C, Groot, W, Brink, H. (2016) Community Schools: What We Know and What Need to Know. 2016 AERA.

Heckman, P. E., Scull, W. R., and Conley, S.(1996). Conflict and consensus: The bitter and sweet in a community-school coalition. In James G. Cibulka and William J. Kritek(eds.), *Coordination among schools, families, and communities: Prospects for educational reform.* NY: State University of New York Press

Hencox, D. (2014). *The Village Against the World*. (윤길순 역) 우리는 이상한 마을에 산다. 서울: 위즈덤 하우스.

Hiatt-Michael, D. (2001). *Promising Practices for family Involvement in Schools*, Greenwich, CT: Information Age Publishing.

http://www.eric.ed.gov/ERICWebPortal/search/detailmini.jsp?_nfpb=true&_&ERICExtSearch _SearchValue_0=ED444777&ERICExtSearch_SearchType_0=no&accno=ED444777

Kang, Y. (2006) Building Authentic Communities within Schools: A Case Study of Two Korean High Schools, Doctoral Dissertation at Michigan State University.

Kang, Y. & Printy, S. (2009) Leadership to build a democratic community within school, *Asia Pacific Educational Review* 10(2) 237-245.

Kilpatrick, S., Johns, S., & Mulford, B. (2002). More than An Education: Leadership for rural school-community partnerships, RIRDC Project No. UT-31A, University of Tasmania.

Kilpatrick, S., Johns, S.,& Mulford, B. (2003) Maturing school-community partnerships: Developing learning communities in rural Australia. AARE 2003: Educational research, risks, & dilemmas.

Kirkpatrick, F.G. (1986). *Community: A Trinity of Models*. Washington,DC: Georgetown University Press.

Kratzer, C. (1996). "Redefine effectiveness: Cultivating a caring community in an urban elementary school." Unpublished PHD Dissertation. University of California, LA.

Kratzer, C. (1997). "Community and Diversity in an Urban School: Co-existence or Conflict?" Paper presented at the annual Meeting of the American Educational Research Association, Chicago,IL.

Lane, B. and Dorfman, D.(1997). *Strengthening community networks: The basis for sustainable community renewal*.

Little, J.W. (2003). "Inside Teacher Community: Representations of Classroom Practice." *Teachers College Record*, 105(6) 913-945.

Louis, K. S., & Kruse, S. D. (1995). *Professionalism and Community: Perspectives on reforming urban schools.* Thousand Oaks, CA: Sage Publications.

Louise, K.S., Kruise,S.D., & Marks,H.M.(1996). School wide professional community. In F.M. Newman & Associates (Eds.), *Authentic achievement: Restructuring schools for intellectual quality* (pp. 179-203). San Francisco: Jossey-Bass.

Mawhinney, H.(2002). The Microecology of Social Capital Formation: Developing Community Beyond the Schoolhouse Door, in Furman(ed.) *School as Community,* Albany: SUNY.

Mawhinney, H. B. (2004). Deliberative Democracy in Imagined Communities: How the Power Geometry of Globalization Shapes Local Leadership Praxis. *Educational Administration Quarterly,* 40(2), 192-221.

Merz, C. & Furman, G. (1997) *Community and Schools.* New York: Teachers College Press.

Miller, B. (1991). Rural distress and survival: The school and the importance of "community."Retrieved May13, 2011, from www.jrre.psu.edu/articles/v9,n2,p84-103, Miller.pdf

Miller, B. (1995). The role of rural schools in community development: Policy issues and implications. *Journal of Research in Rural Education,* 11(3), 163-172.

Nisbet, R.A. (1953). *The Quest for Community.* NewYork: Oxford University Press.

Nunn (1994). The importance of the school for to a rural town. Education in Rural Australia, 4(1), 1-7.

Noddings, N. (1984) *Caring: A Feminine Approach to Ethics and Moral Education.* Berkeley: University of California Press.

Noddings, N. (1988). An Ethic of Caring and Its Implications for Instructional Arrangements. *American Journal of Education.* 215-229.

Noddings, N.(1992*). The Challenge to Care in Schools: An Alternative Approach to*

Education. New York: Teachers College Press.

Noddings, N. (1996). On Community. *Educational Theory*, 46 (3), 245-267.

Noddings, N. (1999). Care, Justice, and Equity. In M.S. Katz, N. Noddings, and K.A. Strike(Eds.), *Justice and Caring: The Search for Common Ground in Education*, New York: Teachers College Press.

Oldenquist, A. (1991). Community and De-alienation. In A. Oldenquist & M. Rosner (Eds.) *Alienation, Community, and Work*. New York: Green wood Press.

Olsen, E. G.(1953). *School and community: The philosophy, procedures, and problems of community study and service through schools and colleges*. New York: Prentice-Hall, Inc.

Osterman, K. (2002). "Schools as Communities for Students." In G. Furman (Eds.) *School as Community: from Promise to Practice*. Albany, NY: State University of New York Press.

Oxley, D. (December 1997). Theory and Practice of School Communities. *Educational Administration Quarterly* Vol. 33 Supplement.

Palmer, P. (1993) *To Know As We Are Known: Education as a Spiritual Journey*. (이종태 역) 가르침과 배움의 영성 서울: IVP

Palmer, P. (1998) *The Courage to Teach: Exploring the Inner Landscape of a Teacher's Life*. (이종인 역) 가르칠 수 있는 용기. 서울; 한문화

Palmer, P.(2000) *Let Your Life Speak*. (홍윤주 역) 삶이 내게 말을 걸어올 때. 서울: 한문화

Palmer. P. (2008) *The Promise of Paradox: A Celebration of Contradictions in the Christian Life*. 가르침 서울; 아바서원

Palmer. P. (2011). *Healing the Heart of Democracy: The Courage to Create a Politics Worthy of the Human Spirit*. (김찬호 역) 비통한 자들을 위한 정치학. 서울: 글항아리.

Peck, S. (1987) *Different Drum: Community Making and Peace*. (박윤정 역) 마음을 어떻게 비울 것인가? 서울: 율리시즈.

Peshkin, A. (1988). *God's Choice: The Total World of a Fundamentalist Christian School*. Chicago, IL.: Chicago University Press.

Poul Dam (2009). (김장생 역) 덴마크의 아버지 그룬트비. 서울: 누멘

Putnam, R.D. (1995a). Bowling Alone: America's Declining Social Capital. *Journal of Democracy,* 6(1), 65-78.

Putnam, R.D. (1995b). The Prosperous Community: Social Capital and Public Life. In Burnham (Eds.) *The American Prospect: Reader in American Politics*, Chatham House.

Raywid, M.A. (1988). Community and Schools: A Prolegomenon. *Teachers College Record,* 90(2), 197-210.

Rugh, A. & Bossert, H. (1998) *Involving Community: Participation in the Delivery of Education Programs.* Washington, DC: Creative Associates International, INC.

Salant, P. & Waller, A. (1998). What difference do local schools make? a literature review and bibliography. Report prepared for Annenberg Rural Challenge Policy Program.

Sanders, M. G.(2006). *Building school-community partnerships: Collaboration for student success.* Thousand Oaks: Corwin Press.

Sanders, M. G.(2009). Community involvement in school improvement: The little extra that makes a big difference. J. L. Epstein et al.(eds.), *School, family, and community partnerships: Your handbook for action.* Thousands Oaks: Corwin Press.

Scribner, J.P., Hager, D.R. & Warne, T.R. (2002). The Paradox of professional Community: Tales From Two High Schools. *Educational Administration Quarterly,* 38(1) 45-76.

Selznick, P. (1992). *The Moral Commonwealth: Social Theory and the Promise of Community.* Berkeley,CA: University of California Press.

Sergiovanni, T. (1994) *Building Community in Schools*, SanFrancisco, California: Jossey-Bass.

Sergiovanni, T. (2000). *The Lifeworld of Leadership: Creating Culture, Community, and Personal Meaning in Our Schools.* SanFrancisco, CA: Jossey-Bass Publishers.

Shields, C. M, (2002). Learning from Education: Insight into Building Communities of Difference. In G. Furman (Ed.) *School as Community: from Promise to Practice.*

Albany, NY: State University of New York Press.

Shields, C.M. & Seltzer, C.M. (1997). Complexities and Paradoxes of Community: Toward a More Useful Conceptualization. *Educational Administration Quarterly,* 33(4).

Shouse, R. C. (1995). Academic Press and School Sense of Community: Source of Friction, Prospects for Synthesis. Presented at the annual meeting of the American Education Research Association at San Francisco, CA.

Sidorkin, M. (1999) *Beyond Discourse: Education, the Self, and Dialogue.* Albany: State University of New York Press.

Spears, J. D., Combs, L. R., and Bailey, G.(1990). Accommodating change and diversity: Liking rural schools to communities. A report of the Ford Western Taskforce. Retrieved May 13, 2011, from http://www.eric.ed.gov/PDFS/ED328392.pdf

Sorokin (1957) "Foreword." In F. Tonnies *Community & Society (Gemeinschaft und Gesellschaft)* Translated by C. Loomis. East Lansing, MI: Michigan State University Press.

Spring, J. (2005). *The American School: 1642-2004.* New York: Mc Graw Hill.

Strike, A. (1993) Professionalism, Democracy, and Discursive Communities: Normative Reflections on Restructuring, *American Educational Research Journal,* 30(2). 255-275.

Strike, A. (1999). Can Schools Be Community? The Tension Between Shared Values and Inclusion," *Educational Administration Quarterly,* 35(1), 46-70.

Strike, A. (2003). Community, Coherence, and Inclusiveness. In Begley & Johansson (Eds.) *The Ethical Dimensions of School Leadership.* Dordrecht: Kluwer Academic Publishers.

Starratt, R. (1991) Building an Ethical School: A Theory for Practice in Educational Leadership. *Educational Administration Quarterly* 27(2), 185-202

Starratt, R. J. (1993). *The Drama of Leadership,* Bristol,PA: TheFarmerPress

Starratt, R. J. (1995*). Leaders with Vision* ThousandOaks,CA: CorwinPress.

Starratt, R. J. & Guare, R. E. (1995). The Spirituality of Leadership. *Planning and*

Changing 26(3/4), 190-204.

Starratt, R. (1996). *Transforming Educational Administration: Meaning, Community, and Excellence*. New York: The McGraw-Hill Company.

The Popular Center for Democracy, Coalition for Community Schools, and Southern Education Foundation (2016). Community Schools: Transforming Struggling Schools into Thriving Schools.

Tonnies, (1957). *Community & Society (Gemeinschaft und Gesellschaft)*. Translated by C. Loomis, East Lansing, MI: Michigan State University Press.

Wenger, E. (1998). *Communities of practice: Learning, meaning, and identity*. New York: Cambridge University Press.

Westheimer, J. (1998*). Among School Teachers: Community Autonomy and Ideology in Teachers' Work*. New York: Teachers College Press.

Whalen, S. (2007) Three Years into Chicago's Community Schools Initiative (CSI): Progress, Challenges, and Lessons Learned. UIC Community Schools

Wyschogord, E. (1990). "Man-Made Mass death: Shifting Concepts of Community." *Journal of American Academy of Religion,* 58(2).

Young, I.M.(1986). "The Ideal of Community and the Politics of Difference.*" Social Theory and Practice,* 12(1), 1-26.

두려움과 배움은 함께 춤출 수 없다

크리스 메르코글리아노 씀 | 공양희 옮김 | 13,000원

학교와 마을이 유기적으로 협력하는 모범을 보여주는 알바니 프리스쿨에서 40여 년 동안 아이들과 함께 성장해온 교사가 들려주는 이야기. 교사로 산다는 것이 무엇인지, 배움터의 역할은 무엇인지, 어떻게 참된 배움의 길을 열 수 있는지, 공동체를 이룬다는 것이 무엇인지를 자신의 생생한 경험을 통해 들려준다. 다양한 아이들이 빚어내는 사건들 속에서 교육의 본질을 찾아내어 흥미진진한 이야기로 풀어낸다.

넘나들며 배우기

엘리엇 워셔 외 씀 | 이병곤 옮김 | 13,000원

지역사회를 학교의 주요 파트너로 삼는 메트스쿨 프로젝트를 소개한다. 미국 공교육의 개혁 모델로 주목받고 있는 메트스쿨은 세계로 확산되어 현재 60여 개가 넘는 학교들이 생겨났다. 맥도널드 식이 아니라 저마다의 색깔을 지닌 중국 음식점들처럼 세계 곳곳에 '넘나들며 배우기'라는 배움의 원리를 전파하고 있다. 이 책은 교육 현장에서 훌륭한 방법론은 그 자체로 빼어난 교육철학임을 보여준다.